Joumé

LE MEURTRE DE TOUTANKHAMON

Bob Brier

LE MEURTRE DE TOUTANKHAMON

Traduit de l'américain par
Emmanuelle Farhi

JC Lattès

Titre de l'édition originale
THE MURDER OF TUTANKHAMON
publiée par G.P. Putnam's Sons, New York

INTRODUCTION

En cette année 1992, le Dr R. G. Harrison, chef du Département d'anatomie de l'Université de Liverpool, commentait une radiographie crânienne tout en désignant une tache sombre qui selon lui, était

dans les limites du normal, mais en fait, pouvait provenir d'une hémorragie sous les membranes recouvrant le cerveau dans cette région, peut-être causée par un coup porté à l'arrière de la tête, qui, à son tour, aurait pu entraîner la mort[1].

Le patient dont il examinait le cliché était décédé depuis trois mille ans : il s'agissait du pharaon Toutankhamon.

Le Dr Harrison participait à l'une des innombrables émissions spéciales consacrées au grand souverain égyptien, symptomatiques de la « Toutanmanie » née lors de la découverte de sa tombe en 1922 et galopante depuis. A l'époque, je ne m'intéressais pas tellement à Toutankhamon. J'avais naturellement vu son trésor au Musée égyptien du Caire, je savais comment on avait retrouvé son sépulcre, mais je ne m'étais guère penché sur le sujet.

C'était donc sans raison particulière que je regardais

ce documentaire télévisé sur la légende de l'enfant-roi. J'étais sur le point d'éteindre le poste lorsque je fus frappé par la réelle nouveauté de la théorie qu'avançait le Dr Harrison. Les radiographies de la poitrine, des os longs des bras et des jambes de Toutankhamon qu'il présentait me clouèrent sur place. Ces images constituaient des preuves médico-légales inédites, suggérant que le jeune pharaon aurait pu être assassiné.

Une idée avait germé dans mon esprit, tellement féconde qu'elle ne devait plus me lâcher : quelle quantité d'informations pouvait livrer cette momie ! Et si je jetais un œil neuf dessus ? Jamais personne ne l'avait examinée afin de répondre aux questions suivantes : Toutankhamon était-il mort immédiatement après le coup porté à l'arrière de sa tête ou avait-il agonisé plus longtemps ? Etait-il robuste et en bonne santé ou bien malade au moment de son décès ? De quoi était composé son dernier repas ? Combien de temps après avoir mangé était-il mort ?

Obtenir la permission d'examiner la momie du jeune pharaon, qui reposait dans son sarcophage scellé de la Vallée des Rois, me semblait improbable. Le Conseil suprême des Antiquités, l'organisme historien de l'Egypte, n'était sans doute pas prêt à autoriser le déplacement de la dépouille pour une autopsie. Mais il me restait les radiographies, ainsi que les photographies des organes internes et le compte rendu de l'examen du corps fait en 1925. Je disposais donc d'un matériel de recherche assez conséquent. Le dernier mot sur la mort de Toutankhamon n'avait pas encore été écrit.

De fait, les corps des défunts me fascinent — d'un point de vue professionnel, cela va de soi. Je me suis spécialisé dans les momies, avec un intérêt particulier pour la paléopathologie — à savoir : l'étude des maladies chez les peuples anciens. De quels troubles était atteint ce monarque égyptien ? Quelles étaient ses chances de rétablissement ? Comment vivait-il avec son mal ? Les momies recèlent de précieuses réponses. Une autopsie moderne, et *high-tech*, peut révéler ce qu'un individu, décédé depuis des siècles, a mangé, quand la maladie l'a frappé et, avec un peu de chance, comment ou pourquoi il est mort.

Par-delà la quête d'informations, l'examen d'une momie, la vision de son visage me procurent surtout un sentiment d'immédiateté et d'intimité que je ne retrouve pas devant des reproductions. Je me retrouve véritablement face à face avec une personne qui a vécu il y a trois mille ans.

Ainsi je me souviens d'un fort moment d'émotion, lorsque je travaillais avec Michael Silva, un Espagnol issu d'une famille où l'on était orfèvre de père en fils depuis trois générations. Nous essayions alors de comprendre exactement comment les Egyptiens fabriquaient leurs amulettes. Michael s'apprêtait à reconstituer tout le processus et à confectionner une réplique de ces objets au moyen de moules datant de trois mille ans lorsque, au dos de l'un d'eux, il aperçut l'empreinte du pouce d'un ancien artisan, à l'endroit où celui-ci l'avait pressé contre l'argile humide. Naturellement, mon ami était ému par ce lien personnel et palpable avec l'humanité antique, cette trace fantôme laissée par l'homme qui avait tenu cette terre deux mille cinq cents ans auparavant. Dans mon métier, ce sont de vrais doigts que je touche.

Certes, les autres types d'égyptologues sont tout autant passionnés par leur travail et beaucoup d'entre eux ont contribué à établir l'investigation que je présente ici. Cependant, nous autres, « spécialistes des momies », sommes appelés sur des terrains de fouilles dès lors que des vestiges humains y ont été découverts. Il est généralement rare de trouver des corps intacts encore enveloppés de leurs bandages. Le plus souvent, la tombe a été pillée pendant l'Antiquité, la momie démantelée par des voleurs à la recherche de bijoux, et les ossements, éparpillés par les vandales. Les spécialistes des momies examinent l'amas d'os pour reconstituer la dépouille et identifier ne serait-ce que partiellement la personne. La densité et la qualité des os révèlent le statut social et l'activité d'un individu. Par exemple, le travail manuel augmente la taille des muscles, ce qui provoque un épaississement osseux, et donc un simple os du bras peut nous dire si l'homme était un travailleur ou un oisif. Récemment j'ai ainsi examiné le corps d'une reine ayant vécu il y a quatre mille ans. Je n'avais jamais vu d'os si délicats ; on aurait dit qu'elle n'avait jamais rien tenu dans sa main et qu'elle s'était toujours déplacée en chaise à porteurs. A l'opposé, le cimetière des ouvriers qui ont construit les pyramides à Gizeh contenait les corps d'hommes qui avaient soulevé de lourdes charges. Cela se voyait nettement à leur colonne vertébrale sérieusement déformée, particulièrement au niveau des vertèbres lombaires qui supportent la majeure partie du poids. Ainsi, avec assez d'expérience et une touche d'imagination, un spécialiste des momies peut découvrir des choses remarquables.

Mon approche de l'égyptologie a toujours été expérimentale, concrète, pragmatique. Il y a quelques années, j'ai momifié un corps humain en imitant la méthode utilisée dans l'Egypte pharaonique. Je voulais comprendre précisément la technique des embaumeurs de l'Antiquité. Je fis de nouveau appel à Michael Silva qui façonna des reproductions d'anciens outils en bronze et en cuivre, de manière à extraire les organes internes au moyen d'instruments identiques à ceux des artisans de l'époque. Pour cette expérience, j'étais aussi assisté par mon confrère Ronald Wade, directeur du Conseil national d'anatomie du Maryland et diplômé en thanatopraxie, qui s'intéressait au sujet depuis son enfance — déjà au lycée, il avait choisi comme projet scientifique de momifier un rat. Lorsque nous avons commencé l'opération et que j'ai incisé l'abdomen du mort, Ron et moi avions la chair de poule : nous savions que c'était la première fois depuis deux mille ans que l'on tentait une momification à la manière égyptienne.

En retirant chaque organe — rate, estomac, intestins, foie —, nous avions conscience de respecter à la lettre l'ordre suivi par les anciens embaumeurs. En reproduisant leurs gestes, c'était presque comme si nous les regardions faire. Extraire le cerveau au travers du passage nasal s'est avéré l'étape la plus difficile de l'expérience. Nous n'étions vraiment pas sûrs de pouvoir y parvenir. Nous ne disposions pour nous guider que de radiographies de momies.

Lorsque j'ai donné une conférence, illustrée de diapositives, sur cette expérience, l'un de mes collègues a laissé échapper un cri d'écœurement. D'autres se sont excusés, arguant qu'ils supportaient difficilement de regarder ces images. Les cadavres humains, même momifiés, peuvent inspirer le dégoût à certaines personnes.

C'est pour cette raison que notre profession a établi sa propre association, nommée le « Congrès international des momies ». Mes homologues et moi-même avons tous une formation et un itinéraire différents. Beaucoup ont fait des études médicales et certains exercent en tant que praticiens, tout en apportant leurs compétences à l'étude des momies. D'autres sont des anthropologues, dotés de connaissances solides en anatomie et en physiologie.

En 1995, à notre congrès de Carthagène, en Colombie, j'ai écouté avec intérêt et admiration une collègue décrire comment elle avait découvert, au Pérou dans les temps anciens, l'existence d'un commerce entre les habitants de la côte et ceux des hauteurs de l'Altiplano. C'était un superbe travail de détective basé sur le principe : « On est ce que l'on mange. » Comme les protéines du poisson sont différentes de celles des légumes ou des animaux terrestres, l'analyse des isotopes de carbone dans les os des momies a permis de déterminer l'alimentation de ces gens. Le taux élevé de protéines marines dans les squelettes des populations côtières était tout à fait normal et prévisible ; en revanche, la présence de ces mêmes protéines dans les os des habitants à l'intérieur des terres, sur l'Altiplano, constituait un fait nouveau, qui tendait à prouver que ces derniers achetaient des poissons séchés et donc entretenaient une relation d'échange avec les régions du littoral[2].

Ainsi, si l'on peut, à partir du simple coude d'une momie, déduire les habitudes alimentaires et les routes du commerce propres à une civilisation, imaginez ce que l'on peut apprendre de la dépouille d'un monarque tel que Toutankhamon, dont nous connaissons déjà en partie l'histoire ! Voilà pourquoi je ne pouvais décoller de mon téléviseur lorsque le Dr Harrison détaillait les radiographies du célèbre pharaon. Il me revenait de résoudre une énigme antique. Les informations d'autres spécialistes s'avéreraient indispensables, mais la clé de l'enquête serait la momie elle-même. Je voulais alors simplement découvrir la cause du décès ; il s'agissait en quelque sorte d'un exercice académique. A ce moment-là, je ne pensais pas encore au meurtre — ni à l'identité de l'assassin qui avait occis le jeune souverain.

Ces deux dernières années ont représenté pour moi une véritable aventure. Lors de dîners à la maison et de visites dans diverses tombes égyptiennes, mes collègues et moi passions notre temps à discuter des indices, à traduire des hiéroglyphes, à scruter des radiographies de Toutankhamon, de ses parents et surtout, à beaucoup polémiquer. Après avoir examiné toutes les circonstances liées à cette disparition précoce, étudié cette période de violence et d'instabilité, lu toutes les lettres relatives à l'événement, analysé les preuves médico-légales avec l'aide de plusieurs traumatologistes, ou encore tenu dans mes mains une bague antique et lourde de sens, les idées de crime et de complot me sont apparues comme la meilleure explication de ce décès. Je dois toutefois admettre qu'à un certain moment, mon projet a cessé d'être purement académique. A ma plus grande surprise, j'étais véritablement ému en regardant et en manipulant certains objets enterrés avec l'enfant-roi : les jeux de société qu'il aimait, les arcs avec lesquels il chassait dans les marais, les fœtus des fausses couches de sa jeune épouse. Et cette mort remontant à trois mille ans est devenue, pour moi, comme une tragédie personnelle. Depuis des années, Toutankhamon était, dans mon esprit, synonyme de trésor et je restais peu sensible à ses charmes. Mais à un certain point de mon parcours, je me suis pris à aimer véritablement ce garçon. A mesure que les pièces du dossier s'accumulaient, je nourrissais une haine grandissante à l'égard du suspect principal et j'étais ravi de découvrir que ses portraits dans les musées du Caire et de Berlin étaient absolument sinistres. Pourtant, malgré ces sentiments clairement subjectifs, je crois que ma présentation des faits ne souffre pas de distorsion et que le meurtre et la machination constituent l'interprétation la plus rationnelle de ce tragique événement survenu il y a plus de trente siècles.

Les pages qui suivent révèlent les circonstances qui ont conduit à la disparition brutale d'un pharaon de dix-neuf ans, le tumulte politique et religieux qui l'a rendue possible, ainsi que la tentative audacieuse et presque réussie de la masquer. Voici donc l'histoire de Toutankhamon, de sa vie et de sa mort, dans laquelle furent impliqués un général d'armée, des grands prêtres et d'augustes membres du gouvernement. Et de toute une époque unique et fascinante de l'Egypte ancienne durant laquelle un roturier crut qu'il pouvait devenir roi.

1

QUE LE ROI MEURE

« Evitez les gens hostiles,
Gardez le cœur tranquille
au milieu des combattants. »
Le scribe Any[I].

Il existe souvent un immense fossé entre la fiction et la réalité. Je crois cependant que le récit qui suit se rapproche davantage de cette dernière, car il se fonde sur une quantité remarquable d'informations et de faits attestés concernant les ultimes moments de Toutankhamon.

Nous sommes à la fin de l'automne, et Toutankhamon est alors dans la dix-huitième année de sa vie. Ce soir-là, comme à son habitude, il va se coucher. Seul. En effet, si chez les paysans, les époux partagent la même chambre, les pharaons égyptiens, quant à eux, vivent dans des palais séparés de ceux de leur reine et des femmes de leur harem : les rendez-vous conjugaux sont une chose, le sommeil en est une autre. Le jeune roi dort dans une vaste

I. On peut aussi le trouver orthographié « Ani » *(N.d.T.)*.

chambre, sobrement meublée de sièges épars et de tables ainsi que d'un lit de bois aux pieds sculptés en forme de pattes de lion. Poissons, canards et roseaux peints sur les murs de plâtre se profilent tels des spectres au milieu de la pénombre.

Dans la profondeur de la nuit, la porte s'ouvre lentement, en silence, imperceptiblement, juste assez pour laisser s'insinuer un homme qui la referme derrière lui. D'une manière ou d'une autre, il est parvenu à s'infiltrer malgré la surveillance des gardes — avaient-ils reçu l'ordre de regarder ailleurs ? Prudemment, l'intrus se dirige vers le lit du pharaon ; le craquement de ses pas furtifs est sans doute couvert par le tic-tac d'une horloge à eau. Le roi sommeille sur le côté, le visage reposant sur un appui-tête d'albâtre. De sous ses vêtements, l'homme sort un objet lourd, peut-être une massue égyptienne constituée d'une solide pierre de sept ou huit centimètres de diamètre reliée à un large manche de soixante centimètres. Puis, prenant une grande inspiration, il abat son arme à la base du crâne de Toutankhamon.

Il attend un instant, aux aguets, le temps que l'écho de ce bruit soudain, troublant la paix de la nuit, se dissipe. Puis il retraverse la chambre royale jusqu'à la porte et se faufile dans le palais pour disparaître dans l'obscurité.

Le lendemain matin, les serviteurs découvrent le pharaon inconscient mais encore vivant et font immédiatement appeler le vizir Ay[I], ainsi que l'épouse de Toutankhamon, Ankhesenamon. On dépêche du temple un prêtre-médecin spécialisé dans les plaies à la tête. Il connaît ce type de blessure : il arrive souvent que des fantassins reçoivent des coups sur le crâne ou que, lors de travaux de construction, des blocs de pierre tombent sur les ouvriers. Mais cette fois, il s'agit du roi et le praticien doit faire très attention à

I. Il existe plusieurs orthographes pour ce nom : Ay, Ayé, Aï, Aÿ *(N.d.T.)*.

ce qu'il va dire ou faire. Il ordonne à son assistant de raser la tête du souverain pour pouvoir établir un diagnostic correct. Tandis que la lame de bronze taille les fins cheveux bruns, le chirurgien pense déjà aux conséquences d'un éventuel traitement — à la fois pour son patient et pour lui-même. Que Toutankhamon décède à la suite d'une intervention lourde, et on pourrait l'en blâmer. A présent, le crâne nu révèle une contusion, une tumescence large, chaude et gonflée, placée à un endroit peu habituel, sur la nuque, à la jonction du crâne et du cou. Le grand papyrus chirurgical ne décrit pas la façon de soigner un tel mal.

Le coup a provoqué une perte de connaissance mais seulement une petite fracture. Il n'y a aucun fragment d'os à retirer. Soulagé, le médecin repose ses instruments — une sonde et des pinces en bronze — dans leur étui de bois. Cependant, le sang continue de couler des narines du pharaon, signe que les méninges, membranes qui enveloppent le cerveau, ont été endommagées. Ay, le Premier ministre, se tient près du lit, silencieux, calme, soupesant les répercussions de la mort du pharaon, pour l'Egypte et pour son propre avenir. Ankhesenamon, angoissée, interroge le prêtre d'un regard grave et inquiet, dans l'attente d'un diagnostic. Celui-ci a été formé pour donner trois types de réponses : 1. « c'est un mal que je peux traiter, 2. c'est un mal que je peux combattre, 3. c'est un mal contre lequel je ne peux rien »[1]. Dans le premier cas, il assure que le traitement réussira alors que, dans le second, il sous-entend une issue incertaine.

Le chirurgien évalue rapidement la situation : aucun éclat à retirer, aucune fracture à réduire, donc peu de gestes purement médicaux susceptibles de sauver le roi. Déclarer qu'il pourra traiter la blessure revient à affirmer que le roi survivra, ce dont il n'est pas certain. Il ne lui reste donc qu'une seule possibilité. Et compte tenu de l'importance du patient, il est plus sûr, pour lui, de déclarer la blessure incurable. Mieux vaut remettre le destin du pharaon entre les mains des dieux.

Le dilemme de ce prêtre-médecin n'est pas différent de celui des praticiens modernes amenés à soigner un personnage célèbre. C'est un phénomène connu dans tous les services d'urgence : les soignants, pris par la peur d'agir trop vite, hésitent à faire instinctivement ce que leur dicte leur formation. Les plus jeunes s'en remettent aux plus anciens et l'on se consulte avant d'entreprendre toute action. Toutankhamon n'est sans doute ni le premier ni le dernier des dirigeants à subir les conséquences de son statut. Il est victime du mal dont il souffre mais plus encore de ce qu'on pourrait appeler « le syndrome du patient célèbre ».

Notre prêtre-médecin opte donc pour l'attitude la plus prudente et se tournant vers Ankhesenamon, il prononce la phrase même qu'elle craignait d'entendre : « C'est un mal contre lequel je ne peux rien. » La jeune femme éclate en sanglots. On ordonne à l'assistant de dégager le sang des narines du roi qui respire à présent plus facilement et repose paisiblement sur son lit. Désormais, le sort du pharaon est entre les mains des magiciens-guérisseurs.

Dès l'après-midi, ceux-ci ont réuni les ingrédients pour fabriquer leur cataplasme : des proportions égales de baies de coriandre, de pavot, d'une plante dite *sames*, de genévrier ainsi que d'armoise, mélangés à du miel. La pâte ainsi obtenue est appliquée sur la blessure et recouverte par un carré de lin finement tissé sur lequel a été dessiné l'Œil d'Horus[I]. D'après la légende, Horus, le dieu faucon, perdit son œil lors de son combat contre Seth, le meurtrier de son père Osiris, mais le retrouva miraculeusement grâce à l'intervention de Thot, dieu de la magie. Ainsi, le larmier du faucon est-il devenu symbole de guérison.

I. Aussi appelé Oudjat, il s'agit d'un œil humain fardé, agrémenté d'un larmier de faucon *(N.d.T.)*.

Les premiers jours, l'entourage est optimiste. Toutankhamon a repris brièvement connaissance et recommence à s'alimenter. Ankhesenamon lui porte des figues écrasées mélangées à des œufs car ces derniers possèdent des propriétés régénérantes. Les magiciens-guérisseurs mêlent également au vin du roi de la farine d'œuf — c'est-à-dire des coquilles broyées — afin que le crâne endommagé se ressoude et redevienne lisse[2].

Pourtant, à mesure que le temps passe, le pharaon, flottant entre la conscience et l'inconscience, s'affaiblit. Sa vue se trouble ; la douleur devient presque insupportable, comme si chaque point de son crâne subissait une pression. Afin de soulager ses souffrances, Ankhesenamon lui apporte des quantités toujours plus importantes de son vin favori, fait avec les raisins de son propre vignoble.

Alors qu'arrive l'hiver, la situation, brutalement, empire ; le jeune souverain sombre définitivement dans le coma et ne peut absorber avec difficulté que de très petites gorgées de liquide au travers d'une paille.

Ankhesenamon se trouve auprès de Toutankhamon lorsqu'il s'éteint et ses gémissements se propagent dans tout le palais, parmi les servantes, puis par-delà le fleuve, jusqu'à Thèbes, unissant riches et pauvres dans les pleurs et hurlements rituels annonçant à Osiris l'arrivée prochaine d'un « Occidental »[1]. Quelques heures seulement après le choc, Ay organise l'aménagement du sépulcre de l'enfant-roi.

Si le récit ci-dessus relève de la fiction, il se fonde néanmoins sur des éléments qui subsistent encore

1. La religion égyptienne se base entre autres sur la course du soleil et l'Occident, lieu du couchant, désigne le séjour des défunts *(N.d.T.)*.

aujourd'hui, trois mille trois cents ans après la mort du jeune monarque. Quant à son enterrement, nous sommes en mesure de le reconstituer parfaitement.

Le caveau que Toutankhamon s'est réservé, près de celui de son grand-père dans la Vallée de l'Ouest, est loin d'être achevé. Il existe cependant, dans la vallée principale, une petite tombe presque terminée et inutilisée, initialement destinée à un particulier de haut rang (il s'agissait là d'un honneur rare mais non sans précédent), qu'Ay décide de transformer pour le pharaon. Les artistes se mettent immédiatement au travail et entreprennent de peindre sur les murs les scènes traditionnelles, car ils n'ont pas le temps de les graver. Pendant ce temps, le corps du monarque est préparé pour l'éternité.

La momification implique avant tout une procédure physique, même si chaque étape de l'embaumement s'accompagne de rituels religieux. La phase la plus importante consiste à éliminer toute humidité du cadavre aussi rapidement que possible. Comme les bactéries ont besoin d'eau pour détruire les tissus, en desséchant totalement un cadavre, on empêche sa dégradation.

Le cerveau et tous les organes internes étant extrêmement aqueux, afin d'éviter toute putréfaction, ils doivent donc être retirés très vite après la mort. Pour ce faire, les embaumeurs royaux placent la dépouille du roi sur une table d'albâtre inclinée afin de permettre l'écoulement des fluides dans une bassine placée en dessous, au fur et à mesure de leur travail. Le cerveau est extrait du crâne au moyen d'un long fil de métal introduit par le nez, qui traverse l'ethmoïde[I] pour arriver dans la boîte crânienne. On fait ensuite tourner cet instrument, comme un fouet de cuisine, pour réduire la matière cervicale en une substance semi-liquide qui s'écoulera par les narines lorsque l'on

I. Os séparant les fosses nasales de l'étage antérieur du crâne *(N.d.T.)*.

retournera le corps sur le ventre. La religion ordonne de conserver pratiquement tous les organes d'un défunt de sorte qu'il soit entier lorsqu'il ressuscitera dans l'Autre Monde. Cependant, les anciens Egyptiens, inconscients de la fonction centrale du cerveau, situent le siège de la pensée dans le cœur, en raison du caractère sensible de ses battements : la Bible elle-même décrit le refus de laisser partir les Israélites, en ces termes : « L'Eternel endurcit le cœur de Pharaon. » Les embaumeurs se débarrassent donc du cerveau de Toutankhamon sans plus d'égard.

Une fois cette étape terminée, ils pratiquent une incision dans la partie inférieure gauche de son abdomen pour atteindre les viscères. L'estomac, le foie, les intestins et les reins sont méticuleusement retirés et placés dans des coupelles pour être, une fois desséchés, déposés dans quatre cercueils miniatures (ou canopes), en attendant le jour où le roi se réveillera dans l'Au-delà. Seul son cœur est laissé en place afin que le défunt, ayant gardé sa mémoire, puisse réciter les formules magiques qui permettront de réanimer son cadavre.

A ce stade, le corps renferme encore beaucoup d'eau, contenue dans les tissus mous. Pour le dessécher, les embaumeurs le recouvrent de natron, mélange naturel de carbonate et de chlorure de sodium, similaire au bicarbonate de soude. Au bout de trente-cinq jours, toute l'humidité est éliminée. La momie, pesant à présent moins de vingt-cinq kilos, est prête à être enveloppée. Lors de l'application de chaque bandelette, un officiant portant le masque d'Anubis, le dieu chacal de l'embaumement, prononce les incantations rituelles garantissant la préservation et la résurrection de Toutankhamon. En outre, les prêtres placeront plus de cent cinquante bijoux et amulettes à l'intérieur des bandages de lin pour assurer l'immortalité de l'enfant-roi.

Pendant ce temps, les maîtres artisans du pays entier

sont à l'ouvrage et fabriquent l'équipement funéraire. Ils doivent graver et dorer des chapelles, façonner un masque et des sarcophages, rassembler le mobilier, le linge, les vêtements et les bijoux. La confection des *ouchebtis* représente une tâche majeure. Ces centaines de petites figurines de serviteurs, momiformes à l'image d'Osiris, dieu des morts, et sculptées en bois ou en pierre, constituent chacune une reproduction miniature de Toutankhamon (ill. 19). Elles sont censées reprendre miraculeusement vie et servir le pharaon dans l'Autre Monde. Les Egyptiens croient que l'existence dans l'Au-delà ressemblera à la vie sur terre et comme leur pays est une société agraire, ces statuettes portent des outils de fermiers. Ainsi, on dotera le roi de 413 *ouchebtis*, à savoir : 365 ouvriers — un pour chaque jour de l'année —, 36 dizainiers — un par équipe de dix travailleurs —, plus 12 contremaîtres, correspondant au nombre des mois[3]. On imagine aisément l'agitation qui doit alors régner dans les ateliers égyptiens, tandis que les artisans travaillent frénétiquement, jour et nuit, à préparer les funérailles du pharaon.

Maya, le trésorier, commande une superbe statue miniature en bois de Toutankhamon installé sur un lit funéraire et tenant dans sa main le sceptre et le chasse-mouches en or, symboles de la royauté, pour que les dieux sachent qu'il était un grand monarque. Sur le côté de la sculpture, une inscription proclame le dévouement de Maya au jeune roi : « Réalisé par le serviteur qui est bienveillant à l'égard de son seigneur, qui fait ce qu'il dit, qui ne permet à aucune chose de mal tourner, dont le visage est joyeux lorsqu'il agit ainsi avec un cœur aimant, dans le but d'être bénéfique à son seigneur[4]. »

Malgré tous ces efforts et cette fébrilité, le temps vient toutefois à manquer. Les soixante-dix jours réglementaires, séparant le décès des funérailles, sont écoulés. Certes, les embaumeurs ont terminé leur travail et les artisans ont façonné les cercueils, mais il reste encore certains objets rituels à confectionner. Alors on ouvre la tombe du frère de Toutankhamon, Smenkhkarê, et on décide d'en réutiliser les vases canopes, les sarcophages miniatures renfermant ses organes internes, pour le défunt souverain. A l'intérieur de chacun d'entre eux, figure, inscrite en caractères dorés, une prière du *Livre des Morts*, ce recueil sacré rassemblant environ deux cents formules, incantations, prières et hymnes. Tous ces textes se réfèrent à Toutankhamon, mais sous son cartouche[I], on peut discerner les traces du nom de Smenkhkarê.

Soixante-dix jours après la mort du jeune roi, le cortège funèbre se rassemble sur la rive gauche de Thèbes, capitale de l'Egypte, pour conduire la momie dans sa maison d'éternité. Le corps est installé sur un traîneau, sous un dais en bois drapé de guirlandes, au-dessus duquel se dressent deux rangées de cobras superbement peints et gravés, qui protégeront Toutankhamon lors de son voyage vers l'Au-delà. Pentou et Ousermontou[II], ministres de la Haute et de la Basse Egypte, ont revêtu les robes distinctives de leur office et sont rejoints par dix autres dignitaires, coiffés de bandeaux de deuil blancs. Tandis que la procession avance lentement à travers l'étendue aride, en direction de la Vallée des Rois, les femmes se lamentent, déchirent leurs habits et se jettent du sable sur la tête, en signe traditionnel d'affliction. Parmi elles, solitaire, se trouve Ankhesenamon.

Une fois arrivée à la tombe, la procession s'arrête. Au moment d'envelopper la momie, on lui a recouvert la bouche et le nez. A présent, avant que Toutankhamon ne pénètre dans son sépulcre pour l'éternité, on doit

---

I. Boucle entourant le nom et le prénom du pharaon *(N.d.T.)*.

II. Dans le texte original, « Usermont », mais les égyptologues français préfèrent cette orthographe *(N.d.T.)*.

accomplir un rite magique, de façon à ce qu'il puisse respirer mais aussi prononcer les paroles du *Livre des Morts*. Les porteurs, rejoints par les prêtres et les autres membres du cortège, effectuent alors la cérémonie de l'ouverture de la bouche.

Cette pièce de théâtre, plus proche des mystères du Moyen Age que d'un rituel religieux, nécessite une douzaine de participants[5]. L'officiant tient un papyrus décrivant la procédure. Certains hauts fonctionnaires jouent le rôle des gardes d'Horus qui aideront Toutankhamon à ressusciter, tel Osiris, dans l'Autre Monde. L'espace devant la tombe est purifié avec de l'eau provenant de quatre vases différents, représentant les quatre coins de la terre. Après les fumigations d'encens et l'invocation de divers dieux, on procède à un abattage rituel commémorant le combat au cours duquel Horus vengea la mort d'Osiris.

Lors de la cérémonie d'ouverture de la bouche, on tue des gazelles et des canards, ainsi que deux taureaux, l'un pour le nord et l'autre pour le sud. Puis on fait à la momie l'offrande du cœur et d'une cuisse de ce dernier. Miraculeusement, Toutankhamon devient alors Osiris. Cette coutume est issue d'un mythe selon lequel les complices de Seth, après avoir découpé le cadavre d'Osiris en morceaux, tentèrent d'échapper à Horus en se changeant en animaux, mais celui-ci les rattrapa et leur trancha la tête. Ainsi les bêtes sacrifiées représentent-elles les conspirateurs qui essayèrent en vain de détruire le dieu des morts; elles assurent que le corps de Toutankhamon sera épargné d'une telle attaque. En outre, elles constituent des vivres pour le long périple du pharaon vers l'Au-delà.

Le grand prêtre effleure la bouche de la momie avec la cuisse du taureau puis l'un de ses assistants lui tend un instrument rituel en forme d'herminette, avec lequel il reproduit le même geste en prononçant ces paroles :

Ta bouche était fermée mais j'ai ajusté pour toi ta bouche avec tes dents. J'ai ouvert pour toi ta bouche, j'ai ouvert pour toi tes yeux. J'ai ouvert pour toi ta bouche avec l'instrument d'Anubis, avec ce ciseau de fer avec lequel est ouverte la bouche des dieux. Horus, ouvre la bouche ! Horus, ouvre les bouches ! Horus a ouvert la bouche du défunt au moyen de ce avec quoi il a ouvert la bouche d'Osiris, le fer qui provient de Seth, au moyen de ce ciseau de fer avec lequel est ouverte la bouche des dieux. C'est avec cela qu'est ouverte la bouche du défunt, afin qu'il puisse marcher et parler en personne devant la Grande Ennéade dans le Château du Noble qui se trouve à Héliopolis ; afin qu'il puisse en ce lieu prendre possession de la Double Couronne par-devant Horus, maître de l'humanité[6].

Durant toute la cérémonie, le corps de Toutankhamon repose toujours sous le dais installé sur le traîneau ; on utilise donc, à la place, une statue du pharaon — l'un des deux gardiens sculptés grandeur nature, à l'image du roi.

Pour conclure, le prêtre lève l'herminette et touche les lèvres de Toutankhamon, récitant la formule qui lui redonnera le souffle de vie dans l'Autre Monde : « Tu es jeune à nouveau, tu vis à nouveau, tu es jeune à nouveau, tu vis à nouveau, pour toujours. » A présent, le roi est prêt pour l'immortalité.

Le corps de Toutankhamon-Osiris — qui est désormais un « Occidental » comme le dieu des morts — est descendu le long des treize marches menant à la tombe. Arrivés en bas, les porteurs tournent à droite, en direction de la chambre funéraire. Sur leur gauche, ils peuvent apercevoir trois lits cérémoniels, hauts de un mètre cinquante, sur lesquels divers rituels ont été effectués durant les soixante-dix jours de momification. L'extrémité de chacun d'eux est ornée, aux angles, de motifs différents : sur le premier, deux superbes têtes d'hippopotames, sculptées et recouvertes d'or; sur le deuxième, deux têtes de vaches, avec un disque solaire entre les cornes; et sur le troisième, des têtes de lions. Ces animaux représentent les dieux qui veilleront à ce que le roi puisse entrer dans l'Autre Monde. De tous côtés s'étale son fabuleux trésor funéraire.

Un sarcophage rectangulaire en pierre attend les porteurs. Il contient trois cercueils emboîtés l'un dans l'autre, leurs couvercles reposant sur le sol. Le pharaon est installé dans le plus petit. Tandis que le prêtre-lecteur récite les prières, on verse des onguents sur le corps pour parfumer le chemin de Toutankhamon vers l'Au-delà. Puis le couvercle est refermé sur le roi, qui rejoint l'obscurité. C'est la dernière fois que l'on verra son visage pendant les trente-trois siècles à venir. Puis on scelle le deuxième et enfin le dernier cercueil. Sur chacun est sculptée une reproduction de l'enfant-roi. Une fois le dernier couvercle en place, Ankhesenamon pose une couronne miniature — la « Couronne de la Victoire » — autour du vautour et du cobra protégeant le front de son époux, pour commémorer le triomphe du dieu Osiris sur ses ennemis. Pendant qu'elle accomplit ce geste, l'officiant dit les paroles suivantes :

Ton père Atoum[I] pose pour toi cette belle couronne de justification sur ton front. Vivant, aimé des dieux, puisses-tu vivre à jamais[7].

On fait alors glisser le lourd couvercle en pierre du sarcophage ainsi définitivement clos. Le triste cortège remonte les marches de la tombe pour se retrouver dans la

I. Dieu considéré comme le premier créateur de l'univers; il perdit peu à peu son pouvoir au profit de Rê, qui finit par le remplacer *(N.d.T.)*.

lumière aveuglante du soleil. Immédiatement, une équipe d'ouvriers se précipite dans la chambre mortuaire pour assembler les panneaux des trois chapelles emboîtées l'une dans l'autre autour du sarcophage, sous le regard du contremaître. Une fois cette tâche terminée, ils sont remplacés par des maçons qui construisent un mur de plâtre isolant la pièce du reste du caveau. La statue utilisée pour la cérémonie de l'ouverture de la bouche et sa réplique sont placées devant cette cloison pour garder le roi. Des serviteurs, sous constante surveillance afin qu'ils ne dépouillent pas le pharaon de ses trésors, déposent rapidement les derniers objets funéraires — chars, coffres de linge, tabourets d'ébène — dans l'antichambre qui est scellée par les maçons. On applique enfin sur le plâtre humide le sceau de la nécropole royale, un chacal surplombant neuf captifs enchaînés, symbolisant les neuf ennemis traditionnels de l'Egypte. Même dans la mort, Toutankhamon demeure glorieux.

Pour Ankhesenamon, cette interminable journée n'est toutefois pas encore terminée. Un dernier repas rituel en l'honneur de la victoire de Toutankhamon sur la mort doit se tenir à l'entrée de la tombe. Les participants arborent des pectoraux de couleurs vives, constitués de fleurs et de perles cousues sur un col de papyrus. Habituellement, ce banquet est réservé à la famille du défunt mais dans ce cas, Ankhesenamon, dernière parente vivante de Toutankhamon, est accompagnée des dignitaires du palais : Pentou, Ousermontou, Ay et sa femme Tiy[I], ainsi que le général Horemheb. Les mets se composent de mouton, de quatre espèces différentes de canard et de trois espèces d'oies,

---

I. On trouve aussi l'orthographe « Ti » *(N.d.T.)*.

arrosés de quantités considérables de vin servi dans un élégant vase au long col, orné de pétales de lotus bleu peints. Aucun des convives, cependant, ne pense à manger : tous s'interrogent sur leur futur. Qui aurait pu se douter, en cet instant, que deux des hommes ici présents deviendraient rois d'Egypte et que d'ici peu, l'une des deux femmes mourrait ?

Après le repas, selon le rite, les serviteurs brisent les plats, coupes et vases à vin et en placent les fragments, ainsi que les os de viande ou de volaille et les balais avec lesquels ils ont nettoyé les lieux, dans de grands récipients. Ces derniers sont scellés, transportés vers une fosse voisine préalablement creusée, et enterrés. Les funérailles sont terminées.

Les plats brisés, les colliers et les balais de ce dernier banquet ont été retrouvés lors de fouilles. Il existe bien un traité de chirurgie qui indique aux médecins ce qui peut ou non être soigné. Sur le mur de la tombe sont peintes les scènes du cortège funèbre et de la cérémonie d'ouverture de la bouche. Et, bien sûr, nous disposons des trésors de la tombe de Toutankhamon. Ainsi que des radiographies de son crâne.

Mais avant d'en venir à la preuve de son assassinat, il convient d'abord de découvrir ce qui l'a suscité. Il faut saisir l'évolution de la société et de la religion égyptiennes, ainsi que de ses souverains. Le prochain chapitre constitue un survol historique des événements qui ont rendu possible le meurtre d'un pharaon. En le lisant, vous découvrirez les forces qui ont fait ployer l'Egypte jusqu'à la briser.

2

L'ÉGYPTE AVANT TOUTANKHAMON

« La richesse d'une armée, c'est son chef. »
Précepte d'Ankhshéshonq
(Env. 300 av. J.-C.).

Deux mille ans avant la naissance de Toutankhamon, s'instituèrent les trois pouvoirs qui, déterminant l'organisation de la société égyptienne, finiraient par la conduire à sa perte. En effet, ce fut alors que le pays connut l'instauration de son premier roi, de son armée nationale et de son clergé. Au fil des siècles, ces trois entités s'affermirent et s'enrichirent au point de devenir tellement essentielles à la structure sociale que le moindre changement concernant l'une d'elles pouvait mener au désastre. Ainsi, durant des centaines d'années, l'Egypte ancienne put-elle présenter une image apparemment statique, celle d'une machine bien huilée dans laquelle chacun de ces pouvoirs soutenait les deux autres. Toutankhamon eut le malheur de naître durant une période caractérisée par une tentative spectaculaire et révolutionnaire de remanier ces trois forces simultanément. Afin de bien mesurer l'impact de ces circonstances singulières, il convient d'étudier d'abord le processus qui permit à l'Egypte d'atteindre une stabilité aussi remarquable.

L'ÉGYPTE AVANT LA ROYAUTÉ

Le concept de pharaon définit en bien des aspects notre vision de l'Egypte ancienne, qui ne connut pourtant qu'assez tard la royauté. En 4000 avant Jésus-Christ, la verdoyante Vallée du Nil était parsemée de petits villages, s'étendant sur des milliers de kilomètres le long de ce gigantesque cours d'eau. Il ne nous reste aucune trace écrite de cette période mais on estime qu'il existait alors deux entités politiques indépendantes, la Haute et la Basse Egypte, chacune gouvernée par son propre chef. Tout porte à croire que la population y vivait en toute sécurité et à l'abri du besoin. En effet, le pays était relativement inaccessible au reste du monde et le maraudage était plutôt rare, étant donné la prospérité économique assurée par le fleuve.

Chaque année, le Nil sortait de son lit, déposant sur les plaines, de part et d'autre de ses rives, une couche arable riche et sans cesse renouvelée, apte à produire une abondante variété de plantes. Les autres contrées comptaient sur des pluies imprévisibles et irrégulières qui ne permettaient une irrigation correcte qu'en certaines saisons. Et même si elles ne se heurtaient pas au problème de l'eau, leur terre s'épuisait si on la cultivait plus d'une fois par an. La chance exceptionnelle de l'Egypte résidait dans ces crues qui régénéraient le sol périodiquement et dont le volume suffisait à arroser les champs. Chaque année, on y récoltait une grande diversité de denrées tandis qu'ailleurs, on remerciait les dieux pour la seule sorte produite.

Le grand voyageur grec Hérodote surnomma ainsi et à raison l'Egypte « le cadeau du Nil ». Cette inondation annuelle ébahissait les Egyptiens, qui ne pouvaient expliquer la brusque montée des eaux ni le fait qu'elles deviennent rouges puis vertes. En réalité, malgré le caractère apparemment magique et fantastique de cette étonnante métamorphose, le phénomène s'explique de façon tout à fait naturelle. Aujourd'hui, nous savons, d'une part, que les pluies torrentielles se déversant au printemps sur l'Ethiopie, tout au sud, charrient des roches de granit et viennent gonfler le Nil, qui arrive en Egypte à près de cinq mètres au-dessus de son niveau normal. Quant au changement de couleur, il provient de la terre rouge suspendue qui, lors de la crue, se dépose sur les rives, laissant place au vert de la végétation flottant sur le fleuve. Cet extraordinaire spectacle annuel n'était surpassé que par la merveilleuse vision du soleil qui, avec la même constance prévisible que le Nil, se levait chaque jour à l'est, traversait un ciel étincelant de pureté pour redescendre, telle une boule de feu, à l'ouest.

La population de la Vallée du Nil se chiffrait probablement à moins de un million d'habitants. Malgré l'étendue du territoire national, quatre-vingt-quinze pour cent des Egyptiens étaient concentrés sur les cinq pour cent de terres qui bordaient le fleuve. Ce dernier représentait véritablement le cœur du pays — déterminant même le rythme de ses saisons. Notre calendrier moderne de trois cent soixante-cinq jours remonte en effet à cette civilisation, à la différence qu'on ne comptait que trois saisons : l'inondation, correspondant à la montée des eaux; la décrue, lorsque les eaux se retiraient; et l'été, c'est-à-dire la saison sèche. Chacune durait quatre mois de trente jours chacun, auxquels on ajoutait cinq jours supplémentaires pour arriver à un total de trois cent soixante-cinq. L'inondation était l'époque la plus singulière car elle constituait une période de repos : les champs submergés rendaient le travail agricole impossible. On profitait donc de ce moment pour réparer les charrues et les outils, décider des prochaines cultures et planifier l'avenir. La décrue était la saison pour planter et l'été, celle de la récolte.

Le régime alimentaire du fermier se résumait en deux mots : pain et bière ainsi que l'indique une prière funèbre, courante : « Puisse le roi faire une offrande à Osiris, seigneur de l'Occident. Puisse-t-il lui donner du pain et de la bière, du bétail, des oies et des bœufs et toutes les choses bonnes et pures qui forment la nourriture des dieux. » La longue phase de culture permettait aux Egyptiens de faire pousser toute une variété de plantes dont les plus importantes étaient l'*emer* (blé ou épeautre) et l'oignon. La viande était réservée aux classes privilégiées, mais les fermiers se nourrissaient de poissons pêchés dans le Nil, principalement de perches, et tous leurs plats s'accompagnaient d'oignons. Cette abondance permanente, d'une année sur l'autre, suscitait inévitablement, chez les populations de la vallée, la conviction réconfortante que la nature et le monde ne leur réservaient aucune surprise funeste.

Cette impression était renforcée par l'isolement géographique du pays. A l'ouest s'étendaient des milliers de kilomètres de désert. Pour pouvoir les traverser, il fallait creuser des puits, stocker des provisions et surtout mettre en œuvre une énorme organisation logistique et une planification minutieuse. Pour gagner la Libye, par exemple, on devait parcourir une immense distance sur un terrain schisteux et aride. Six siècles après Toutankhamon, le puissant roi perse Cambyse envoya à la conquête de ce désert une armée de vingt mille hommes, qui y disparut sans laisser de trace.

A l'est, l'Egypte était bordée par la mer Rouge et par des centaines de kilomètres de sable aussi hostile qu'infranchissable (le chameau, « vaisseau du désert », ne serait introduit dans le pays que lors de l'occupation romaine, plus de mille ans après Toutankhamon). Au nord, sur des centaines de kilomètres, la longue côte méditerranéenne formait une troisième barrière naturelle, même si elle était plus psychologique que réelle. Les Egyptiens avaient développé leur talent de navigateurs sur les eaux tranquilles du Nil et, demeurant des marins d'eau douce (au sens propre du terme), n'étaient aucunement tentés par les dangers de la haute mer. Le sud présentait donc l'unique accès praticable car le Nil coulait bien au-delà de la frontière méridionale du pays. Comme le courant allait du sud au nord et que les principaux vents soufflaient du nord au sud, voyager dans les deux directions était facile. Vers le nord, les bateaux suivaient le flot, manœuvrés par des rameurs. Vers le sud, on levait les voiles et on se laissait pousser par le vent. Le seul obstacle que l'on rencontrait sur le fleuve était situé à la frontière sud où d'énormes galets créaient une cataracte : franchir cette barrière demeurait une épreuve ardue et laborieuse ; l'équipage devait haler les embarcations hors des eaux et les tirer sur les rochers ou encore utiliser des cordes pour les guider dans les rapides.

Si, les siècles suivants, les Egyptiens allaient finir par s'aventurer dans d'autres contrées et en rapporter des trésors, il demeurerait clair pour eux qu'ils vivaient dans un réel paradis qui se trouvait en ce lieu précis et nulle part ailleurs.

La royauté s'installe en Égypte

Les anciens Egyptiens révéraient leur souverain, non seulement comme leur chef mais comme l'incarnation du pays lui-même. Au début du troisième millénaire avant Jésus-Christ, Narmer (Ménès), le premier pharaon, créa une seule nation à partir des deux Etats indépendants, de nombreux textes anciens désignant d'ailleurs l'Egypte comme « le Double Pays[I] ». Désormais, la permanence de cette union dépendait entièrement du pharaon.

La palette de Narmer, l'un des objets les plus remarquables de la précieuse collection du Musée égyptien du Caire, représente le premier pharaon et ses exploits. Mesurant près de un mètre de haut, cette gigantesque plaque de pierre décrit la conquête du Delta ayant entraîné l'unification de l'Egypte et célèbre l'importance de ce haut fait.

A l'origine, depuis l'époque prédynastique, les palettes étaient de petits instruments plats, en schiste, destinés à broyer les ingrédients nécessaires à la fabrication de fards à paupières (un peu de graisse mélangée à de la poudre de malachite pour obtenir une teinte verte). Puis les rois prirent l'habitude de commémorer des événements importants, en gravant de grandes palettes cérémonielles. Sur l'une des faces de la palette de Narmer, on voit le roi, coiffé de la traditionnelle couronne blanche de la Haute Egypte, frapper son ennemi (sans doute le chef du nord) qu'il saisit par les cheveux. L'autre face montre une procession dans laquelle Narmer arbore la couronne rouge de la Basse Egypte (le nord). S'étant donc rendu maître de ces deux territoires, il devient le premier souverain de la Ire dynastie, aux environs de 3200 avant J.-C., près de deux mille ans avant que Toutankhamon ne soit sacré le roi de Haute et de Basse Egypte. Lorsque ce dernier accédera au trône, le concept de royauté sera resté virtuellement inchangé depuis l'époque de Narmer. Durant trente siècles, l'Egypte aura ainsi été dirigée par des monarques au pouvoir absolu, considérés comme des dieux sur terre, personnellement responsables du bien-être du pays, chaque pharaon faisant office à la fois de pape, de président, de roi mais aussi de général en chef, c'est-à-dire de chef de guerre. Peu après l'unification des territoires méridionaux

---

I. On peut aussi trouver « les Deux Terres » ou « les Deux Pays » *(N.d.T.)*.

et septentrionaux, le pays sort en effet de son isolationnisme. L'Egypte se transforme en une puissance internationale agressive conduite par le pharaon, et ses armées s'aventurent hors des frontières pour conquérir de nouvelles contrées et en exiger des tributs et de l'or. S'affirme ainsi le pouvoir militaire.

L'ascension de l'armée

Il ne subsiste aucune trace écrite des quelques siècles qui suivirent le règne de Narmer, mais tout porte à croire que les origines de l'armée égyptienne datent de cette période [1]. Avec un gouvernement centralisé autour d'un roi unique et omnipotent, l'organisation d'une force militaire était inévitable. Un fragment de poterie, trouvé à Tell El-Mayshieh, au sud de la Palestine, et portant le nom de Narmer, suggère que ce pharaon lui-même avait peut-être déjà mené des campagnes à l'extérieur du pays [2]. Nous ne savons rien de la taille de ces premiers régiments, mais des fouilles ont montré que leur équipement se composait principalement de lances, de haches de guerre et de dagues. La guerre dans le monde antique se pratiquait au corps à corps, les combattants se retrouvaient littéralement face à leur ennemi. Contrairement à nos généraux modernes, qui donnent des ordres à distance, ceux de l'Antiquité se battaient en première ligne et commandaient leurs troupes en montrant l'exemple.

L'existence d'une telle force militaire fut rendue possible par le Nil. Grâce au fleuve, les récoltes dépassaient largement la quantité nécessaire à la consommation des familles de fermiers. Ainsi put se développer, au sein des populations agricoles de la vallée, un système de spécialisation dans les cultures, qui permettait d'entretenir une armée professionnelle. A mesure que celle-ci se consolidait, elle devenait plus audacieuse, se risquant de plus en plus loin des frontières de l'Egypte. Sept siècles après Narmer, le pharaon Snéfrou pouvait se vanter d'avoir assujetti les tribus bédouines, s'assurant la domination du Sinaï et l'exploitation de ses mines de turquoise.

Avec la royauté, dotée d'une puissante armée, naquirent aussi le désir et la capacité de concentrer l'attention nationale sur de grands projets tels que les canaux d'irrigation. Leur réalisation requérait la mise en place d'équipes d'ouvriers œuvrant dans un but commun, condition qui reposait sur l'instauration préalablement établie d'une autorité et d'une administration centralisées. La coordination du travail permit d'acheminer les eaux des crues toujours plus loin dans les terres, de créer davantage d'étendues arables et d'augmenter ainsi la productivité agricole.

Cette organisation étatique eut un autre effet secondaire : la naissance de l'astronomie, issue du besoin d'anticiper pour se donner le temps nécessaire à la rénovation, avant chaque crue, d'un système d'irrigation sans cesse croissant. Si l'on réparait les anciens canaux trop tôt, le soleil brûlant les transformerait en poussière, balayée par le vent. Si l'on s'y prenait trop tard, l'infrastructure ne serait pas prête au moment de l'inondation. Heureusement, les crues du Nil étaient plutôt régulières et se produisaient chaque année durant la même période de cinq ou dix jours. La nécessité de prévoir ce moment à l'avance incita les prêtres-astronomes à observer les cieux et à apprendre à situer les dates en fonction des étoiles. Des progrès sensibles furent également accomplis dans le domaine des mathématiques, car il fallait mesurer avec exactitude les champs, dont les limites étaient effacées chaque année par les crues.

L'institution pharaonique s'affirma comme tellement essentielle à la société que les anciens Egyptiens considéraient leur histoire non pas comme une série d'événements mais comme une série de règnes au cours desquels se produisaient lesdits événements. Au lieu de numéroter les années l'une après l'autre, comme c'est le cas dans nos civilisations modernes, un nouveau calendrier était institué lors de chaque couronnement, commençant au jour 1 de l'an 1 du règne du roi X. Et à la mort de celui-ci, on repartait de zéro. Ce système de datation, par ailleurs très utile aux égyptologues, montre que les Egyptiens n'imaginaient aucune unité possible, pas même dans le temps, en dehors de ce régime monarchique.

En plus d'une autorité centrale et omnipotente, les Egyptiens voyaient en ce dernier un dieu indispensable à leur sécurité. Ce rôle de protecteur est nettement illustré par l'un des plus vieux mythes d'Egypte. La légende raconte que le roi Rê apparut un jour sur terre sous une forme humaine, pour gouverner en tant que premier pharaon. Durant son règne, le pays prospéra et devint une sorte d'Eden, à l'abri du besoin, de la souffrance ou de la maladie. Les sujets de Rê menaient une existence tellement insouciante que, peu à peu, ils en vinrent à oublier de lui témoigner leur respect et de lui rendre hommage pour le paradis qu'il avait créé. Furieux, Rê engendra une créature démoniaque et assoiffée de sang, la lionne Sekhmet, qu'il lâcha sur son peuple dévoyé, afin de lui donner une leçon qu'il n'oublierait pas de si tôt. Après qu'elle eut abattu sans merci des centaines de personnes, les survivants, terrorisés, redevinrent de scrupuleux fidèles. Mais rendue folle par tant de cruauté, Sekhmet continua son carnage, désobéissant ainsi aux injonctions de Rê, qui lui commandait d'arrêter. Ce dernier réunit alors tous les dieux dans le but d'échafauder un plan pour empêcher un génocide. Il assigna à certains la tâche de produire autant de bière que possible et à d'autres celle de trouver de la teinture rouge pour la colorer. Puis il ordonna que la mixture soit déversée sur le sol. Le lendemain, sur le point de reprendre son œuvre de destruction, Sekhmet vit la bière, qu'elle prit pour du sang et qu'elle but jusqu'à devenir saoule au point de s'endormir profondément. C'est ainsi que Rê, prototype du pharaon, put sauver l'humanité. Mais sa force s'affaiblissant avec le temps, il retourna dans l'Autre Monde et envoya son fils Horus le faucon, pour régner à sa place.

Aux yeux de son peuple, le pharaon était l'incarnation d'Horus et chaque monarque possédait, dans sa titulature, un « Nom d'Horus », sorte de déclinaison juxtaposée à ce dernier. En tant que fils de Rê, le roi avait le pouvoir de vie et de mort sur la race humaine. Chaque sujet en avait une conscience aiguë : ce n'était qu'en obéissant et en rendant hommage à son seigneur que l'on éviterait de terribles fléaux. Aussi longtemps que les Egyptiens entretiendraient cette croyance, il serait difficile d'imaginer que quelqu'un puisse commettre la moindre action contre le souverain.

L'ÈRE DES PYRAMIDES

Les pyramides constituent le témoignage par excellence de l'importance de la royauté dans l'Egypte ancienne. Cinq cents ans après l'unification du pays par Narmer, le pharaon, plus fort et plus puissant que tout autre chef au monde, considéré comme un dieu vivant, se devait d'avoir une demeure éternelle monumentale, digne de son statut. Lorsqu'un roi avait terminé sa vie terrestre, sa momie était placée dans une pyramide en attendant le jour où il monterait aux cieux. Construits plus de mille ans avant Toutankhamon, ces gigantesques édifices reflétaient l'idée même de la souveraineté absolue.

Les *péplums* sur l'Egypte montrent des esclaves soulevant d'énormes blocs de pierre, supervisés par un cruel contremaître prêt à les fouetter de façon impitoyable — invitant du coup à se demander pourquoi ces esclaves ne se sont pas révoltés, vu leur nombre. De la même façon, une légende veut que les Hébreux aient construit les pyramides. En fait, toutes ces idées reçues sont fausses. Les pyramides ont été bâties par une main-d'œuvre libre et volontaire, payée par les pharaons, elles ont, de plus, été érigées plus de dix siècles avant que Moïse et les Israélites ne viennent en Egypte, et étaient déjà anciennes à l'époque de Toutankhamon. Elles témoignent plutôt à quel point, même encore jeune, cette nation était déjà sûre d'elle. Pensons seulement à ce qu'impliquait la réalisation d'une telle œuvre architecturale.

Il existe plus de soixante-dix pyramides en Egypte et pour construire un monument aussi extraordinaire que la Grande Pyramide de Gizeh, il fallut des milliers d'ouvriers, coordonnés en équipes, travaillant vingt ans sur cette seule structure. Les carriers eurent à extraire et découper deux millions et demi de blocs de calcaire, pesant chacun en moyenne cinq tonnes. Les transporteurs acheminaient ces blocs sur le Nil, de la carrière à Gizeh. Une fois déchargés des barques, ils étaient installés sur des traîneaux de bois tirés par plusieurs hommes et hissés jusqu'à leur position finale. Et tout ce travail s'effectuait sans recours à des chariots dont les roues se seraient enlisées dans le sable. Durant l'édification de la Grande Pyramide, un bloc était mis en place en moyenne toutes les trois minutes, de jour comme de nuit, et ce pendant deux décennies, prouesse inimaginable à notre époque. Seule une société extrêmement riche et stable pouvait permettre à son chef de mener à bien un projet d'une telle envergure. La parole du pharaon faisait office de loi : ce qu'il disait devait être fait.

Un roi au caractère divin et une armée forte, garante

de l'Etat : telles sont les deux institutions initiales qui composent le décor du meurtre de Toutankhamon. Voyons à présent la troisième : la religion des anciens Egyptiens. Aucun peuple ne s'est autant focalisé sur sa foi ni préoccupé de la vie après la mort. Et une fois de plus, ce phénomène provient de sa singulière situation géographique.

Aux temps préhistoriques, les Egyptiens se faisaient enterrer dans des fosses creusées en plein désert, les terres cultivables étant trop précieuses pour les consacrer à des cimetières. En un sens, ce fut une aubaine pour l'archéologie car une quelconque présence d'humidité et une haute teneur minérale du sol auraient détruit les cadavres. Inhumés dans de simples trous, sans cercueil pour les protéger, les corps pouvaient se déshydrater rapidement sous l'action du sable sec et brûlant. Privées d'eau, les bactéries n'agissaient pas sur les tissus mous et donc, les morts égyptiens étaient naturellement préservés.

Comme ces tombes étaient peu profondes, le vent, en soufflant sur le sable, pouvait dévoiler des dépouilles qui, ayant conservé apparence de chair et de cheveux intacts, demeuraient des individus reconnaissables. On ne saura jamais si ce type d'événement a engendré l'idée d'une vie éternelle ou n'a fait que la confirmer, mais cette vision prouvait aux anciens Egyptiens qu'un mort ne disparaissait pas complètement de l'existence.

Peu après Narmer, les sépultures se firent plus complexes. Les fosses se transformèrent en tombes entourées de briques ; les corps furent recouverts de peaux d'animaux et placés sur des nattes tressées. Avec le temps, ces structures devinrent de plus en plus élaborées selon le statut et la richesse du défunt. Les nattes enveloppèrent entièrement les cadavres, semblables à des cercueils rudimentaires. Ces premières pratiques funéraires menaçaient néanmoins le processus de conservation. Toutes ces modifications empêchaient la dessication naturelle causée par le sable chaud — plus les fluides organiques sont retenus longtemps dans le corps, plus les tissus mous se décomposent. Paradoxalement, les tombes censées sauvegarder les morts conduisirent à leur destruction, forçant les Egyptiens à concevoir un moyen artificiel de préserver les dépouilles : la momification.

Pareille pratique était prescrite par la religion des Egyptiens. Contrairement à ce qu'affirment les occultistes modernes, ceux-ci ne croyaient pas en la réincarnation, c'est-à-dire à l'idée qu'une âme revienne sur terre après la mort pour résider dans un autre corps, ni à la répétition de ce cycle vie-mort-renaissance. En effet, dans ce cas, la momification n'aurait pas été nécessaire car si l'âme devait intégrer une autre enveloppe charnelle, on n'aurait pas ressenti le besoin de conserver l'ancienne. En fait, les Egyptiens croyaient en la résurrection : pour eux, les gens n'existaient qu'une seule fois et leur corps terrestre se ranimait, se relevait et marchait de nouveau dans l'Autre Monde. Cette doctrine domina la société égyptienne durant des millénaires et demeura virtuellement intacte des siècles après Toutankhamon.

Pour comprendre les principes de la religion antique et la croyance en une vie après la mort, il convient de se remémorer le plus vieux mythe de l'Egypte : la légende d'Isis et d'Osiris. Ces derniers étaient tout à la fois frère et sœur, mari et femme. Osiris apporta la civilisation à l'Egypte, en introduisant l'agriculture et l'élevage, délivrant de la sorte les habitants de la Vallée du Nil de la misère. Puis il quitta le pays pour étendre son œuvre au reste du monde, laissant à Isis, la puissante déesse de la magie, la tâche de tenir Seth, leur frère malfaisant, en échec.

Au retour d'Osiris, Seth obtint, par stratagème, les mesures exactes du corps de celui-ci et fit fabriquer un coffre en bois qui pût le contenir. Lors d'un banquet, il déclara qu'il offrirait ce magnifique sarcophage à celui qui tiendrait dedans. Tous les invités l'essayèrent les uns après les autres, sans succès, jusqu'à ce que vienne le tour d'Osiris qui, naturellement, s'y ajustait parfaitement. A peine fut-il installé à l'intérieur que Seth referma le couvercle, le scella hermétiquement au moyen d'une enveloppe de plomb fondu et le jeta dans le Nil. Le dieu, prisonnier dans son cercueil, mourut. Une violente tempête le charria ensuite jusqu'à Byblos, au Liban, où il s'échoua dans les racines d'un arbre. Avec le temps, ce dernier atteignit une taille gigantesque, enveloppant totalement le sarcophage d'Osiris. Au cours de la construction de son palais, le roi de Byblos décida d'utiliser cet énorme tronc pour en faire un pilier.

Dès qu'Isis apprit ce qui était arrivé à son époux (quant à savoir comment, c'est une trop longue histoire), elle entreprit de retrouver son corps. Elle réussit à s'introduire dans l'entourage du souverain et, avec l'aide de la reine, put obtenir que l'on éventre le pilier. Elle ramena alors la dépouille de son mari en Egypte pour lui donner une sépulture digne de lui. Mais Seth découvrit le cadavre et le découpa en quatorze morceaux qu'il dispersa dans tout le pays. Finalement, Isis parvint à rassembler tous les fragments épars sauf un, le phallus, qui avait été jeté dans le Nil et mangé par les poissons. Elle reconstitua le corps du défunt, fabriqua un phallus artificiel, puis, s'étant transformée en oiseau, elle se mit à planer au-dessus d'Osiris et lui rendit le souffle de vie en prononçant des paroles magiques. Peu après, leur fils Horus, le dieu à tête de faucon, naquit (il s'agit du même Horus que dans le mythe de Rê, mais les Egyptiens ne se souciaient apparemment pas du fait qu'il ait deux pères).

Presque toutes les croyances funéraires de l'Egypte sont dérivées de ce mythe. La quête d'Isis, à la recherche de tous les morceaux de son époux, et la fabrication d'un membre artificiel soulignent l'importance d'un cadavre intact. Osiris avait conservé la même enveloppe matérielle que durant sa vie. Finalement et surtout, Isis prononce les formules adéquates qui entraîneront sa résurrection. Dès lors, la momification devient essentielle à l'immortalité. Le corps doit être préservé pour l'autre vie et les rituels appropriés effectués. Le sarcophage aux dimensions exactes d'Osiris est le précurseur du cercueil anthropoïde, à l'image du défunt, destiné à protéger sa dépouille.

Les mythes nous fournissent aussi une vision assez nette de la société. Celui d'Isis et d'Osiris ne nous parle pas seulement de la vie éternelle. Il suggère également qu'il existe une forme d'équité dans l'univers. En effet, à la fin de la légende, Horus, le dieu faucon, livre une guerre des éléments pour venger la mort de son père et parvient à vaincre son oncle Seth.

Il n'est donc pas surprenant que le premier concept de justice au monde apparaisse en Egypte. Cette idée implique un profond sentiment d'ordre, une conviction qu'il existe des lois présidant au comportement et cette vision des choses transparaît dans tous les aspects de la société. Les Egyptiens croient qu'à leur mort, ils doivent comparaître dans la salle de la Double Vérité[I], sorte de tribunal présidé par les dieux. Là, ils plaident leur cause et expliquent pourquoi ils devraient être admis dans l'Au-delà. S'ils en sont jugés dignes, ils sont déclarés « justes de voix[II] ». Lors d'un second jugement, a lieu « la pesée du cœur[III] ». Celui-ci est déposé sur l'un des plateaux d'une balance tandis que l'autre contient une plume, symbole hiéroglyphique du mot « Maât », signifiant Vérité, Ordre Divin. Si le cœur est aussi léger que la plume, dépouillé de

---

I. On trouve également l'expression « Salle des deux Maât » *(N.d.T.)*.

II. Ou « justifiés » *(N.d.T.)*.

III. Ou « psychostasie » *(N.d.T.)*.

toute mauvaise action, le mort peut entrer dans l'Autre Monde. Si, au contraire, il porte le poids du mal, il est mangé par une créature au corps de crocodile et à la tête d'hippopotame, surnommée la « Dévoreuse[I] ». L'individu cesse alors définitivement d'exister. Ainsi, l'emblème actuel de la justice dans les pays occidentaux provient-il de l'antique balance égyptienne. Dans le mythe d'Osiris, Seth, qui représente le mal, constitue une menace constante parce qu'il n'est pas tué dans la bataille mais seulement vaincu : l'Egypte doit rester vigilante car le dieu malfaisant guette toujours, prêt à déstabiliser Maât.

C'est la responsabilité du pharaon d'établir et de maintenir l'Ordre Divin dans le pays. Une fois par an, le souverain remonte le Nil sur sa barque royale et participe à une sorte de mystère qui garantit que le bien triomphe sur le mal. Cette représentation, basée sur le mythe d'Osiris, est la plus ancienne œuvre dramaturgique du monde. Inscrite sur les murs du temple d'Horus à Edfou, au sud de l'Egypte, elle s'intitule « Le Triomphe d'Horus » et le roi y tient le rôle du dieu faucon lui-même.

Le clergé

Etant donné la croissance de l'Egypte, le pharaon, occupé à la gestion d'une administration de plus en plus importante, ne pouvait plus se rendre dans chaque temple pour y accomplir tous les rituels destinés à plaire aux dieux, ô combien nombreux. Chaque ville avait son protecteur : Sobek[II], le dieu crocodile ; Thot, le dieu à tête d'ibis ; Horus, le dieu faucon, etc. Des centaines de divini-

---

I. Son nom est Ammit *(N.d.T.)*.

II. Symbole de la fécondité et parfois de la crainte *(N.d.T.)*.

tés, dans des sanctuaires érigés tout le long du Nil, rivalisaient pour la suprématie dans la hiérarchie.

Le besoin naquit d'officiants qui représenteraient le pharaon dans les diverses chapelles, effectueraient les offrandes et réciteraient les prières garantissant au soleil un bon voyage pendant la nuit. Ainsi, très tôt dans l'histoire du pays, un groupe d'hommes fut-il désigné pour remplir cette mission. Les prêtres de l'Egypte assuraient une importante fonction religieuse mais n'apportaient aucune contribution à l'économie du pays. Ces substituts du roi établirent le modèle du clergé pour les millénaires à venir.

N'étant en quelque sorte que des délégués du souverain, ils ne devaient pas nécessairement avoir de profondes convictions spirituelles. Tout ce qu'on leur demandait était d'effectuer certaines tâches à un moment donné, de placer les offrandes adéquates sur l'autel, de prononcer les paroles requises de la manière prescrite, c'est-à-dire d'honorer et de satisfaire le dieu de sorte que ce dernier apporte, à son tour, la prospérité à l'Egypte. Les prêtres n'étaient pas obligés de vénérer sincèrement le dieu qu'ils servaient et cela ne constituait d'ailleurs pas un phénomène rare dans l'Antiquité. L'Ancien Testament ne dit pas grand-chose sur ce que doivent croire les fidèles de Yahvé. Il ordonne de respecter la loi, mais aucun des Dix Commandements n'impose une foi quelconque. C'est seulement à partir du christianisme que l'accent a été mis sur le sentiment d'intériorité, la sincérité du cœur. Par conséquent, lorsqu'on évoque le clergé égyptien, il ne faut pas imaginer des serviteurs mystiques, entièrement dévoués aux dieux, ni même intègres ou encore incapables de perfidie et de malveillance : dans une telle bureaucratie, les occasions de se montrer cruel et sans scrupules ne manquaient pas.

Le rôle de grand prêtre dans un temple était généralement héréditaire et se transmettait de père en fils sur plusieurs générations, comme en témoignent diverses biographies. C'est ainsi que l'on pouvait devenir prophète du dieu Min[I], Premier prêtre d'Amon[II], etc. Le clergé, de par son importance numérique, constituait une voie susceptible d'offrir aux ambitieux de multiples occasions de s'élever au sommet. Le grand prêtre contrôlait les champs, vergers et troupeaux appartenant à son temple. C'était un poste administratif qui conduisait à une grande puissance personnelle s'accompagnant d'énormes privilèges : domaines, serviteurs, présents, pots-de-vin ainsi que tous les attributs de la noblesse. Au niveau inférieur, on trouvait les deuxième et troisième prophètes du dieu, suivis d'innombrables rangs et castes de prêtres, formant une hiérarchie digne des plus grandes multinationales modernes.

Les différentes branches du clergé entretenaient une compétition féroce, chacune clamant la suprématie de son dieu et cherchant la protection spéciale du pharaon et les récompenses qui en découleraient. A Memphis, capitale de l'Ancien Empire située près du Caire actuel, le patron de la cité, Ptah, créateur de l'univers, était considéré comme le plus important de tous les dieux. Mais chaque ville disait la même chose de son propre protecteur. Cette affirmation de primauté au sein du panthéon ne rapportait pas seulement des « bons points » théologiques. En fait, il s'agissait davantage d'une lutte pour la richesse, pratique très répandue parmi les prêtres de l'ancienne Egypte. Cela étant, on pouvait aussi réussir par le mérite et il arrivait souvent que des scribes gravissent les échelons un à un jusqu'à obtenir des postes élevés.

Chaque temple possédait donc sa propre hiérarchie de

I. Dieu de la fécondité *(N.d.T.)*.

II. Dieu protecteur de Thèbes, dont le nom signifie « caché ». Impénétrable, créateur de tous les dieux, il exigeait des hommes l'exercice de l'Ordre Divin *(N.d.T.)*.

prêtres qui, selon leur grade, accomplissaient des devoirs spécifiques et jouissaient de privilèges particuliers. Les scribes tenaient des registres soigneux des cadeaux prodigués par le pharaon, notaient scrupuleusement le rendement des terres de leur juridiction et faisaient l'inventaire des entrepôts contenant du grain, du vin, du lin et de l'or. Certains d'entre eux copiaient les prières sacrées sur des rouleaux de papyrus pour que les prêtres-lecteurs, chargés de les réciter, puissent disposer d'exemplaires lisibles. D'autres, faisant office de bibliothécaires, classaient les divers documents pour permettre de les retrouver et de les consulter facilement. En dehors des textes religieux, les temples conservaient les traités médicaux, utilisés par les prêtres-médecins, ainsi que les livres d'interprétation des rêves.

Les « stolistes », responsables des statues de dieux, suivaient une routine précise pour s'assurer leur bienveillance constante. Chaque jour, à l'heure prescrite, ils pénétraient dans le « Saint des Saints », la chambre sacrée située tout au fond du temple, sortaient la figurine du sanctuaire où elle était enfermée, et accomplissaient les rituels du matin. L'idole était parfumée d'huiles odorantes, apaisée par des fumigations d'encens et amadouée par les nourritures les plus choisies, avant d'être enveloppée dans du lin blanc et replacée dans sa chapelle. Au moment d'en verrouiller les portes, on chantait des prières et incantations.

De nombreux prêtres, occupant une fonction moins élevée, entretenaient une famille et avaient un travail. Ces charpentiers, enseignants ou scribes effectuaient, à intervalles réguliers, une sorte de période de réserve, se consacrant durant trente jours au temple, avant de retourner à leur vie séculière.

Lorsque les pharaons avaient conquis de nouveaux territoires et en revenaient avec de l'or et des prisonniers, ils distribuaient une partie de leur butin aux temples, afin de remercier les dieux de leur avoir accordé leurs faveurs durant la bataille et pour garantir la constance de leurs bontés. Les captifs étrangers constituaient une source importante de main-d'œuvre et travaillaient pour les temples, que ce soit à l'intérieur des bâtiments ou dans leurs champs et vergers. Les souverains allouaient souvent au clergé de grandes étendues de terre afin de favoriser l'élevage et les cultures. Comme chaque roi tentait de surpasser son prédécesseur dans sa générosité, les temples devinrent incroyablement riches. Les prêtres se comptaient par dizaines de milliers. L'année précédant la naissance de Toutankhamon, le clergé égyptien représentait la plus grande bureaucratie que le monde ait jamais connue, une force puissante, soumise à la seule autorité du pharaon.

Il est intéressant de remarquer que, malgré toutes ses campagnes extérieures, l'Egypte n'est jamais devenue un véritable empire. Ses dieux étaient uniquement ceux de son peuple, son seigneur régnait sur la Haute et la Basse Egypte et non sur le monde. A croire que l'existence sur les rives du Nil était trop agréable pour avoir envie d'habiter ailleurs. Il n'était pas question de coloniser d'autres pays. De plus, à mourir sur un sol étranger, loin des embaumeurs, on ne pouvait pas être momifié et l'on perdait ainsi toute chance d'immortalité. Il valait mieux vivre en Egypte. Ainsi, lorsque chaque année, l'armée partait conquérir les territoires voisins, les soldats rentraient-ils immanquablement chez eux. Le centre de l'univers était l'Egypte et au centre de l'Egypte, il y avait le pharaon.

Notre compréhension de cette civilisation est principalement liée à sa croyance dans la vie après la mort. Comme on pensait que l'on pouvait littéralement tout emporter avec soi dans l'Au-delà, les tombes étaient remplies de meubles, de nourriture, de vêtements et même de jeux pour se distraire. On y trouvait des objets à la fois luxueux, fonctionnels et fantaisistes, comme si partant pour un lieu inconnu et, n'étant pas sûr des besoins rencontrés, l'on prenait tout et son contraire dans ses bagages. Les sépulcres constituent des fenêtres ouvertes sur la vie quotidienne de l'Egypte ancienne. Leur contenu n'était pas soigneusement arrangé comme des appartements miniatures. Les objets étaient entassés au hasard, pêle-mêle. Sur un lit, on pouvait trouver le nécessaire de toilette de la maîtresse de maison : ses parfums et huiles favorites dans de beaux vases d'albâtre, ainsi que ses fards dans de minces tubes de céramique. A côté, on avait posé des piles de linge fin, des vêtements ou de la nourriture : pain, douceurs en tous genres, jarres de vin du meilleur cru, scellées pour l'éternité, morceaux de viande, canards rôtis. C'est ainsi que l'on sait aujourd'hui ce que les Egyptiens mangeaient et buvaient lors des banquets, comment ils s'habillaient et quels meubles agrémentaient leurs maisons. Parfois, les scènes peintes sur les murs apparaissent tout aussi révélatrices.

Chaque individu aspirait à l'immortalité et sa chance d'y accéder était directement fonction de sa richesse et de son statut. Le type de tombe que l'on se préparait pour l'Au-delà dépendait des moyens que l'on avait. Celles superbement ornementées, que l'on voit dans les livres d'art, appartenaient à l'aristocratie. Les nobles investissaient tout ce qu'ils pouvaient dans leurs demeures d'éternité et parfois, le pharaon accordait à un membre de la cour la faveur spéciale d'un site de premier choix. En revanche, la plupart des Egyptiens, fermiers, artisans et ouvriers, ne jouissaient pas d'un tel privilège. Le défunt roturier était enveloppé dans un simple drap, parfois même celui de son lit, et placé dans une sorte de fosse commune destinée aux pauvres. Là, entouré de centaines d'autres cadavres, il attendait la résurrection. Les gens, ne sachant généralement pas écrire, n'ont laissé aucune trace de leurs espoirs, préoccupations, ni aucune relation de leur vie. L'essentiel de nos connaissances sur l'Egypte ancienne nous a été légué par une minorité de nantis.

L'idée de décorer les murs des tombes avec des scènes de la vie quotidienne se fondait sur un principe élémentaire de la magie égyptienne : si l'on montrait une chose, elle se produirait dans l'Autre Monde. L'intérieur des sépulcres était recouvert de peintures et de bas-reliefs représentant le défunt en train de festoyer, de chasser, de pêcher, de superviser les travaux sur les terres de sa propriété. La famille entière — femme, enfants et animaux domestiques — y figurait presque toujours, de sorte que le mort ait de la compagnie dans l'Au-delà. Les fresques des tombes égyptiennes évoquent l'idée que l'Autre Monde est exactement comme le nôtre, meilleur cependant. On n'y voit jamais quelqu'un de malheureux. Même travaillant dans les champs, les personnages portent des vêtements taillés dans le lin le plus fin.

Parfois, un haut fonctionnaire faisait inscrire son autobiographie sur les murs de son caveau, dressant la chronique de ses accomplissements. Les militaires dépeignaient leurs campagnes ; les scribes royaux, leurs devoirs au palais ; les gouverneurs, les territoires sous leur juridiction et les impôts qu'ils collectaient pour le roi. Parfois, le vizir, sorte de Premier ministre, listait ses responsabilités officielles. Toutes ces tombes sont autant de mondes miniatures à l'image de la vie du défunt, qui, préservés par le climat sec du pays, forment ensemble une véritable encyclopédie tridimensionnelle de l'Egypte ancienne.

En tant que gardiens des écritures, les prêtres étaient souvent responsables des registres, partie essentielle de toute bureaucratie, et à mesure que l'Egypte s'agrandissait, le nombre et l'importance de ces clercs augmentaient. Comme les terres fertiles qui bordaient le Nil produisaient un surplus de cultures, le pharaon prélevait l'excédent (c'est l'origine des impôts) pour payer l'armée et le clergé. Cette tâche était assignée à des comptables qui vérifiaient le rendement des récoltes de chaque fermier et enregistraient les quantités entreposées dans les greniers royaux. L'économie prospère du pays entraînait ainsi une culture de l'administration.

Les textes anciens incitaient les jeunes à apprendre à écrire. « Vous n'aurez pas à marcher avec l'armée, vos robes seront propres, vous n'aurez pas à travailler aux champs dans la chaleur du jour. » Avec un peu d'instruction on pouvait gravir les échelons de la société. Il existait, on l'a dit, toutes sortes de scribes. Certains passaient leur journée à inventorier les réserves des temples et portaient des titres tels que « scribe d'Amon ». D'autres, surnommés « gardiens des secrets », écrivaient les textes religieux. Si l'on se montrait compétent, on pouvait devenir « scribe royal », rattaché au palais ; on répondait alors au courrier ou l'on composait des inscriptions à graver sur les murs des édifices.

En conséquence de sa croissance, le pays fut divisé en circonscriptions appelées « nomes » — l'équivalent d'un Etat au sein d'une fédération. Il en existait quarante-quatre, chacun gouverné par son propre « nomarque ». Celui-ci était secondé par des fonctionnaires aux responsabilités diverses — maires, surintendants des constructions, surintendants des écuries — qui étaient tous sélectionnés parmi les scribes. Ces derniers constituaient en quelque sorte la classe moyenne et leur profession représentait, aux yeux des parents, la carrière idéale pour un enfant.

Les livres enseignaient aussi une manière de promotion sociale : « Ne vous laissez pas aller à boire de la bière, sinon vous prononcerez des paroles mauvaises. » « Etudiez les écritures, logez-les dans votre cœur, alors vos paroles seront efficaces. » « Restez à votre place, qu'elle soit supérieure ou inférieure ; il n'est pas bon de faire pression pour avancer, agissez selon votre rang. »

Tout cela était possible grâce à la population grandissante de fermiers. Il n'y avait pas de bouche affamée. Chaque nouvel arrivé pouvait être nourri et il restait encore de l'excédent. Cela permettait d'entretenir les industries de luxe, d'engager des artistes pour décorer les murs des tombes, de payer des orfèvres et des artisans pour confectionner de superbes objets. Et tous ces bienfaits étaient prodigués par les généreuses crues du Nil.

La royauté était certes le fondement de la civilisation dans tout le monde antique. Toute grande nation avait un chef, unique garantie contre le chaos. Mais seule l'Egypte percevait son roi comme un être divin. Le pharaon était le fils de Rê, le dieu soleil. Alors que les autres pays étaient gouvernés par des mortels, à la tête de l'Egypte trônait un dieu.

Lorsque Toutankhamon arriva au pouvoir, les trois forces constitutives de la société égyptienne, en place depuis des siècles, avaient gagné en solidité, exigeance et indépendance. Le souverain ne pouvait pas maintenir l'Ordre Divin sans l'appui du clergé et de l'armée. Les prêtres réclamaient les subventions du monarque et leur part des butins militaires. L'armée puissante, quant à elle, demandait les faveurs des dieux pour ses campagnes, et il était politiquement avantageux d'avoir le soutien du clergé. Il existait un équilibre subtil entre ces trois composantes, car chacune était devenue tellement influente qu'on ne pouvait plus l'évincer. Cependant la notion de roi divin demeurait au centre de tout le système et l'on ne pouvait imaginer l'Egypte sans pharaon.

La plupart des quelque cent soixante-dix souverains égyptiens actuellement répertoriés ont respecté et maintenu ce rôle traditionnel. Ils conduisaient l'armée, construisaient des monuments et faisaient des offrandes aux dieux. Grâce au pharaon, l'Ordre Divin prévalait et l'Egypte prospérait. Mais la ligne de succession de Narmer à Toutankhamon ne fut pas sans ruptures.

On a tendance à imaginer l'histoire égyptienne comme une continuité parfaite. Or elle connut en réalité des moments de déchirure. Cependant, lorsque de tels événements, si rares fussent-ils, se produisirent, la société était établie sur des bases ancrées tellement profondément qu'elle pouvait se redresser d'elle-même. Malgré quelques brèves périodes de chaos, l'infrastructure tenait bon, la terre restait productive, les prêtres conservaient leur richesse, le principe de royauté restait immuable et l'armée fonctionnait. Par exemple, à la suite de l'Ancien Empire (2686-2181 avant J.-C.), en 2200 avant J.-C., le pays tomba dans l'anarchie, ce qui mit fin à l'ère des pyramides. Nous ne savons pas exactement pourquoi la société égyptienne s'est effondrée, il n'existe que peu de traces écrites de cette période. Pépi II était devenu pharaon alors qu'il était enfant et le resta durant plus de quatre-vingt-dix ans (c'est le monarque au règne le plus long de l'histoire du monde). Le souverain ayant à conduire ses troupes à la bataille, à mesure que Pépi vieillissait, il se révéla peut-être de moins en moins apte à gouverner, et comme l'armée n'était plus entretenue, l'Egypte s'affaiblit. Ainsi la stabilité de cette société fut bouleversée par son fondement même, un gouvernement central fort, articulé autour du seul monarque, chef absolu. Si le pharaon était faible, l'Egypte souffrait. Toutankhamon allait apprendre cette triste leçon par expérience.

Durant plus d'un siècle après Pépi, l'Egypte n'eut pas de véritable chef. Les gouverneurs locaux se battaient pour la suprématie. Mais même pendant cette période de fragilité, le pays ne fut pas envahi. Ses barrières naturelles de sable et d'eau tinrent bon. Finalement, un prince originaire de Thèbes, comme le roi Narmer, marcha vers le nord, réunifia le pays et l'Egypte retrouva un pharaon. Comme un bateau qui se redresse après avoir chaviré, elle revint à son état antérieur, à cette structure qui l'avait si bien servie. Après la longue absence d'un souverain unique et absolu à la tête d'une armée forte et d'un puissant clergé, l'Ordre Divin avait été rétabli dans le pays. Ces événements, toutefois, advinrent huit cents ans avant le règne de Toutankhamon et ses prédécesseurs immédiats jouèrent un rôle non négligeable dans l'évolution de l'histoire. En effet, si la royauté, le clergé et l'armée constituèrent les composantes essentielles du fonctionnement social, il serait extrêmement simpliste de considérer l'Egypte uniquement comme un vaste système mécanique, totalement déterminé par les lois de la physique. Ce furent aussi les personnalités de ses chefs qui firent sa grandeur. Le moment est donc venu de nous intéresser de plus près à la famille de Toutankhamon.

3

LES ANCÊTRES DE TOUTANKHAMON

La glorieuse XVIIIe dynastie

> « Respectez les nobles, nourrissez votre peuple.
> Renforcez vos frontières, vos patrouilles.
> Il est bon de travailler pour le futur,
> On respecte la vie des hommes prévoyants. »
> Le roi Kheti III Nebkaourê
> (Env. 2150 av. J.-C.).

L'Egypte voyait sa place légitime au sommet du monde, surplombant ses voisins. Son histoire peut être considérée comme une série de conquêtes au sens où, pour maintenir sa suprématie, le roi conduisait fréquemment son armée à l'extérieur du pays, soumettait un territoire étranger et rentrait chez lui, muni de son butin. L'Etat conquis était tenu de lui envoyer un tribut annuel, sinon le pharaon reviendrait. Telle était la vie dans le monde antique : aucun souverain ne se serait vanté d'avoir connu un règne sans guerre.

Ces invasions régulières étaient nécessaires parce que les Egyptiens ne pratiquaient pas la colonisation. Une fois leur domination sur un pays assurée, ils pouvaient retourner chez eux et attendre les paiements imposés. Mais sans les pressions d'une force militaire postée sur place, les contrées vassales renâclaient à s'acquitter de leur dû. Par conséquent le pharaon devait réitérer ses offensives de façon cyclique. C'était dans l'ordre naturel des choses.

Thoutmosis Ier, le troisième monarque de la dynastie de Toutankhamon, est principalement connu pour ses exploits militaires, mais il marque également un tournant capital dans l'histoire de l'Egypte : il fut en effet le premier roi à se faire enterrer non dans une pyramide mais dans la Vallée des Rois. Une inscription autobiographique dans le sépulcre d'Ineni, directeur des travaux sous Thoutmosis, décrit la construction de la première tombe creusée dans le roc (ou hypogée) :

> J'ai inspecté, étant seul, l'excavation [pratiquée pour] l'hypogée de sa majesté. Personne ne pouvait voir, personne ne pouvait entendre... Mon action était celle d'un homme qui sait; jamais un ordre ne me fut donné par un homme plus âgé. Je serai loué pour ma science, après que des années auront passé, par ceux qui essaieront d'imiter ce que j'ai réalisé [1].

Le secret était en effet crucial si l'on voulait protéger le corps du souverain. Peu après l'effondrement de l'Ancien Empire, les pyramides de Gizeh avaient été vandalisées par des pillards et tous les corps avaient disparu. Lorsque le gouvernement retrouva enfin sa stabilité, les pharaons du Moyen Empire recommencèrent à ériger des pyramides. Mais ne disposant que d'une main-d'œuvre et de ressources réduites, ils durent se contenter d'intérieurs en briques de terre, abrités sous un fin revêtement de pierre recouvrant leur surface extérieure. Ces structures peu dissuasives furent, elles aussi, saccagées. Ce fut pourquoi l'on construisit la tombe de Thoutmosis encastrée au cœur de la falaise d'une vallée désolée, dans le but de tromper les voleurs. Huit générations plus tard, Toutankhamon rejoindrait ses augustes ancêtres dans ce lieu désigné aujourd'hui sous le nom de Vallée des Rois. Entre-temps, l'Egypte connaîtrait certains de ses plus grands monarques.

Les prédécesseurs de Toutankhamon, rois de la XVIIIe dynastie, élevèrent le concept de pharaon-guerrier à des hauteurs jamais atteintes auparavant. Thoutmosis créa une armée de métier, formée de milliers de soldats solidement entraînés et bien équipés, totalement différente du petit régiment de Narmer et jouissant d'un atout supplémentaire et novateur : le char.

Ces véhicules, tirés par deux chevaux, portaient deux hommes, un conducteur et un archer. Leur armature était confectionnée de divers bois importés : l'orme pour les roues, en raison de sa souplesse ; et le frêne, plus solide, pour le caisson. La base, tissée en lanières de cuir et dotée d'un rabat permettant d'absorber les chocs, constituait une plate-forme relativement stable d'où le combattant pouvait lancer ses flèches.

La charrerie était secondée par les soldats d'infanterie, armés de boucliers de cuir, de lances, de haches de guerre et de dagues. Les fantassins parcouraient plus de vingt kilomètres par jour. A l'issue des nombreuses campagnes de Thoutmosis, l'Egypte s'était rendue maîtresse des mille kilomètres séparant l'Egypte de l'Euphrate. Sur les rives de ce dernier, le pharaon érigea une stèle — une pierre gigantesque, à l'extrémité arrondie sur laquelle on avait coutume d'annoncer les événements importants — proclamant cette région territoire septentrional de l'Egypte.

Le seul enfant survivant de Thoutmosis et de sa reine

était la princesse Hatshepsout. Il convient ici d'apporter une petite précision : le terme « reine », couramment employé par les égyptologues dans un souci d'intelligibilité, n'existe pas, en réalité, dans la langue égyptienne antique, qui désigne la Première Dame du pays par l'expression « grande épouse royale ». Mais revenons à notre histoire. Si l'unique descendant direct du pharaon et de sa grande épouse avait été un garçon, la couronne lui serait automatiquement revenue, mais le fait qu'Hatshepsout fût une fille souleva un problème. Le choix d'un nouveau souverain ne se faisait pas aussi simplement que dans les monarchies européennes, régies par la loi de primogéniture (droit d'aînesse) impliquant la passation du pouvoir à l'aîné des enfants mâles, avec des règles spécifiques palliant toutes les contingences. En Egypte, le pharaon avait généralement plusieurs femmes et pouvait également épouser sa sœur. Sa succession était donc assez complexe. Mais dans la plupart des cas, on appliquait la coutume dite « Théorie de l'héritière » : celui qui épousait la fille la plus âgée et de souche la plus royale (de par son père et de par sa mère) devenait pharaon.

A la mort de Thoutmosis Ier, son fils, Thoutmosis II, né d'une épouse mineure, fut marié à sa demi-sœur, Hatshepsout, fille aînée du monarque et de sa grande épouse. Cette union établissait son droit à accéder au trône. Le couple connut un règne prospère et calme de vingt ans. A sa mort, Thoutmosis II laissa deux enfants, une fille née d'Hatshepsout et un jeune garçon, Thoutmosis III, enfant d'une concubine. Hatshepsout assura la régence à la place de ce fils durant sept ans. Puis soudain, l'un des événements les plus incroyables de la longue histoire égyptienne se produisit : cette grande épouse changea son titre officiel pour se proclamer « roi ». Dans ses portraits, elle se fit représenter parée de tous les attributs propres à un souverain homme, exhibant même une barbe. C'était du jamais vu dans une Egypte plus que conservatrice. En arborant le pagne impérial, Hatshepsout tentait en fait de se conformer à l'image traditionnelle du pharaon : elle était le roi, mais ce roi s'avérait être une femme. Si elle réussit dans son dessein, ce fut uniquement en raison de son talent pour gouverner, qui apporta la prospérité dans tout le pays. Son effigie mâle sema toutefois la confusion parmi les artistes et scribes de la cour qui, ne sachant s'il fallait la désigner au masculin ou au féminin, utilisèrent tour à tour l'un et l'autre.

Lorsque Hatshepsout mourut le 10e jour du 6e mois de la 22e année de son règne (février 1482 avant J.-C.), Thoutmosis III se retrouva seul souverain de l'Egypte et, au travers de ses conquêtes, devint le plus grand chef militaire que cette civilisation ait jamais connu. Durant les seize années qui suivirent le décès de sa mère, il mena pas moins de quatorze campagnes militaires au nord du pays, ce qui explique pourquoi les historiens l'ont surnommé le « Napoléon de l'Egypte antique ». En l'an 33 de son règne, il entraîna son armée jusqu'à l'Euphrate, vainquit le roi du Mitanni et érigea sa propre stèle près de celle de son grand-père, ainsi qu'une seconde de l'autre côté du fleuve.

Le nom de Hatshepsout fut effacé de tous les monuments par une décision officielle visant à éliminer toute trace d'elle dans l'histoire. Il était trop révolutionnaire d'admettre qu'un roi d'Egypte ait pu être une femme. Cet acte iconoclaste, destiné à anéantir la mémoire d'un pharaon, établit un funeste précédent. Cent ans plus tard, une purge similaire serait décrétée dans tout le pays, qui prendrait cette fois pour cible Toutankhamon.

Lorsque Thoutmosis III s'éteignit, après cinquante-quatre années de règne, l'Egypte était une puissance militaire redoutée dans tout le Moyen-Orient. Après celui qui fut donc l'arrière-arrière-arrière-grand-père de Toutankhamon, les deux pharaons qui suivirent[1] maintinrent la grande tradition de leurs ancêtres, faisant de la XVIIIe dynastie la plus glorieuse de l'histoire du pays.

A ce point précis de l'histoire, commencent à apparaître les ancêtres directs de Toutankhamon. Vingt-cinq ans avant la naissance de ce dernier, l'Egypte était gouvernée par son grand-père, Aménophis III, homme volontaire et opiniâtre dont la probité et la grandeur auraient d'immenses répercussions sur les monarques suivants. Son père l'ayant publiquement désigné comme successeur, Aménophis n'avait pas besoin d'une épouse de sang royal pour légitimer son droit au trône. Il put donc prendre pour femme une roturière du nom de Tiyi. Pour commémorer son mariage, il envoya aux quatre coins du pays l'équivalent égyptien d'un télégramme, c'est-à-dire une pierre sculptée dans la forme d'un scarabée, symbole de bonne fortune, sur la base de laquelle était inscrit :

> Que vive la grande épouse royale Tiyi.
> Le nom de son père est Youia.
> Le nom de sa mère est Touia.
> C'est l'épouse d'un roi puissant.

Si l'on lisait entre les lignes, le message était clair : « Tiyi a beau ne pas être noble, elle n'en demeure pas moins "épouse royale" », et mieux vaut accepter ce fait une fois pour toutes. Tout porte à croire que ce fut un mariage réussi. Sur les édifices, le pharaon est représenté en compagnie de son épouse, presque de la même taille que lui — grand honneur pour une dame. Les figures royales sont toujours idéalisées par les artistes, mais les

1. Aménophis II et Thoutmosis IV *(N.d.T.)*.

portraits de Tiyi donnent une impression assez précise de sa personnalité. Le buste superbement sculpté de la reine, exposé au musée de Berlin, révèle le visage aux traits élégants et réguliers d'une femme mûre et forte, certainement capable obtenir tout ce qu'elle voulait.

Tiyi mit au monde six enfants, quatre filles et deux fils. Les princesses reçurent des titres importants, notamment Satamon, nommée « épouse du roi », ce qui suggère à certains égyptologues qu'elle s'était mariée avec son père. S'il arrivait souvent qu'une sœur épouse son demi-frère, le mariage entre un pharaon et sa propre fille était beaucoup plus rare. Le fils aîné, baptisé Thoutmosis à la mémoire de son ancêtre, était destiné au trône et pour l'y préparer, on le nomma au poste important de grand prêtre de Memphis, l'une des deux capitales d'Egypte (avec Thèbes). Il s'agissait d'une manœuvre judicieuse de la part d'Aménophis III. Il était toujours politiquement avantageux d'honorer les dieux et, à présent, le monarque avait un membre loyal de sa famille à l'intérieur du clergé. Le cadet, nommé Aménophis comme son père, n'est mentionné dans aucune inscription royale, ni représenté dans aucun bas-relief ; son nom n'apparaît que sur une jarre à vin brisée. Ce fut donc sous ces auspices fâcheux que débuta la vie du père de Toutankhamon, un prince qui semblait n'avoir aucun avenir. Nous découvrirons ce personnage énigmatique de manière plus approfondie dans le prochain chapitre.

Le règne d'Aménophis III fut le plus heureux que l'Egypte ait connu. Jamais les huiles et onguents précieux ne se déversèrent aussi abondamment ; jamais on ne créa autant de bijoux ornés de turquoise, de lapis-lazuli et d'or ; jamais les portes de temple, en bois de cèdre aromatique, ne se multiplièrent à un tel rythme. La nourriture était surabondante et l'on vivait en paix. Grâce à ses précédents chefs, l'Egypte s'était assuré un contrôle ferme de toute la zone s'étendant du nord de la Syrie jusqu'à la Cinquième Cataracte du Nil (le centre du Soudan). L'armée n'eut que très rarement besoin de démontrer sa force dans la bataille : les Etats vassaux avaient tiré les leçons des dernières invasions. Un flot constant d'or de Nubie (Soudan) et du désert occidental permettait à l'Egypte de maintenir une économie forte. D'ailleurs, un roi voisin, écrivant à Aménophis III, constatait : « L'or est comme la poussière dans votre désert, on n'a qu'à se pencher pour le ramasser[2]. » De Kouch, au sud, venaient les défenses d'éléphants, les peaux de girafes et l'ébène pour les meubles du palais. D'Afghanistan, on importait les lapis-lazuli pour en faire des amulettes en forme de dieux et des incrustations pour les bijoux. A présent, les commerçants étrangers traversaient régulièrement la Méditerranée, chargés de jarres exotiques fabriquées en Crète et de lingots de cuivre en provenance de Chypre. Aménophis avait honoré les dieux et ceux-ci, à leur tour, prodiguaient leurs bienfaits sur l'Egypte. Les affaires étaient florissantes.

Aménophis et Tiyi menaient une vie cosmopolite si l'on peut dire, réussissant à se partager entre les deux moitiés du pays et voyageant fréquemment à Memphis et à Thèbes. Memphis, la capitale du nord, était située à la pointe du delta du Nil, près de la Méditerranée. C'était le centre administratif de l'Egypte, le lieu où le roi résidait pour gouverner le pays. La ville abritait les archives nationales et des milliers de bureaucrates. Il n'en subsiste que très peu de vestiges aujourd'hui, en raison de la montée d'une nappe phréatique sur le site. Cependant, une statue colossale évoque ce que dut être, à l'époque, la cité la plus active du monde. Malheureusement, les complexes de bureaux qui la composaient, construits en briques séchées au soleil, furent réduits en poussière sous l'action des eaux. Le palais subit le même destin. Tous les précieux documents des archives se désagrégèrent, triste sort du papyrus humide. Les temples glorieux furent eux aussi engloutis.

Le voyage d'environ six cents kilomètres vers le sud, pour se rendre de Memphis à Thèbes, prenait près de trois semaines à la barque royale, voguant contre le courant. Il s'agissait d'une embarcation énorme et pesante de soixante mètres de long, construite pour le confort de ses prestigieux occupants lors de leurs traversées fluviales. Sur le trajet, Aménophis s'arrêtait plusieurs fois pour accomplir certains rituels dans les temples, événements inoubliables pour des générations de prêtres qui évoqueraient avec bonheur et fierté leur rencontre avec le dieu vivant.

Si Memphis était la capitale administrative, remplie d'archives et grouillante d'activité bureaucratique et commerciale, Thèbes représentait la ville lumière, opulente, resplendissante et imposante par son esthétisme. Elle abritait des édifices construits à la gloire des dieux et non des bâtiments fonctionnels. Lors de chacune de leurs conquêtes militaires, les ancêtres d'Aménophis avaient offert une grande partie de leur butin aux temples de Thèbes, en signe de gratitude pour leur victoire. Les coffres débordaient d'or, les entrepôts regorgeaient de pièces de lin blanc, le tissu des prêtres, et les produits agricoles arrivaient, par vagues continues, des milliers d'hectares de champs alloués par la royauté. Le clergé était riche et en passe de devenir indépendant. Ses terres produisaient du blé, du bétail, des légumes, tout ce dont on avait besoin, avec, en plus, un excédent que l'on pouvait vendre.

Homère devait surnommer cette métropole « Thèbes aux mille portes », en raison des innombrables pylônes formant les entrées des multiples temples consacrés à toutes les divinités du panthéon. Cela étant, le prestige de la ville résidait dans l'importance de son patron, Amon, « le dieu caché ». C'était à lui, en effet, que les Egyptiens attribuaient la résurrection de leur pays, après l'anarchie et la domination étrangère qui avaient suivi l'Ancien Empire. A l'époque d'Aménophis, depuis près de mille ans, les pharaons vénéraient Amon comme leur protecteur spécial et leurs généreuses donations, pour obtenir son soutien, rendaient Thèbes toujours plus splendide. Amon avait même surpassé Rê, incorporant ce dieu jadis prédominant dans l'un de ses titres, Amon-Rê. Représenté comme un homme coiffé d'une haute couronne surmontée de deux plumes d'autruche, il était marié à la déesse Mout. Avec leur fils Khonsou, ils formaient la trinité, la sainte famille de Thèbes.

Le nom même d'Aménophis signifiait « Amon est satisfait » et le grand-père de Toutankhamon entreprit de surpasser tous les autres rois pour s'assurer la constante satisfaction du dieu : il se lança dans la construction du bâtiment le plus massif jamais érigé en l'honneur du patron de Thèbes ainsi que du pharaon lui-même. Les pressions exercées par les prêtres l'influencèrent sans doute dans la mise en œuvre de ce gigantesque projet, mais il semble qu'il ait également été animé d'une foi authentique. Après tout, s'il baptisa son aîné Thoutmosis, « Thot est né », en référence au dieu de l'écriture, son second fils, Aménophis, ainsi que la plus âgée de ses filles[I], furent nommés, comme lui, d'après Amon.

Le pharaon commença ses travaux à Karnak. Ce complexe religieux, le plus vaste jamais construit, était constitué non pas d'un bâtiment unique mais d'un ensemble de sanctuaires s'étendant sur des hectares de terre, sans ordre défini. Il s'était progressivement agrandi au cours des siècles, à mesure que chaque pharaon y ajoutait son propre monument à la gloire des dieux. Lorsque Aménophis décida d'apporter sa contribution au Grand Temple d'Amon à Karnak, les pylônes de Hatshepsout et

---

I. Satamon, « la fille d'Amon » *(N.d.T.)*.

de son père, Thoutmosis Ier, se dressaient encore et l'on s'émerveillait devant les obélisques de ce dernier, les premiers érigés dans ce temple.

Tout d'abord, Aménophis fit construire, à l'entrée, une somptueuse double tour (le IIIe pylône), précédant tous les autres édifices, de sorte que cette porte, plus grande et majestueuse, fût la première à être vue. Des corniches, peintes dans des teintes vives, s'élevaient des mâts scintillants, hauts de dix-huit mètres et recouverts d'*electrum* (alliage d'or et d'argent), au bout desquels flottaient des banderoles multicolores. Cette imposante structure était naturellement dédiée à Amon.

A environ deux kilomètres et demi de là, au centre de Thèbes, se trouvait un autre lieu très important. Une fois par an, onze prêtres sortaient la lourde statue en or d'Amon de son sanctuaire à Karnak, pour l'installer sur sa barque sacrée tandis que d'autres portaient la figurine de sa femme Mout jusqu'à sa propre embarcation, plus modeste. Aux officiants, revêtus de leurs plus belles robes blanches, se joignaient d'importants dignitaires, ornés d'argent et d'or, pour acheminer les vaisseaux jusqu'à un petit temple, surnommé « harem méridional », situé dans la partie sud de la ville. Cette procession, appelée « la belle fête du harem », ou encore « d'Opet », constituait la célébration la plus grandiose et la plus importante de Thèbes et commémorait la noce des deux divinités et leur bonheur conjugal. Aménophis ordonna à ses architectes de remplacer l'ancien édifice où elle se déroulait et qui ne servait qu'une fois par an, par un autre, plus imposant et admirablement proportionné. C'est ainsi que naquit le temple de Louqsor. On construisit une longue colonnade formée de deux rangées de sept superbes colonnes en forme de lotus, qui menait à une grande cour ouverte. Sur deux côtés, cette dernière était flanquée d'une double rangée de colonnes, à l'image d'ombelles de papyrus et qui soutenaient une travée de pierre, créant ainsi un coin un peu plus ombragé. A l'extrémité du temple, venait ensuite un double sanctuaire qui abritait les statues en or d'Amon et de Mout. Aménophis s'était surpassé lui-même dans cet hommage au grand dieu, en réalisant le plus grand temple jamais érigé par un seul pharaon.

Aménophis s'intéressait tant à ces projets qu'il fit bâtir, sur la rive gauche du fleuve où il restait un terrain entièrement vierge, un palais somptueux[I], d'où il pourrait superviser les travaux et dont seuls quelques murs subsistent aujourd'hui. En effet, de tels édifices, conçus pour ne durer que le temps de la vie d'un pharaon, étaient faits de briques de terre, à la solidité précaire. Pourtant ces quelques vestiges laissent entrevoir la splendeur ornementale du lieu : des peintures chatoyantes, représentant des scènes de la nature, recouvraient les sols tandis que des frises multicolores couraient le long des murs. Il s'agissait, là encore, d'un complexe regroupant plusieurs bâtiments : l'un, séparé, pour le roi et son entourage, un autre pour la reine et la cour, un troisième abritant les cuisines et d'autres encore où résidaient les gardes. Il semble que, malgré la proximité du Nil, Aménophis ait fait aménager, derrière le palais, un lac artificiel navigable, assez grand pour que la reine Tiyi puisse y manœuvrer sa barque royale.

A mesure que le temps passait, la personnalité d'Aménophis se confondait de plus en plus avec la gloire de la cité. Il commanda deux statues énormes et majestueuses, de vingt et un mètres de hauteur, les plus grandes jamais sculptées à son image, qui marquaient l'entrée d'un nouveau temple consacré à sa mémoire. Du sanctuaire lui-même, il ne reste rien mais les sculptures massives d'Aménophis regardent toujours en direction de Thèbes : ce sont

---

I. Il s'agit du palais de Malqata *(N.d.T.)*.

les fameux colosses de Memnon qui ébahissaient les visiteurs de l'Antiquité.

Cette extravagance et cette frénésie de construction ont sans doute dynamisé la ville de façon considérable. Aménophis assurait un travail continu à des milliers d'ouvriers, qui extrayaient, taillaient, transportaient des tonnes de pierre. Des centaines d'artistes réalisaient d'innombrables sculptures et peintures pour les temples flambant neufs et le luxueux palais. Les richesses affluaient dans Thèbes comme jamais auparavant. La magie de la ville inspirait le cœur des poètes. « On l'appelle “la Cité”, dit un hymne de la fin du Nouvel Empire en son honneur. Toutes les autres restent dans son ombre, pour se magnifier à travers elle[3]. »

Bientôt les rives du Nil se retrouvèrent ornées de splendides édifices, présentant une façade d'opulence qui cachait un univers moins reluisant. Les maisons et boutiques des simples mortels s'amoncelaient dans la confusion derrière les temples, formant un labyrinthe de ruelles étroites, sinueuses et sales. Cette agglomération bruyante résonnait des cris assourdissants des chevaux, des canards, des cochons et des hommes occupés à travailler et à survivre. Même s'ils habitaient la plus prestigieuse ville d'Egypte, les gens ordinaires menaient une existence difficile. Des nuages de poussières, provenant du continuel taillage et polissage des pierres, planaient au-dessus de leurs maisons. Des odeurs âcres et fortes émanaient des animaux et des conditions insalubres causées par le surpeuplement. Les mouches, les poux et les puces grouillaient un peu partout.

En dépit, ou peut-être en raison, de son apparente splendeur et de son énergie débordante, Thèbes commença à éprouver un certain malaise. Beaucoup de gens parmi les plus aisés pensaient que le clergé d'Amon était devenu trop riche, trop matérialiste et trop puissant. Même si le roi et les nobles de la ville continuaient de rendre hommage à Amon, avec le temps, certains fidèles s'intéressèrent à d'autres cultes. Aménophis ouvrit d'ailleurs la voie en prenant un nouveau titre : « Eblouissant Disque Solaire de Tout le Pays ». A la cour, il devint coutumier de vénérer le disque solaire. Aton, pratique qui ne se limitait plus au seul roi, car la reine Tiyi elle-même avait baptisé sa barque de plaisance « Rayonnement d'Aton ». Les plus hauts dignitaires se préoccupaient désormais de la religion, au lieu d'effectuer mécaniquement les anciens rites. Tout cela affecta profondément l'esprit du second fils d'Aménophis, ce laissé-pour-compte qui, comme on le verra, accéderait bientôt au trône.

Pour construire sa dernière demeure, Aménophis choisit une dépression isolée à l'ouest de la Vallée des Rois, en un lieu qui n'avait jamais été utilisé auparavant. Pourquoi décida-t-il de ne pas être enterré près de ses augustes ancêtres de la XVIIIe dynastie, nous ne le saurons jamais. Ce pharaon avait une vision singulière des choses.

Alors qu'Aménophis avait atteint un âge respectable, la tragédie frappa les époux royaux : leur fils aîné, Thoutmosis, grand prêtre de Ptah et héritier présomptif de la couronne, mourut. La douleur des parents dut être intense, d'autant que tous les projets d'Aménophis pour l'avenir de l'Egypte s'effondraient. A présent se posait la question de la succession. Il y avait, bien sûr, le second garçon, nommé Aménophis comme son père, mais il semble qu'il ait été affecté par une très étrange maladie, ce qui explique probablement la rare mention faite de son nom. D'autres fils de concubines, notamment de princesses étrangères, pouvaient également prétendre au trône mais il ne restait qu'un seul enfant mâle de la reine Tiyi. Celle-ci dut intriguer assidûment pour le défendre car, malgré tous ses problèmes de santé, il fut officiellement désigné comme successeur et davantage encore. En effet, le roi vieillissant prit la décision surprenante de nommer son fils cadet corégent, ce qui éliminait toute controverse éventuelle quant à la légitimité du future pharaon. La question est de savoir pourquoi Aménophis III, chef énergique et puissant, accepta de partager le pouvoir.

La réponse se trouve peut-être dans sa momie, découverte lors d'étranges circonstances par un égyptologue français. Victor Loret fut, pendant une courte période, chef du Service des Antiquités de l'Egypte. Exalté, peu fait pour une telle fonction administrative, Loret parvint à se mettre à dos les autorités européennes et égyptiennes si bien que sa mission ne dura que deux ans. Cela lui laissa à peine le temps d'entreprendre les premières fouilles systématiques de la Vallée des Rois, et de redécouvrir les tombes pillées de Thoutmosis Ier et de Thoutmosis III, le Napoléon de l'Egypte, ainsi que celle d'Aménophis II, à laquelle nous nous intéresserons plus particulièrement.

Cette dernière avait été, elle aussi, saccagée. Des morceaux brisés de céramique bleue et des objets funéraires de bois portant le nom d'Aménophis II encombraient le passage d'entrée. Se frayant un tunnel parmi les décombres, Loret rampa jusqu'à un puits carré, conçu pour retenir l'eau et protéger la chambre funéraire des rares ondées qui peuvent s'abattre sur la Vallée des Rois. Plaçant une échelle en travers du puits, l'égyptologue arriva dans une antichambre aux piliers carrés, jonchée de barques brisées, d'images du roi, ornées d'or, et d'*ouchebtis* fracassés. Il était tard, la nuit était tombée, Loret était fatigué et avec sa seule chandelle pour l'éclairer, son imagination avait pris le dessus. D'un coup, la lumière de la flamme se posa sur une chose à laquelle il ne s'attendait pas :

Je m'avance [entre deux piliers] avec une bougie, et,

spectacle effroyable, un cadavre est là, couché sur le bateau, tout noir, hideux, sa face grimaçante tournée vers moi et me regardant, sa longue chevelure brune éparse en boucles autour de sa tête. Je ne songe pas un instant que ce peut être tout simplement une momie démaillotée. Les jambes, les bras semblent attachés. Est-ce la victime d'un sacrifice humain ? Est-ce un violateur d'autrefois assassiné par ses compagnons, dans un sanglant partage du butin, ou tué peut-être par des soldats de police survenus au milieu du pillage de la tombe[4] ?

Ce que Loret avait vu était en fait la momie d'un prince, désenveloppée si vite après ses funérailles que les huiles et résines employées pour l'embaumement étaient restées liquides. Les voleurs avaient placé le corps dans l'une des barques miniatures sur laquelle, en se solidifiant, les huiles avaient collé la momie. Reprenant ses esprits, Loret continua sa descente, aboutissant finalement à une chambre funéraire où trônait un sarcophage de pierre ouvert. Se penchant par-dessus, l'explorateur vit un cercueil orné, à la tête, d'une guirlande de fleurs et, au pied, d'une couronne. Il avait découvert la momie d'Aménophis II.

Mais cette longue soirée lui réservait encore bien des surprises. Dans les quatre pièces latérales, jouxtant la chambre funéraire, il trouva des statues du pharaon, des vases contenant les sept huiles sacrées, de la viande et des fruits ainsi que des bateaux miniatures en bois, bref, tout ce dont le roi aurait besoin pour son voyage vers l'Au-delà. Ce fut dans l'une de ces salles que Loret reçut un nouveau choc :

Nous passons aux chambres de droite. Dans la première, en entrant, un spectacle inouï nous frappe tout d'abord : trois cadavres gisent côte à côte. La partie droite de la chambre est emplie d'une quantité de petits cercueils, de petits couvercles momiformes et de statuettes funéraires, le tout en bois bitumé [résine peinte]. Ces statuettes étaient contenues dans les cercueils que les violateurs ont tous ouverts et rejetés, après y avoir en vain cherché des trésors.

Nous nous approchons des cadavres. Le premier semble être celui d'une femme. Un voile épais lui couvre le front ainsi que l'œil gauche. Un bras cassé a été remis à l'envers, les ongles en l'air. Des tissus déchirés, lacérés, couvrent à peine le corps. Une abondante chevelure noire, frisée, s'étale sur le sol de calcaire, de chaque côté de la tête. La face, admirablement conservée, est d'une noble et majestueuse gravité.

Le second cadavre, au milieu, est celui d'un enfant d'une quinzaine d'années. Il est nu, les deux mains réunies sur l'abdomen. Tout d'abord, la tête paraît absolument chauve mais, en l'examinant de plus près, on reconnaît que tout le crâne a été rasé, sauf à un endroit sur la tempe droite, d'où s'échappe une magnifique boucle de cheveux noirs (la mèche de l'enfance). C'était la coiffure des princes royaux et je pense immédiatement au prince royal Oubensennou, ce fils inconnu jusqu'ici d'Aménophis II, dont j'avais remarqué une statuette funéraire dans la grande salle et dont plus tard je devais retrouver des fragments de canopes. La face du jeune prince est rieuse et espiègle ; elle éveille à peine l'idée de la mort.

Enfin, le cadavre le plus près du mur semble être celui d'un homme. Il a la tête rase, mais une perruque gît non loin de lui. Le visage de ce personnage présente quelque chose d'horrible et de comique à la fois. La bouche, fendue obliquement d'un côté, presque jusqu'au milieu de la joue, mord un tampon de linge dont les deux bouts pendent à un coin des lèvres. Les yeux, à demi fermés, expriment une étrange jovialité. C'est peut-être quelque malheureux, mort étouffé sous un bâillon ; il ressemble à un jeune chat très gai de s'être emparé d'un morceau d'étoffe. La mort, qui a respecté la beauté sévère de la femme et la grâce mutine de l'enfant, semble s'être amusée de l'homme et l'avoir tourné en dérision.

Circonstance remarquable, ces trois cadavres, comme celui de la barque, ont le crâne percé d'un long trou et la poitrine ouverte[5].

L'état des trois momies dans la chambre latérale et de la première trouvée dans le bateau était dû aux agissements méthodiques de pilleurs de tombes. Dans leur recherche de bijoux, ils avaient d'abord ouvert à la hache les bandages de la tête et déchiré en hâte l'enveloppe externe. Puis ils s'en étaient pris à la poitrine, toujours en quête d'objets de valeur, endommageant aussi les corps.

Loret n'avait aucune idée de l'identité de ces quatre dépouilles et son jugement était sans doute faussé par tant d'émotions. La troisième momie dans la chambre latérale, qu'il décrit comme celle d'un homme, est clairement celle d'une jeune femme. Même aujourd'hui, on ne sait toujours pas avec certitude de qui il s'agit. Une des identifications a pu toutefois être établie, un siècle plus tard, à l'aide de la technologie moderne et grâce à un indice trouvé dans la tombe de Toutankhamon, mais nous en reparlerons plus tard.

Cette nuit-là, Loret découvrit encore d'autres vestiges humains. L'une des chambres latérales, scellée avec des blocs de calcaire, ne présentait qu'une petite ouverture près du plafond. L'égyptologue se hissa au sommet et, à la lumière de sa bougie vacillante, put à peine discerner neuf sarcophages, soigneusement arrangés — six contre la paroi et trois devant eux. Il comprit qu'il fallait abattre le mur avant de pouvoir étudier ces cercueils de plus près. Mais il était d'abord nécessaire de déblayer les lieux.

Loret dessina un plan de la tombe, la quadrillant pour relever la place exacte de plus de deux mille objets. C'est alors qu'il put enfin examiner les neuf cercueils. Il venait de retrouver les momies de huit pharaons d'Egypte et d'une femme inconnue. Elles avaient été transférées de leurs tombes pillées, par un roi de la XXIe dynastie, soucieux de les protéger contre d'autres profanations. Ecrit sur les bandages de la momie de Seti II, figurait le triste récit racontant comment cette assemblée de rois avait fini dans la tombe d'Aménophis II. Le 6e jour du 4e mois d'hiver, en l'an 12 du règne de Pinédjem Ier, ce dernier avait réuni les cadavres spoliés, les avait fait envelopper de nouveau et placer en sûreté dans la tombe d'Aménophis II, où ils demeurèrent jusqu'à la découverte de Loret[6]. Parmi ces dépouilles se trouvait celle du grand-père de Toutankhamon, Aménophis III.

Sa momie, ainsi que les autres, fut transportée par bateau au Caire, où elle resta jusqu'à ce qu'on en retire les bandages le 23 septembre 1905[7]. Le cadavre du père pouvait expliquer pourquoi son fils, Aménophis IV, était devenu co-pharaon. En effet, Aménophis III était gros et en très mauvaise santé lorsqu'il mourut.

En examinant sa momie au Musée égyptien du Caire, il m'apparut clairement qu'il avait dû souffrir terriblement à la fin de sa vie. Il avait d'horribles abcès aux incisives inférieures et à la canine supérieure droite. On pouvait voir qu'il avait perdu ses incisives quelques temps avant sa mort car les cavités étaient remplies par une nouvelle croissance osseuse. Les problèmes dentaires étaient courants dans l'Egypte ancienne, chez les rois comme les gens ordinaires, non pas parce qu'ils mangeaient trop de sucre comme aujourd'hui, mais en raison de leur pain quotidien. Toutes les céréales en Egypte étaient broyées à la pierre, ce qui signifiait qu'avec le pain, on absorbait une quantité considérable de sable et de grès. Des années de cette consommation journalière usaient les dents et les exposaient à une dégradation certaine. Or les médecins égyptiens, aussi compétents fussent-ils, ne pratiquaient pas la dentisterie.

Aménophis III devait être en proie à une douleur constante, que l'on soulageait avec du vin ou même au moyen de la nouvelle drogue miracle, importée de Chypre sous la XVIIIe dynastie, l'opium. Les Chypriotes collectaient le suc suintant des fentes dans les capsules de pavot puis faisaient sécher cette masse gluante pour pouvoir mieux l'appliquer. Badigeonnée directement sur une blessure ou sur une dent, elle devait avoir approximativement le même effet qu'une injection moderne[8]. A mesure que sa santé se détériorait, il devenait peut-être très difficile pour Aménophis de gérer seul les affaires de l'Etat et les sédatifs qu'on lui administrait à haute dose le rendaient sans doute inapte à prendre des décisions. Dans ces circonstances, la reine Tiyi, femme volontaire et déterminée, n'eut aucun mal à convaincre son mari de partager des responsabilités, trop lourdes à assumer vu sa condition, avec son fils, Aménophis IV. En tant que corégent, ce dernier était assuré de monter sur le trône quand le vieux pharaon trépasserait.

Lorsque le jeune roi arriva enfin au pouvoir, après la mort de son père, l'une des premières mesures qu'il semble avoir prise fut d'approuver une nouvelle technique de momification pour son père. Les embaumeurs injecteraient désormais de la résine d'arbre ainsi que des sels sous la peau des bras, des jambes et du cou de façon à les remplir et à donner au cadavre un aspect plus proche de la vie. C'était une rupture minime avec la tradition mais elle présageait des changements bien plus spectaculaires à venir.

Les inscriptions murales, témoignages des temples

Les murs des temples constituent une source essentielle d'informations pour les égyptologues. Leurs vastes parois de pierre, sur lesquelles les pharaons pouvaient s'enorgueillir de leurs accomplissements, ont subsisté. Si un souverain désirait annoncer les biens dont il gratifiait le temple, il le faisait graver sur le mur. A l'issue d'une campagne militaire victorieuse, son triomphe était relaté avec force détails pour que tous les sujets s'émerveillent de la bravoure de leur Seigneur. On trouve ainsi de glorieuses scènes qui représentent le roi chargeant au combat sur son char de guerre, tuant ses ennemis de ses flèches et revenant en vainqueur, accompagné de captifs enchaînés. Invariablement, à la fin du récit, on voit les scribes, comptant des piles de mains humaines, méthode égyptienne pour chiffrer le nombre d'ennemis tués. Généralement, on sculptait deux versions de la même histoire, l'une en mots et l'autre en images.

Lorsque Napoléon envahit l'Egypte en 1798, on ne savait pas encore décoder les hiéroglypes et l'on ne pouvait donc pas lire les inscriptions. Comme beaucoup de scènes dépeignaient des batailles, on supposa que les temples étaient des palais. On n'imaginait pas qu'il fût possible de montrer des événements d'une telle violence dans un lieu de culte. Mais, pour les anciens Egyptiens, tout était lié. La conquête de territoires étrangers faisait partie de l'Ordre Divin et impliquait l'aide des dieux. Toute guerre était sainte. Si les hommes de l'empereur avaient pu décrypter les écritures, ils auraient compris la nature de l'endroit où elles se trouvaient et auraient su avec précision les dates des batailles, le nombre de morts et même les noms des chevaux du roi concerné.

Alors que les peintures murales sur les tombes et les objets funéraires découverts à l'intérieur nous fournissent de nombreux détails sur la vie quotidienne des gens, c'est dans les temples que nous trouvons l'histoire officielle de l'Egypte. Mais comme la plupart des archives et des édifices de la capitale septentrionale, Memphis, ont sombré dans la poussière, les vestiges dont nous disposons nous éclairent seulement sur l'évolution du sud du pays.

Les pluies et l'humidité intense étant rares à Thèbes, les temples et sépulcres, ainsi que les papyrus qu'ils abritaient, sont bien conservés. Les sanctuaires et la tombe d'Aménophis III nous apportent énormément d'informations sur le règne de ce dernier et de ses ancêtres de la XVIIIe dynastie. On constate cependant une brusque interruption, une absence totale de témoignages, après la mort de ce souverain.

Les premiers indices concernant cette période énigmatique ont été découverts dans les murs du temple de Karnak. Au début de ce siècle, plusieurs grands piliers s'étaient effondrés, les immenses portes tombaient en ruines et une grande restauration s'imposait. En 1926, l'égyptologue français Henri Chevrier entreprit la reconstruction du deuxième pylône de Karnak (érigé par le pharaon Horemheb). Celui-ci dut être complètement démonté et l'on numérota les blocs un par un pour pouvoir les rassembler à l'identique ultérieurement. Ce fut au cours de cette opération que le scientifique identifia, à l'intérieur du pylône, des pierres datant de l'époque mystérieuse qui suivit le règne d'Aménophis.

La Talatate d'Amarna

Les blocs trouvés dans ce temple reçurent le nom de « Talatates », du mot arabe *talata* signifiant trois, parce qu'ils mesuraient trois empans de largeur. Ils étaient ornés de cartouches (médaillons ovales encerclant les noms royaux) d'Aménophis IV et appartenaient à une porte d'entrée de Karnak bâtie par Aménophis III juste avant sa mort et achevée par son fils, après son décès. Un tableau se profilait : Aménophis IV régna un moment aux côtés de son père et lorsque celui-ci mourut, son successeur, apparemment, termina la construction du pylône selon la norme artistique de l'époque.

Mais en découvrant d'autres Talatates, on remarqua qu'elles étaient décorées dans deux styles différents. Certaines étaient traditionnelles et d'autres, provenant d'un temple construit par Aménophis IV, présentaient une esthétique originale. Le pharaon et son épouse y figuraient sous une silhouette grotesque et difforme. On voyait le roi vénérer le disque solaire, dont les longs rayons se terminaient par des mains tendant au souverain des *ankhs* (croix ansées), symboles de la vie. Jamais de telles images n'étaient apparues auparavant. Les fouilleurs comprirent qu'Aménophis IV avait construit un temple en l'honneur du disque solaire, Aton, dans le complexe de Karnak. Un dieu précédemment obscur avait été mis au premier plan au sein de la cathédrale nationale. A mesure que les blocs étaient découverts, il devint clair que cela signifiait bien davantage qu'une simple forme d'art novatrice. Il s'agissait en fait d'une véritable révolution religieuse. Sur de nombreuses pierres, les visages du roi et de la reine avaient été martelés et les mains à l'extrémité du disque solaire tailladées. Aménophis IV avait dû susciter une nouvelle religion mais à un certain moment, selon toute évidence, celle-ci avait été rejetée.

La reconstitution des Talatates

Au fil des ans, plus de quarante mille blocs furent démantelés et conservés dans de vastes entrepôts en attendant le jour où l'on pourrait en éclaircir le sens. Il en manquait trop pour reconstituer les temples dont ils provenaient mais en 1965, Ray Winfield Smith, un homme d'affaires américain, conçut un projet pour restituer sur papier ce qu'on ne pouvait recréer dans la réalité[9].

En prenant toutes les Talatates existantes — non seulement celles trouvées en Egypte mais aussi celles accumulées au fil des ans dans les musées et collections privées du monde entier —, et en les photographiant une par une à la même échelle, il s'agissait d'obtenir en quelque sorte les pièces d'un puzzle géant ; puis, en les assemblant de façon adéquate, au moyen de programmes informatiques, de produire une image assez fidèle des temples.

Une description détaillée de chaque bloc, comprenant toutes leurs caractéristiques significatives, fut enregistrée sur ordinateur. Si une Talatate comportait la tête d'un pharaon coupée au niveau du cou, le logiciel pouvait ainsi rechercher parmi les milliers d'autres, celles susceptibles de la compléter. Puis on rapprochait les photos côte à côte pour voir si elles correspondaient. Au cours de la réalisation de ce projet, qui dura six ans, on se rendit compte que les blocs provenaient non pas d'un seul mais de plusieurs sanctuaires érigés par Aménophis IV durant les premières années de son règne.

Chevrier avait également découvert des statues colossales d'Aménophis IV qui se dressaient jadis devant son temple baptisé Gem-Aton, « Aton est trouvé ». L'une d'elles, un nu, représente le pharaon comme un être hermaphrodite, aux hanches larges et à la poitrine apparente mais sans parties génitales. On ne peut que s'interroger sur la réaction des Thébains face à cette image de leur roi, mais il n'existe aucune archive témoignant des sentiments de l'homme de la rue.

Au début, il y eut probablement un mouvement d'acceptation générale; après tout, le nouveau roi avait enterré dans les règles son père, le vénéré Aménophis III, achevé sa porte à Karnak, puis entrepris de construire son propre temple, selon la coutume. Les portraits bizarres de la famille royale firent peut-être, eux-mêmes, l'objet d'une certaine tolérance. Mais lorsqu'ils furent suivis de représentations encore plus étranges d'Aménophis IV à l'intérieur du temple, les rumeurs durent s'amplifier et devenir plus réprobatrices.

La principale décoration du sanctuaire était une peinture de la fête Sed, qui avait traditionnellement lieu lorsque le règne d'un pharaon avait atteint trois décennies[10]. Aménophis IV célébra cet anniversaire seulement environ quatre ans après son accession au trône. Habituellement, durant cette manifestation et comme Narmer l'avait fait des siècles auparavant, le roi portait la couronne blanche de la Haute Egypte et la couronne rouge de la Basse Egypte pour affirmer sa domination sur le Double Pays. Il exhibait sa force et sa vigueur lors de courses et de démonstration de tir à l'arc. Puis il visitait les chapelles abritant les statues des dieux des différentes localités, qui avaient été rassemblées pour l'occasion. Mais la fête Sed d'Aménophis IV n'avait rien d'ordinaire. Les effigies d'Amon, Osiris, Ptah, Isis et autres dieux avaient été remplacées par des figurines à l'image du monarque, balayant d'un trait tout le panthéon égyptien.

Lorsqu'il eut environ vingt ans, Aménophis IV se maria avec Néfertiti. On sait peu de choses concernant le passé de celle-ci, avant ses noces, mais son apparence seule en fait une femme remarquable. Néfertiti était la grande épouse royale. Elle est demeurée jusqu'à aujourd'hui le symbole à la fois de la féminité, de la beauté et de l'Egypte. Son image de perfection se fonde sur une seule statue, le fameux buste exposé aujourd'hui au musée de Berlin. Ses traits réguliers, son cou long et gracieux, ses yeux bien dessinés semblent constituer un portrait assez proche de la réalité.

Ce n'est pas ainsi, toutefois, que la reine est représentée dans les nouveaux temples d'Aménophis IV à Karnak. Néfertiti, son mari et leurs filles apparaissent tous difformes avec des hanches très larges, des têtes allongées ; le plus singulier étant le pharaon lui-même, doté d'un menton proéminent, d'un cou trop fin, de bras maigrelets, d'une poitrine excessive, d'un abdomen flasque et de cuisses gonflées. Le peuple d'Egypte n'avait jamais rien vu de pareil — les égyptologues non plus d'ailleurs.

Dans la cinquième année de son règne, Aménophis IV changeant de nom devint Akhenaton, « celui qui est agréable à Aton », ainsi qu'on le désigne le plus fréquemment aujourd'hui. Nous traiterons de l'importance de cette transformation. Notons, ici, qu'Akhenaton demeure le pharaon le plus controversé de toute l'égyptologie et que le débat tourne invariablement autour de son apparence. Certains chercheurs croient qu'il était en réalité normal et que les distorsions physiques attestées par les portraits ne relèvent que d'une convention esthétique : le fait de représenter le souverain comme une combinaison d'homme et de femme signifie qu'il est tout à la fois. D'autres sont convaincus qu'il était réellement difforme et que ses défauts furent érigés en règle artistique, s'appliquant à tous les membres de la famille royale.

Récemment, des chercheurs s'interrogeant sur la cause de cette anomalie proposèrent un diagnostic médical. On suggéra qu'Akhenaton était atteint du syndrome de Froelich, un dysfonctionnement de la glande pituitaire qui cause des symptômes correspondant aux traits inhabituels figurant sur les portraits d'Akhenaton. Cependant que dire de ses proches qui présentent ces mêmes caractéristiques ? Toutes les princesses sont dépeintes avec des têtes allongées et Néfertiti est souvent difficile à dissocier d'Akhenaton. Est-il possible que tous ces individus aient été affectés par le syndrome de Froelich ? On peut en douter.

En effet, cette maladie provoque toujours une déficience dans le développement des parties génitales ainsi que la stérilité chez les hommes. Or Néfertiti eut six filles au total, ce qui a poussé certains égyptologues à concevoir qu'Akhenaton n'en était pas le père. Toutefois, si ces princesses n'étaient pas de lui, pourquoi auraient-elles été atteintes de ces mêmes symptômes singuliers ?

Pour ma part, j'ai toujours été convaincu qu'Akhenaton avait, en effet, des problèmes de santé mais qu'ils n'étaient pas dus au syndrome de Froelich, précisément eu égard à sa nombreuse progéniture. Récemment une hypothèse a été avancée, qui paraît plus plausible : celle du syndrome de Marfan. Cette maladie a été diagnostiquée pour la première fois en 1896 par Antoine Marfan, un pédiatre français qui examinait une fillette de cinq ans dotée de doigts et d'orteils longs et fins et d'une épine dorsale courbée. A mesure que davantage de cas similaires furent observés, on se rendit compte que cette pathologie s'accompagnait souvent de troubles oculaires, d'un émaciement du visage et d'une déformation de la cage thoracique. On put ainsi conclure à un syndrome, terme qui se définit comme un ensemble de symptômes concomitants. De nombreuses caractéristiques de cette affection se retrouvent chez Akhenaton et ses proches. Par exemple les yeux fins et bridés des statues colossales du pharaon (ill. 1) peuvent résulter d'un cristallin décentré, anomalie constatée chez environ la moitié des patients atteints du syndrome de Marfan [11].

Cela étant, une question subsiste : est-il possible que

toute la famille royale ait souffert de cette maladie ? Autrement dit, cette dernière serait-elle « contagieuse » ?

Ce n'est qu'au milieu de notre siècle que l'on comprit la cause de ce syndrome. En fait, il est dû à une affection des fibrilles de collagène, une protéine qui sert à relier les cellules ensemble et provient d'un gène mutant qui contrôle le développement des tissus conjonctifs [12]. Cette maladie non contagieuse se transmet donc de façon génétique. On peut en hériter de l'un de ses parents qui possède déjà ce défaut constitutionnel. Ou bien, comme dans vingt-cinq pour cent des cas, la mutation du gène responsable du syndrome de Marfan peut s'opérer dans l'ADN d'un sujet donné, qui sera alors le premier de sa lignée à présenter cette pathologie. C'est sans doute ce qui se passa pour Akhenaton car aucune des innombrables statues de son père, Aménophis III, ou de sa mère, Tiyi, ne montre d'anomalie caractéristique.

En outre, ce gène est dominant, ce qui signifie, en simplifiant les choses, qu'un seul des deux parents suffit pour le transmettre aux enfants. Ainsi, les six filles d'Akhenaton connaissaient une possibilité sur deux d'en hériter. Cela peut expliquer la curieuse apparence des princesses, leurs doigts longs (symptôme désigné par le terme médical d'arachnodactylie, « doigts d'araignée »), et la maigreur de leurs membres supérieurs et inférieurs.

Si, comme je le crois, Akhenaton était vraiment atteint du syndrome de Marfan, on peut se demander pourquoi il permit aux sculpteurs de la cour de montrer sa difformité physique. Depuis plus de mille ans, les pharaons étaient représentés comme des hommes jeunes, minces, musclés et parfaits, quelle qu'ait été la réalité de leur aspect. Akhenaton aurait pu se conformer à l'esthétique traditionnelle et avantageuse de ses ancêtres. Pourtant il choisit de ne pas le faire et la famille royale le suivit dans cette décision. Pour quelle raison ?

La réponse semble relever de l'ordre psychologique mais comment confirmer une théorie aussi subjective concernant une personne morte depuis trois mille ans ?

J'ai alors pensé qu'en parlant avec des gens atteints du syndrome de Marfan, je pourrais comprendre comment ce mal affectait leur vie. Quels sentiments avaient-ils en se voyant devenir différents ? Se sentaient-ils à part ? Avaient-ils l'impression que les autres les fuyaient ? Une collègue généticienne [13] travaillant sur le sujet me suggéra de m'adresser à Julie Kurnitz, qui organisait des réunions de patients présentant cette pathologie. Je la contactai donc pour savoir si je pouvais assister à l'une de ces séances et leur soumettre ma théorie. Je ferais un bref exposé illustré par des diapositives au sujet d'Akhenaton puis les interrogerais sur leurs réactions.

La plupart des personnes présentes étaient des femmes et beaucoup d'entre elles se confondaient avec la foule ; leurs caractéristiques physiques n'étaient pas choquantes. Mais certaines auraient pu être les sœurs d'Akhenaton. Julie présente les symptômes classiques de la maladie : son menton proéminent, ses yeux bridés, ses bras et doigts extrêmement longs lui donnent une apparence inhabituelle mais nullement disgracieuse ; c'est même une assez jolie femme. Avant de parler au groupe, j'avais moi-même rectifié ma vision d'Akhenaton : il n'avait rien de vraiment repoussant. On peut être différent sans être monstrueux.

Julie m'introduisit auprès du groupe, puis je commençai à parler d'Akhenaton. Dès la seconde image, j'entendis de nombreux « Ah ! » et « Oh ! » dans l'assemblée. Lorsque je montrai les mains et les pieds de la famille royale, les exclamations se firent plus nombreuses : « Les orteils de Marfan ! » Tous ces patients s'étaient trouvé un parent dans l'Egypte ancienne. Après ma présentation, je leur demandai s'ils avaient été traités différemment en grandissant, s'ils s'étaient sentis rejetés ou évités, et dans ce cas, comment ils avaient réagi. L'une des participantes expliqua que, enfant, on lui disait toujours de se mettre derrière, pour cacher ses longues mains, lorsqu'on prenait une photo de famille. Une autre jeune femme aux cheveux très courts et aux lunettes cerclées de métal raconta une histoire similaire, puis me fournit l'explication psychologique que je cherchais. Elle avoua qu'elle s'était rebellée et faisait tout ce qu'elle pouvait pour accentuer sa singularité, en portant des capes, des tenues excentriques et un maquillage outrancier. Qui sait ce qu'elle aurait fait si elle avait été roi d'Egypte ? Concernant Akhenaton, n'avait-il pas lui-même jugé légitime d'ériger des statues colossales pour justifier son apparence, pour s'affirmer ? Cela avait dû représenter une immense libération pour lui.

Ces personnes se sont montrées merveilleusement ouvertes d'esprit et prêtes à partager leur expérience. Comprenant que j'étais un fan d'Akhenaton, elles ôtèrent leurs chaussures et comparèrent leurs pieds avec ceux du souverain antique. Julie essaya de reproduire la forme des mains d'Aton en tendant ses longs doigts et en recourbant légèrement leurs extrémités. Cette rencontre fut une expérience très touchante et très chaleureuse. A la fin de la réunion, on me demanda des reproductions des diapositives que j'avais montrées et l'on décida qu'Akhenaton deviendrait l'emblème de l'Association de Marfan, qui s'est donné pour mission de faire connaître cette maladie. Le roi égyptien n'en saurait jamais rien, cependant.

DÉPART VERS AKHETATON-AMARNA

Si Akhenaton réagit au sentiment d'isolement de son enfance, il le fit sans mesure. Il proclama, sur les murs des temples, son rejet du panthéon égyptien, affirmant que toutes les anciennes divinités cessaient d'exister et qu'un nouveau dieu unique était adopté. Dans les premières phases de ce changement, ce dernier prit la forme du traditionnel dieu solaire, Rê-Horakhty, « Rê, l'Horus de l'Horizon », un corps d'homme à tête de faucon portant le pagne royal. Cette image fut d'abord gravée sur la porte sud de Karnak, achevée par Akhenaton. Mais cette représentation ne dura pas. Dès la troisième année du règne du nouveau pharaon, le dieu à tête de faucon fut remplacé par un disque, traduction littérale du mot « Aton ». Cet ancien symbole était apparu pour la première fois mille ans auparavant, durant l'Ancien Empire. Le dieu soleil constituait un thème central de la religion égyptienne et son rôle avait évolué au fil des siècles, augmentant en importance. On désignait par le terme « rê » à la fois l'astre et la divinité, bien que ces deux entités correspondent à des hiéroglyphes différents. Rê était le patron de la ville septentrionale d'Héliopolis — littéralement « la ville du soleil ». Même à Thèbes, protégée par la trinité Amon, Mout et Khonsou, l'intérêt pour le culte solaire se renforçait. Aménophis III, par exemple, était surnommé le « Roi-Soleil ». Mais Aton, l'un des aspects de cette divinité, demeurait à une place mineure. Aménophis IV changea tout cela. Les inscriptions découvertes sur les blocs de Karnak montrent que durant la cinquième année de son règne, il officialisa ce nouveau culte en se rebaptisant Akhenaton, « celui qui est agréable à Aton ».

Les noms étaient porteurs d'une signification particulière dans l'Egypte ancienne. Souvent on en attribuait deux aux nouveau-nés — l'un connu seulement de leur mère et l'autre destiné à l'usage public. Le « vrai » nom était le premier et si quelqu'un voulait jeter un sort en utilisant le second, ses tentatives étaient vouées à l'échec. Isis, déesse de la magie, était aussi appelée « celle qui sait tous les noms » : personne ne pouvait échapper à son pouvoir magique. Ainsi, cette décision de devenir « Akhenaton » n'était pas un simple caprice d'adolescent. Elle représentait une affirmation programmatique.

En effet, au même moment, le pharaon annonça qu'il allait transférer sa capitale de Thèbes vers un lieu lointain de la Moyenne Egypte. C'est dans cette cité isolée que naîtrait Toutankhamon. La révolution d'Akhenaton a couvert une période de quatre ou cinq ans, autant dire un court instant de l'histoire égyptienne, mais c'était une durée suffisante pour engendrer d'importants conflits. Les étranges portraits du roi et de sa famille ne faisaient de mal à personne; même l'accession d'Aton à une place prépondérante dans le panthéon aurait pu paraître acceptable pour certains Thébains. Mais lorsque Akhenaton le proclama dieu unique de l'Egypte, la guerre était déclarée. Cela signifiait en effet que les donations royales d'or, de lin, de vin, de grain, de bétail, de prisonniers et de terres n'enrichiraient plus les temples d'Amon, de Mout, de Khonsou et de toutes les autres divinités des rives du Nil. Akhenaton était devenu un dieu contre les dieux.

Si les prêtres d'Amon avaient été faibles et sans recours, ils auraient peut-être été remplacés par ceux du nouveau culte, et l'on aurait fermé leurs temples. Mais le puissant clergé de Thèbes possédait ses propres terres et revenus, et n'avait pas besoin de la protection d'Akhenaton pour survivre. La tension entre la cour et les dizaines de milliers de prêtres dut être considérable. On imagine aisément la fureur de ces derniers : le pharaon avait décrété que leurs dieux étaient faux, leur avait retiré toute subvention et les abandonnait. Le véritable facteur déclenchant de tous les antagonismes fut la décision d'Akhenaton de quitter la prestigieuse cité d'Amon. Mais qui resterait et qui l'accompagnerait ?

Essayons de nous représenter la situation à Thèbes au moment du grand départ. Les plus âgés durent sans doute se raccrocher à leurs dieux en pensant : « qu'il parte donc... » Quant aux riches habitants de cette ville prospère, à la vie agréable, ils n'avaient aucun désir d'abandonner le confort de leur maison. Certains hauts fonctionnaires restèrent sur place, notamment Ramose, le maire de Thèbes, dont le dilemme est évident si l'on observe sa tombe dans la Vallée des Nobles. Sur deux des murs, réalisés à la manière traditionnelle avant le changement de régime, on le voit avec sa belle épouse et sa famille : tous arborent leurs plus beaux atours, chaque mèche de leur perruque est soigneusement en place, tout ce petit monde apparaît parfait — comme on entend l'être pour l'éternité. Akhenaton ayant changé l'esthétique, pris entre deux feux et soucieux de rester politiquement correct, Ramose, par ailleurs, fit achever le décor selon les règles du nouveau style, montrant le pharaon au corps difforme, prêchant devant ses fidèles, ou en compagnie de Néfertiti donnant audience depuis leur « Fenêtre d'Apparition ». Il prit également soin de se dépeindre lui-même paré de colliers d'or — cadeaux censés le récompenser pour son adhésion au culte d'Aton, à moins qu'il ne se fût agi d'un moyen de pression pour l'y contraindre. Quoi qu'il en fût, il mourut avant que son sépulcre fût achevé. On eut seulement le temps de peindre en hâte son cortège funèbre. Ramose avait vécu entre l'ancienne et la nouvelle foi. Comment imaginait-il son passage dans l'Autre Monde ? Cela demeurera pour toujours un mystère.

A l'occasion de cette première révolution religieuse connue dans l'histoire, les adeptes d'Aton durent traverser une période d'euphorie. Certains avaient sans doute été trompés ou spoliés par les prêtres, d'autres voulaient changer d'existence, d'autres encore désiraient prendre part à cette grande aventure. En fait, on peut supposer que ces nouveaux convertis, loin d'être des novateurs ou des meneurs, n'avaient simplement pas trouvé leur place dans l'ancienne société. Mécontents de leur condition, ils avaient choisi de tout abandonner dans l'espoir d'une vie meilleure. La singularité de ce mouvement réside dans le fait qu'il était initié non par un rebelle quelconque mais par le pharaon lui-même.

Lorsque le roi quitta Thèbes pour créer sa communauté utopiste, il y eut donc peu de dignitaires thébains disposés à le suivre. On ne retrouve d'ailleurs pas les noms des nobles d'Amarna, la future capitale d'Akhenaton, à Thèbes. Les bateaux bondés qui partirent de la cité d'Amon ne devaient pas transporter beaucoup d'aristocrates. La majeure partie des passagers était plus certainement constituée de roturiers en quête d'un avenir plus radieux. On avait besoin de centaines d'artisans pour bâtir toute une ville et on proposait sans doute aux gens de nombreux avantages pour les inciter à accompagner le roi dans sa sainte expédition.

Il ne subsiste aucune trace concernant ce voyage. Les bateaux étaient habituellement réservés aux classes riches, les pauvres se déplaçant à dos d'âne. Mais comme le pharaon était leur chef, il se peut que tous les fidèles aient pu tous monter à bord d'embarcations. En voguant vers le nord et en suivant le courant du fleuve, ce trajet d'environ deux cent vingt kilomètres prit vraisemblablement une semaine. Le convoi de vaisseaux devait vibrer de tout cet enthousiasme à l'idée de la merveilleuse nouvelle cité que l'on bâtirait et qui serait présidée par un dieu unique. On imagine sans mal l'optimisme joyeux qui y régnait : « La vie sera belle, tout est possible puisque le pharaon est notre chef. »

4

AMARNA-LA VILLE SAINTE

« Je suis ton fils, qui te sert, qui exalte ton nom ;
Ta puissance, ta force sont dans mon cœur.
Tu es Aton vivant dont l'image perdure. »
Akhenaton
(Env. 1340 av. J.-C.).

Lorsque Akhenaton et ses pionniers arrivèrent sur le site de leur nouvelle cité, ils ne rencontrèrent qu'un désert aride. Après l'Antiquité, on devait baptiser ce lieu Tell el-Amarna, ou plus simplement Amarna, du nom de la tribu bédouine qui vivait sur place lorsque les archéologues s'y rendirent des siècles plus tard. Mais personne n'y habitait quand Akhenaton décida d'y ériger sa capitale. Il avait volontairement choisi un territoire vierge, non souillé par les sanctuaires dédiés à d'autres dieux. Il est probable que seuls quelques milliers de courageux fidèles participèrent à ce premier exode. Ils dressèrent d'abord des tentes et des abris temporaires pour regarder la ville s'élever. La logistique nécessaire à la coordination et à l'alimentation de ces gens fut sans doute complexe, semblable à celle d'un camp militaire, avec un intendant chargé des provisions. On ne pouvait pas planter immédiatement, car il n'y avait ni champs ni canaux d'irrigation ; fort heureusement, la pêche et la chasse aux canards procuraient de quoi se nourrir. En outre, afin de produire les deux éléments fondamentaux de l'alimentation égyptienne (la bière et le pain), on dut, dès le début, installer une brasserie et une boulangerie, l'une à côté de l'autre, celles-ci dépendant toutes deux du même ingrédient fondamental : la levure.

Les ouvriers étaient les véritables héros de cette gigantesque entreprise. Tandis que les tailleurs de pierre extrayaient les blocs des carrières au moyen de ciseaux de bronze et de maillets de bois, les briquetiers fabriquaient les millions de parpaings nécessaires pour bâtir une ville entière. C'était un processus assez simple. Le limon du Nil était placé dans un moule de bois rectangulaire dont on sortait ensuite la brique afin de la faire sécher sous le soleil brûlant. A mesure que les murs s'élevaient toujours plus haut, les artistes et les artisans travaillaient frénétiquement pour décorer les nouvelles maisons et les édifices administratifs. Ils firent sans doute passer le mot à leurs amis restés à Thèbes, les incitant à les rejoindre car il y avait beaucoup de travail et pas de temps à perdre. On avait besoin de carreaux multicolores et d'incrustations en forme de rosaces ou de fleurs, cuits dans des fours à céramique, afin de rehausser les peintures murales.

Les deux matériaux de construction essentiels dans l'Egypte ancienne étaient disponibles à Amarna : la pierre et la terre du Nil. Les temples étaient construits en blocs de pierre parce qu'ils devaient durer pour l'éternité. Quant aux autres maisons et bâtisses, y compris les palais royaux, elles étaient confectionnées en briques de terre, recouvertes d'une couche de plâtre que l'on peignait. Au-dessus de la ville, devait planer un brouillard constant émanant de toute la poussière et de tout le sable soulevés par les travaux, tandis que, à un rythme continu et incessant, les blocs de pierre étaient découpés et transportés depuis les carrières jusqu'aux sites des temples. Cela devait être une expérience fascinante pour les enfants de la cité que de vivre sur cet énorme chantier et de voir, avec émerveillement, un nouveau temple se dresser. Lorsque les murs atteignaient une hauteur d'environ deux mètres, il fallait ajouter des rampes en briques de terre, de manière à hisser les blocs sur des traîneaux jusqu'au sommet. Cinq ou six édifices majeurs s'érigeaient simultanément. L'excitation était constante et durant les premiers jours à Amarna, tous les enfants rêvaient sans doute de devenir architectes. Aussi curieux que cela puisse paraître, compte tenu des innombrables projets de construction qui ont jalonné toute l'histoire de cette civilisation, aucun papyrus traitant de cette activité n'a été retrouvé. Nous ne disposons d'aucune trace écrite sur la façon d'édifier une pyramide, de concevoir un temple ou même de bâtir un mur. Il se peut que des textes de cette nature aient existé, puis disparu. Mais je ne le crois pas. Je soupçonne que de telles informations constituaient un secret de fabrication, transmis de père en fils dans les familles d'architectes. Il nous reste beaucoup de papyrus littéraires et médicaux mais aucun concernant les autres métiers.

Le plan d'urbanisme était dicté par la géographie du terrain, bordé par le Nil à l'ouest et des falaises abruptes à l'est. L'espace abritant la cité se trouvait entre ces deux limites. C'était un croissant d'environ quatre kilomètres et demi de large sur douze kilomètres de long. Une « route royale » allant du nord au sud séparait la ville dans sa longueur. Avec plus de trente-huit mètres de largeur, c'était sans doute la plus grande voie construite dans le monde antique. Initialement conçue pour les grandes processions de chars de la famille royale, elle devint une artère desservant le quartier administratif central et empruntée par les fonctionnaires qui se rendaient à leur travail à dos d'âne, depuis leurs résidences dans les faubourgs.

D'est en ouest, deux lits de rivière asséchés, sur lesquels on n'avait rien construit par peur d'inondations soudaines, divisaient la capitale en trois sections : le centre et les quartiers méridional et septentrional. L'agglomération s'étendait sur vingt-cinq kilomètres du nord au sud, englobant des faubourgs à chaque extrémité, remplis de tout nouveaux ateliers, temples et logements. Au-delà du faubourg nord, un petit village à l'écart, encombré de petites maisons, abritait les ouvriers. Les somptueuses demeures des gens riches et célèbres d'Amarna suivaient toutes un plan similaire. Un grand hall d'entrée soutenu par de minces piliers de bois peints et multicolores, ornés de motifs de lotus, menait à une vaste salle de séjour, dominée par quatre colonnes massives. Les chambres des occupants et des invités ainsi que les salles de bains partaient de cette pièce commune. Derrière le bâtiment principal, se trouvaient les dépendances pour les domestiques, les greniers, les entrepôts, les cuisines et les écuries. Toutes ces imposantes résidences furent construites rapidement et simultanément, comme nos lotissements modernes pour cadres supérieurs.

Le centre-ville, surnommé « Ile exaltée en jubilés », était le cœur administratif de la nouvelle capitale. Là, les bureaux des affaires étrangères abritaient toutes les lettres entre Akhenaton et les dirigeants de l'Asie, dans un bâtiment appelé « Maison de la correspondance de pharaon ». Akhenaton y avait aussi archivé les documents du règne de son père : les courriers et traités commerciaux entre Aménophis III et ses émissaires, que l'on avait pensé à emporter lors du départ de Thèbes. Près du Bureau des registres se trouvait le poste de police, avec ses dortoirs, ses terrains d'entraînement et ses écuries pour les chars. Même dans une cité théocratique, les forces de l'ordre étaient nécessaires : il y aurait toujours des voleurs à appréhender, des différends maritaux à résoudre et, dès qu'elles seraient construites, des tombes contenant de grandes richesses à protéger. Près de là, l'université, ou Perankh (maison de vie), formait les futurs prêtres. On y proposait un tout nouvel enseignement, probablement instauré par Akhenaton lui-même. Les jeunes disciples ne devaient plus apprendre par cœur le mythe d'Isis et d'Osiris ou l'« Hymne à Rê » puisque tous ces dieux avaient cessé d'exister. Un nouvel ensemble de prières et d'incantations avait été écrit par Akhenaton qui fut non seulement l'initiateur des principes de la nouvelle foi mais aussi l'auteur de toute sa liturgie.

C'était une période passionnante pour les adeptes d'Aton, caractérisée par l'émergence d'une théologie radicale. Aucun pays n'avait encore réduit son panthéon à une seule divinité omnipotente. Il s'agissait là d'un concept novateur et puissant qu'il faudrait élaborer en détail. Guidés par le pharaon, les fidèles espéraient développer le cadre de leur religion puis changer le monde. Les étudiants étaient conduits par Meryrê, le grand prêtre d'Aton. Comme son nom l'indiquait « l'Aimé de Rê » était sans doute un officiant mineur de Thèbes qui avait fait allégeance assez tôt à la nouvelle théologie d'Akhenaton et avait accompagné le pharaon à Amarna lors de la première vague de pionniers.

Dominant le centre de la ville, la résidence royale était sans doute la plus vaste du monde antique de l'époque. C'était un labyrinthe immense, complexe et désordonné, composé de salles d'audience, de cours en plein air, d'appartements privés, de harems, de nurseries, de cuisines et d'énormes entrepôts. Précédé par trois jardins exotiques en terrasse, le palais faisait face au Nil pour permettre à ses occupants de profiter de la fraîcheur de ses brises. Curieusement, l'enceinte traversait la route principale au moyen d'un pont — véritable innovation architecturale — joignant les ailes est et ouest. Cet élément devint la caractéristique la plus remarquable de la demeure impériale et de la ville elle-même. On l'appelait la « Fenêtre d'Apparition », car c'est là qu'Akhenaton et Néfertiti paraissaient, souvent accompagnés des princesses, pour donner audience aux dignitaires assemblés sur la route en dessous[1]. De cette loggia, ils distribuaient des colliers faits d'anneaux en or massif, en guise de récompense aux fidèles. La religion possédait certes ses propres attraits, mais quelques livres de métal précieux devaient les renforcer considérablement.

Près du palais, un sanctuaire particulier, le « Château d'Aton », offrait à la famille royale un havre de paix où elle pouvait se recueillir en privé et se ressourcer grâce aux rayons d'Aton. Pour les citoyens ordinaires, un immense temple urbain fut bientôt érigé. Mesurant près de deux cents mètres de long sur cinquante de large, il rivalisait en taille avec celui de Karnak et se distinguait de tous les autres. Traditionnellement, les temples égyptiens étaient, pour la plupart, des endroits obscurs et mystérieux, recouverts de plaques de pierre qui ne laissaient entrer que quelques traits de lumière au travers de petites fentes. Leur structure était simple et linéaire, une section conduisant à une autre. On trouvait d'abord une cour en plein air, où les citoyens ordinaires pouvaient rendre hommage aux dieux. Au fond, une rampe menait à une deuxième cour, recouverte d'un toit et destinée aux nobles. Plus on avançait dans le temple, plus les pièces devenaient petites et intimes ; le sol s'élevant et le plafond s'abaissant conféraient ainsi au lieu un caractère sacré. La troisième section, le « Saint des Saints », était réservée aux seuls prêtres chargés du culte des dieux. C'est là que l'on consultait les oracles au moyen de figurines utilisées pour prédire le futur et obtenir des conseils divins. Normalement, elles demeuraient enfermées dans leur naos[I] de pierre, sauf lors de fêtes spéciales, au cours desquelles elles étaient instal-

I. Lieu où étaient enfermées les statues de dieux *(N.d.T.)*.

lées sur des vaisseaux de bois doré, rappelant les barques sacrées du pharaon, et transportées dans toute la ville.

Akhenaton balaya toute cette tradition pour concevoir ses nouvelles cathédrales. Comme Aton ne pouvait être représenté sous forme de statue et que tous les anciens dieux, ainsi que leurs idoles, avaient été bannis, on n'avait plus besoin de « Saint des Saints ». D'autre part, l'adoration du disque solaire excluait par définition la présence de passages sombres ou même d'un toit. Le nouveau temple d'Aton fut conçu comme un lieu à ciel ouvert, baigné de lumière et de soleil. Il consistait essentiellement en un périmètre formé d'un mur rectangulaire qui définissait une cour de la taille de deux terrains de football. A l'intérieur, on ne trouvait rien d'autre qu'une étendue spacieuse et des rangées d'autels, un pour chaque jour de l'année, où Aton recevait des offrandes quotidiennes de nourriture. Les autres temples d'Akhenaton étaient des variantes sur ce modèle. Certains, plus petits, ressemblaient davantage à des kiosques, mais tous présentaient le même caractère lumineux et aéré.

Les nouveaux sanctuaires conservaient cependant un élément architectural des temples thébains, probablement trop spectaculaire pour avoir été abandonné. De massifs pylônes d'entrée, comme ceux de Karnak et de Louqsor, séparaient les enceintes extérieures de l'intérieur du temple. De leurs façades s'élevaient des mâts au sommet desquels flottaient de longues banderoles, symbolisant le souffle de vie.

Toutes les connaissances que nous avons sur Amarna nous ont été léguées par une succession d'archéologues exceptionnels, intrigués par les énigmes de la cité perdue. John Gardner Wilkinson, l'un des premiers égyptologues britanniques, fils de ministre, fut admis à Oxford mais abandonna ses études avant d'obtenir son diplôme, pour embrasser une carrière militaire. C'est en Italie, où il était stationné, qu'il apprit les tentatives des chercheurs pour déchiffrer les hiéroglyphes. Passionné par le sujet, il se rendit directement en Egypte où il demeura douze ans. Comme tous les pionniers de l'égyptologie, Wilkinson était autodidacte mais sa brève expérience dans l'armée l'avait préparé à la vie spartiate qui allait devenir la sienne. Après avoir élu domicile à Thèbes, Wilkinson recensa d'abord les tombes de la Vallée des Rois. C'était assez simple. Un pot de peinture dans une main et un pinceau dans l'autre, il numérota chacune d'entre elles. Cette classification subsiste encore à ce jour.

C'est en 1824 que Wilkinson arriva à Amarna où il découvrit des ruines de temples et de palais, de tombes et de maisons ou de larges voies de circulation. En somme les vestiges normaux d'une cité antique. Pourtant quelque chose clochait. Sur les peintures murales, les reliefs et les sculptures, l'esthétique différait de tout ce qu'il avait précédemment vu en Egypte. Comme dans les images révélées un siècle plus tard à Karnak, le roi et la reine étaient difformes. Le souverain, doté de hanches larges et d'une poitrine gonflée, ressemblait pratiquement à une figure féminine. La reine présentait les mêmes caractéristiques mais cela n'avait rien d'inhabituel pour une femme. En revanche, son cou était incroyablement long et ses bras chétifs. Les princesses avaient des têtes protubérantes vers l'arrière. Un disque solaire dirigeait ses rayons sur la famille royale, chacun d'entre eux se terminant par une main qui tenait un *ankh*, symbole de vie, ou un sceptre, emblème du pouvoir. Qui étaient ces gens étranges ? Wilkinson l'ignorait, leurs noms avaient été effacés.

L'égyptologue ne savait pas décrypter les hiéroglyphes sur les stèles frontière qui délimitaient la ville, mais il fut le premier à relever un indice plus tard crucial pour la compréhension du destin d'Amarna. La cité n'avait pas simplement été abandonnée, elle avait été démolie[2].

Les palais, les sanctuaires et les bâtisses avaient été rasés, de sorte qu'il n'en restait que les fondations et des blocs de pierre épars. Seules les tombes étaient intactes. Creusées dans les falaises, elles ne pouvaient être détruites. Leurs ornements muraux fourniraient plus tard d'autres informations concernant la chute d'Amarna qui donneraient lieu à des décennies de spéculations. Mais il fallut attendre cinquante ans avant que la première exploration formelle du site ne fût entreprise.

La Mission archéologique française commença ses travaux à Amarna en 1883. Elle était chargée de résoudre l'énigme de ces figures royales marginales, de percer le mystère de leur art étrange, celui de la destruction de leur capitale. Quelque chose d'unique s'était produit. Le site différait de tous les autres. Jusque-là, la plupart des recherches s'étaient concentrées sur un seul édifice, comme le temple de Louqsor, ou sur un complexe de bâtiments, comme à Karnak, mais ici, il s'agissait d'une ville entière, même s'il n'en restait pas grand-chose. Les Français ne virent d'abord qu'une série de monticules se détachant du sable sur des kilomètres. Ils ne savaient par où commencer. La cité ayant été détruite de façon intentionnelle, cette fouille constituait un défi et ne laissait guère l'espoir de découvrir de trésors.

On décida tout de même de tenter l'expérience. On déblaya les fondations des palais, des temples et des maisons. On découvrit les faubourgs et la large voie qui traversait la ville. A l'est, à l'endroit où les falaises se dressent brusquement au-dessus de la plaine, on trouva des tombes taillées dans le roc, un groupe au nord et un autre au sud. Dans chacune, sur pratiquement tous les murs, étaient sculptées les étranges silhouettes du roi et de la reine, ainsi que le disque solaire. Les Français furent lents à publier leur compte rendu. Alors, en 1890, Flinders Petrie, un jeune archéologue britannique, impatient d'obtenir des réponses aux questions soulevées par ce site singulier, entreprit d'effectuer ses propres fouilles.

A cette époque, les égyptologues étaient des aventuriers hauts en couleur, et sur ce plan, Petrie les dépassait tous. Avec sa longue barbe blanche et ses vêtements en lambeaux, il n'hésitait pas à faire, à pied, l'aller-retour entre son campement et la ville la plus proche, située à vingt-cinq kilomètres de là, afin de retirer le salaire de son équipe.

Dès les premières explorations archéologiques, naquit un marché d'antiquités florissant, ce qui incita les ouvriers à voler de petits articles découverts sur les fouilles. Si l'un d'eux parvenait à dissimuler un fragment de bijou sous ses vêtements, il pouvait le vendre à un prix dépassant de loin son salaire mensuel. Petrie instaura un système de rémunération pour pallier cet inconvénient : il promettait à la main-d'œuvre une somme raisonnable en échange de tout objet déterré et rendu. Il fut donc le seul archéologue à obtenir un ensemble relativement exhaustif des trouvailles effectuées sur son site. Cependant, le danger pouvait aussi venir de l'extérieur. Des personnes peu recommandables se cachaient en bordure de chantier pour voir ce qu'elles pourraient chaparder une fois la nuit tombée. Mais, l'archéologue ne se laissait pas facilement impressionner, comme en témoigne ce récit d'une fâcheuse rencontre avec l'un de ces malfrats :

Quibell maintenait l'homme au sol, tandis que je le cognais. Il jura qu'il irait se plaindre au consul, que je lui avais brisé la jambe ; je le laissai ramper quelques mètres sur les mains et les genoux, puis lançant un grand cri, je me mis à courir après lui. C'est alors qu'il détala comme un lièvre[3].

Tels étaient les usages aux temps barbares de l'égyptologie.

Petrie fut intrigué par la nouvelle esthétique. Pendant mille ans, le pharaon avait été représenté comme un homme jeune, vigoureux, musclé, prêt à marcher au combat, comme un guerrier toujours victorieux. Mais à Amarna ne figurait aucun épisode de bataille. Aucun roi ne frappait les ennemis traditionnels de l'Egypte. Plus étrangement encore, on ne voyait nulle part le souverain faire d'offrande rituelle, on ne reconnaissait nul dieu. Ces images religieuses et militaires étaient remplacées par des tableaux familiaux. Le monarque berçait affectueusement ses enfants sur ses genoux, embrassait tendrement l'une de ses filles ou son épouse; des scènes montraient le couple impérial vénérant le soleil et non l'une des divinités ordinaires. Rien de tel n'avait été découvert auparavant.

Cela constituait une rupture radicale et déroutante avec deux millénaires d'art traditionnel égyptien, basé sur une stricte réglementation à la fois des sujets traités et des dimensions des personnages et de leur famille. Pour décorer une tombe ou un temple, on commençait par tracer une grille rouge sur le mur, destinée à définir les proportions d'une figure : deux carrés pour la tête, quatre pour les épaules, etc., comme dans un cours de dessin. Avec Akhenaton, toutes les anciennes règles furent abandonnées. La reine était souvent aussi grande que le pharaon, ses enfants étaient reproduits à la même échelle et même les hommes ordinaires semblaient à peine plus petits que leur roi. Petrie fut fasciné par cette conception novatrice : il y voyait une bouffée d'air frais dans l'esthétique antique.

Plus les fouilles révélaient de choses sur cette mystérieuse famille, plus sa passion grandissait. On aurait dit que ce pharaon — qu'on identifierait plus tard comme

Akhenaton — était un visionnaire religieux. Après des siècles de dévotion à une multitude de divinités, il les avait toutes bannies au profit d'un dieu unique, le disque solaire Aton. Il avait introduit le monothéisme en Egypte. « Vivre dans la vérité », la devise adoptée par Akhenaton, semblait, pour Petrie, constituer le fondement de cette révolution. Akhenaton était sans doute atteint d'une difformité physique et, conformément à son éthique, il autorisa, voire incita fortement, ses artistes à le représenter de façon réaliste. Cette idée s'étendait même au choix des thèmes, d'où les scènes d'intimité familiale.

Dans son ensemble, cet art était plein d'attrait et de charme. En 1891, Petrie découvrit des sols superbement peints dans ce qui fut jadis le palais. Les oiseaux survolant les marais et les animaux cabriolant en dessous brillaient encore de leurs couleurs éclatantes d'origine. L'égyptologue recopia lui-même environ vingt-cinq mètres carrés de ces fresques dans le but de les publier. Elles étaient si spectaculaires qu'il construisit un chemin en bois pour que l'on puisse circuler entre les peintures sans les endommager. Qui plus est, de peur que les artisans locaux ne rayassent les sols en traînant leur matériel dessus, Petrie exécuta lui-même ce travail de charpenterie. Des années plus tard, les visiteurs continuaient d'affluer pour admirer ces merveilleuses peintures. Malheureusement, comme il n'existait pas de route praticable en provenance du fleuve, les touristes coupaient souvent par les champs d'un fermier, piétinant ses cultures. Une nuit, ce dernier, excédé, hacha la passerelle en menus morceaux.

Le Britannique était un homme croyant qui voyait dans le monothéisme d'Akhenaton l'ancêtre de sa propre foi. Comme beaucoup d'archéologues, il était venu en Egypte, pays de l'Exode faisant partie de la Terre sainte, pour y chercher une confirmation de la Bible. Et, en dehors de toute considération religieuse, le savant n'était pas loin de la vérité. Akhenaton fut le premier homme à propager des idées qui transformèrent en profondeur la société de son temps ; il est le premier connu dans l'histoire à parler d'un dieu unique. Petrie en était persuadé :

Aucun roi d'Egypte, ni d'aucune autre partie du monde, ne s'est jamais exprimé aussi ouvertement ni aussi sincèrement. Dans tous les domaines, Akhenaton apparaît sans doute comme le penseur le plus original qui eût jamais vécu en Egypte, comme l'un des plus grands idéalistes de ce monde aussi. Aucun homme ne semble avoir fait de plus grand pas vers une nouvelle vision des choses[4]...

L'archéologue dépourvu de formation académique dans la traduction des hiéroglyphes ne pouvait comprendre totalement les inscriptions qu'il avait découvertes. Il se rendait néanmoins compte de l'importance et de la valeur historique des stèles frontière de la ville, et espérait en connaître la signification. Attribuant une lettre à chacune d'entre elles, il entreprit de reproduire scrupuleusement leur contenu, y compris celui de la plus inaccessible de toutes, visible seulement au moyen d'un télescope[5]. Plus tard, lorsque ses dessins furent traduits par d'autres chercheurs, on vit que les quatorze pierres, érigées par Akhenaton pour définir les limites de sa nouvelle capitale, racontaient une histoire étonnante.

Ces stèles, toutes gravées sur une période de quatre ans, présentaient deux versions de la même déclaration. Akhenaton affirmait qu'Aton lui-même l'avait conduit jusqu'à ce site et lui avait ordonné de bâtir une ville sur le lieu où le dieu s'était manifesté pour la première fois, où le monde était venu à la vie. Le pharaon avait été poussé par cette vision mystique à ériger une cité en plein désert, qu'il baptisa Akhetaton, « Horizon d'Aton », ainsi qu'il le proclame sur l'une des stèles :

> Sa Majesté monta sur un grand char d'electrum comme Aton lorsqu'il se lève à l'horizon de sa ville... A présent, c'est Aton, mon père, qui m'a conseillé [de bâtir] Akhetaton. Aucun fonctionnaire ne m'a jamais conseillé, aucune personne dans le pays entier ne m'a incité... à construire Akhetaton dans ce lieu désert[6].

Il est possible qu'un jour, Akhenaton ait aperçu, dans le lointain une chaîne de falaises divisée seulement par un oued et que cette configuration du paysage lui ait rappelé la forme du caractère égyptien désignant le mot « horizon » 𓈌. Peut-être est-ce cela, le fameux signe d'Aton. Alors que je séjournais à Amarna, il y a quelques années, je me levai très tôt un matin et, regardant par la fenêtre le soleil se lever au milieu d'une entaille, de l'autre côté du Nil, je constatai moi aussi cette similitude avec le hiéroglyphe. Je ne pus alors m'empêcher de penser : « C'est vraiment cela qu'Akhenaton a vu. »

Après avoir décrit les bâtiments qu'il construirait pour « son père » Aton, le pharaon termine sa profession de foi par un serment remarquable :

> Pour ce qui est de la stèle sud, sur les montagnes orientales d'Akhetaton... Jamais je ne l'outrepasserai vers le sud... Pour ce qui est de la stèle centrale, sur les montagnes orientales d'Akhetaton... Jamais je ne la dépasserai vers l'est[7]...

Akhenaton jurait de ne pas quitter la ville. Je me demande si, à l'époque, les gens ont pris la mesure de l'impact qu'aurait cette promesse sur l'Egypte. Si le roi restait à jamais dans sa cité, il ne pouvait plus remplir son rôle traditionnel. Il ne conduirait plus l'armée contre ses ennemis, il ne se chargerait plus des affaires d'Etat exigeant de se déplacer à l'extérieur de la capitale. C'était faire passer la direction du pays des mains du pharaon à celles des fonctionnaires civils. La démission de ses charges ancestrales laissait le champ libre aux dignitaires les plus ambitieux, avides de briguer le pouvoir. Mais Akhenaton se privait aussi de toute occasion de renouer avec le clergé offensé et toujours puissant. Ainsi, en accédant à un trône qui lui conférait un pouvoir absolu et en renonçant à toute responsabilité, il n'avait pas seulement bouleversé la religion mais transformé la nature même du statut royal. Dans une Egypte si attachée à ses traditions, c'était une révolution tout aussi radicale que l'avait été le bannissement de l'ancien panthéon. Il semble que, pour Akhenaton, la mission du souverain ait consisté à guider son peuple uniquement dans sa vie spirituelle.

Un jour, Akhenaton rassembla ses fidèles, lors d'un office religieux organisé près d'une des stèles frontière, et prononça un grand sermon :

Le grand et vivant Aton... établissant la vie, vigoureusement vivant, mon Père... mon mur de millions de coudées, celui qui me rappelle l'Eternité, mon témoin de ce qui est éternel, qui se façonne Lui-même de ses deux mains, que nul artisan n'a conçu, qui est établi en se levant et en se couchant chaque jour, sans cesse... Il emplit la terre de Ses rayons et permet à chacun de vivre[8]...

Cette déclaration contient une phrase importante : « que nul artisan n'a conçu ». L'implication était subtile mais claire : Aton, le vrai dieu, était intangible et abstrait. Ce discours annonçait la fin de toutes les statues de culte ; la mythologie et le symbolisme polythéiste étaient balayés. Jamais plus les artistes ne sculpteraient d'idoles. Jamais plus les fidèles ne pourraient s'en remettre à une image familière. C'en était fini du *Livre des Morts* avec ses créatures jalonnant le voyage du défunt vers l'Au-delà. Le nouveau dieu était aussi insaisissable que les rayons du soleil.

Le passage d'un panthéon figuratif à un concept abstrait fut sans doute le changement le plus fondamental institué par Akhenaton. Les anciens Egyptiens étaient en avance sur bien des domaines, mais ne savaient pas manier l'abstraction. Ils ne laissèrent pas de traités philosophiques, comme le firent les Grecs mille ans plus tard. Les mathématiques égyptiennes étaient les plus sophistiquées de toute l'Antiquité mais elles restaient concrètes. La géométrie était née de la nécessité de recenser les limites des champs, effacées chaque année par les crues du Nil, mais elle n'abordait pas du tout la nature de l'espace. Toutes les formes de pensée étaient dirigées vers des besoins spécifiques et matériels. Akhenaton avait apparemment une conception des choses totalement nouvelle pour son peuple. Lorsque ses fidèles le suivirent à Amarna, ils ne soupçonnaient pas que le pharaon les conduisait non seulement vers une autre terre, mais aussi et surtout vers une toute autre sphère spirituelle.

Akhenaton, le rêveur

La nouvelle théologie est le mieux explicitée dans un hymne gravé à l'intérieur de plusieurs tombes d'Amarna. Sa version la plus élaborée figure sur le mur occidental de celle d'Ay, l'un des courtisans favoris d'Akhenaton. Selon toutes indications, c'est le pharaon lui-même qui l'a composé. Bien qu'écrit des siècles avant l'Ancien Testament, on y constate un ton similaire. En fait, les érudits y voient même une ressemblance avec le Psaume 104.

Tu te lèves splendide dans la lumière du ciel,
O Aton vivant, créateur de la vie !
Tandis que tu apparais dans la lumière de l'Orient,
Tu emplis tout le pays de ta beauté.
Tu es beau, grand, étincelant,
Elevé au-dessus de la terre entière,
Tes rayons enveloppent les pays
Jusqu'à la limite de tout ce que tu as créé.
Roi Rê, tu atteins leurs limites
Tu les courbes pour tes fils bien-aimés.
Tu es lointain mais tes rayons sont sur la terre,
L'on te voit mais tes pas sont invisibles...

Combien multiple est ton œuvre,
Bien que cachée de la vue,
O Dieu unique auprès de qui il n'en existe pas d'autre !
Tu as fait la terre selon ton désir, toi seul,
Tous les hommes, animaux et oiseaux,
Tout ce qui sur terre marche sur ses pieds,
Tout ce qui au ciel vole avec ses ailes

Les pays de Khor[I] et de Kouch,
Le pays d'Egypte.
Tu donnes à chaque homme sa place;
Tu pourvoies à ses besoins;
Chacun peut se nourrir,
Son temps de vie est compté.
Les langages des hommes sont divers,
Leurs caractères aussi,
Leurs peaux sont différentes,
Car tu as distingué les peuples...

Tu es dans mon cœur,
Aucun autre ne te connaît,
Sauf ton fils, Néferkhéperourê [Akhenaton], l'unique [appartenant à Rê
A qui tu as enseigné tes desseins et ta puissance[9]...

C'est par la poésie qu'Akhenaton se révèle dans toute sa splendeur. Cet « Hymne au Soleil » est l'une des plus grandes œuvres intellectuelles du monde antique. Déclaration élégante résumant l'essentiel de la nouvelle doctrine religieuse, ce dut être une source d'inspiration féconde pour ses fidèles. Seul Aton est responsable de la création du monde et il a engendré non seulement le peuple d'Egypte mais aussi toutes les autres nations. Bien sûr, si l'unique dieu devenait celui de tous les hommes, alors les Egyptiens n'étaient plus supérieurs. Akhenaton rendait ainsi caduque la justification même de toutes les précédentes campagnes militaires. Le monde ne tournait plus autour de l'Egypte, mais autour du soleil.

L'« Hymne au Soleil » montre Akhenaton comme un

I. Syrie *(N.d.T.)*.

homme d'une grande sensibilité et dévoile un poète inspiré. Sa déclaration sur les stèles frontière illustre son caractère visionnaire et mystique. Les principes politiques instaurés et les changements opérés durant son règne furent tellement radicaux dans leur humanisme et tellement dissidents par rapport à la tradition qu'ils pouvaient seulement être initiés par le pharaon lui-même. Sur les murs des temples et des tombes, nous découvrons un homme dévoué à sa famille. De l'audacieux projet de sa ville, nous déduisons son esprit créatif. Son esthétique artistique traduit à la fois son amour de la beauté et sa croyance qu'il faut « Vivre dans la Vérité ».

Néfertiti, dont le nom signifie « la Belle est venue », est toujours représentée à ses côtés, faisant ses offrandes quotidiennes à Aton. On les voit ensemble dans toutes les manifestations officielles, se tenant affectueusement la main en public ou enlacés dans leur char, en route vers le temple. Parlant de son épouse, le roi emploie les mots « douceur d'amour » ou encore « celle dont la voix enchante le roi ». Chaque stèle frontière inclut un long préambule louant les vertus de sa femme bien-aimée :

Et l'Héritière, grande dans le palais, belle de visage, ornée de la double plume, dame du bonheur, dotée de faveurs, dont le roi se réjouit d'entendre la voix, la grande épouse royale, sa bien-aimée, la dame du Double Pays, Néfernéferouaton-Néfertiti (« Bonne comme la beauté d'Aton » — « la Belle est venue »), puisse-t-elle vivre toujours et à jamais [10].

Père aimant, Akhenaton est souvent représenté tenant l'une ou plusieurs de ses filles sur ses genoux ou les embrassant tendrement. Respectueux à l'extrême des valeurs familiales, il apparaît, dans les vestiges d'Amarna, comme un être attachant, attentionné et aimant. Nous comprenons pourquoi Petrie fut séduit par cet homme.

Il serait tentant de ne considérer que cet aspect du personnage, celui qui prêchait l'amour et la paix. Mais il existait aussi en lui une face plus sombre. Il pouvait se montrer intolérant et élitiste. En étudiant de plus près l'art d'Amarna, on constate que le soleil ne brille que sur Akhenaton et la famille royale, et non sur tous les Egyptiens. Jamais les rayons d'Aton ne tendent les symboles de la vie et du pouvoir au citoyen ordinaire. Aton était le dieu personnel d'Akhenaton ; tous les autres devaient se contenter de la lumière secondaire projetée par le pharaon.

Un examen des archives trouvées à Amarna montre aussi que le roi était inapte et peu intéressé à diriger le pays. L'Egypte qu'il avait héritée de son père Aménophis III était au sommet de sa puissance. Les marchandises prélevées sur les territoires vassaux affluaient dans le pays chaque année. Cependant, après l'arrivée au pouvoir d'Akhenaton, plus personne ne se souciait des réserves. Les revenus étaient si abondants que l'Egypte, forte de ses richesses, exerçait des pressions militaires pour assurer la collecte des tributs. Akhenaton, réticent ou incompétent dans la gestion des affaires gouvernementales, délégua effectivement l'administration du pays à ses assistants. En l'absence de l'autorité d'un roi ferme et déterminé, il fut alors facile pour les pays étrangers de ne plus verser les impôts décrétés et de ne plus respecter les traités commerciaux lucratifs. L'armée reçut peu de soutien et, pendant que le souverain contemplait Aton, les affaires d'Etat se désintégrèrent par négligence. Akhenaton était l'enfant rêveur d'un homme riche (Aménophis III), qui avait hérité de la grandiose entreprise familiale, mais qui avait pris le parti de ne pas s'en occuper.

La domination de l'Egypte au Proche-Orient déclina

rapidement. Donald Redford, l'égyptologue qui a consacré plus d'un quart de siècle à déblayer les monuments sacrés de ce pharaon, y voit l'illustration de « l'une des caractéristiques les plus déplaisantes du mode de vie qu'Akhenaton érigeait en modèle, l'indolence raffinée [11] ». Tandis que l'Egypte perdait graduellement sa puissance à l'étranger, les habitants d'Amarna, bien qu'isolés, devaient sentir que tout n'allait pas pour le mieux dans le royaume. Le nouveau dieu abstrait, Aton, n'avait pas prodigué autant de bienfaits au pays et à son peuple que le faisaient ceux de l'ancien panthéon. Vers la fin, le monarque dut avoir recours à des récompenses démesurées pour s'attacher la loyauté de ses fidèles. Des scènes gravées sur les murs des tombes montrent Akhenaton, Néfertiti et les princesses, donnant audience à la « Fenêtre d'Apparition [12] » du palais, tandis que les citoyens d'Amarna, rassemblés dans la rue au-dessous, tendent les mains pour recevoir des colliers d'or distribués par la famille royale. A la fin du règne, cette apparente générosité était sans doute destinée à acheter la fidélité du peuple.

Tout contrôle lui échappant, Akhenaton, dans un sursaut de fanatisme, dépêcha des ouvriers dans toute l'Egypte, pour effacer au ciseau le nom d'Amon, le dieu protecteur de Thèbes, sur tous les monuments où il apparaissait. Même les trois hiéroglyphes signifiant « Amon » dans le nom de son père (Aménophis) furent martelés.

Akhenaton trépassa dans la dix-septième année de son règne, emportant avec lui sa vision d'un monde nouveau. Son corps ne fut jamais retrouvé ; aucune inscription ne nous dit la cause de sa mort. Nous savons seulement que son règne, après avoir commencé dans la célébration de la paix et de la beauté, s'acheva dans un terrible régime d'intolérance.

5

LES PARENTS DE TOUTANKHAMON

« Dieu attaquera le rebelle pour défendre le temple,
Il sera puni pour ce qu'il a fait...
Il ne trouvera point de faveur par les jours de malheur. »
Le roi Kheti III Nebkaourê
(Env. 2150 av. J.-C.).

Immédiatement après la mort d'Akhenaton, des messagers furent dépêchés dans tout le pays pour annoncer la nouvelle. Ils se rendirent à Thèbes vers le sud et à Memphis dans le nord. Normalement, un tel événement aurait entraîné les pleurs de la nation entière, à la fois triste et inquiète, car cela montrait le triomphe de Seth sur Osiris et constituait une perturbation de l'Ordre Divin. Mais dans ce cas, ce dut être différent. La disparition du monarque provoqua des émotions diverses selon les différentes couches de la société. L'Ordre Divin avait déjà été profondément bouleversé par le pharaon lui-même, durant toutes les années de confusion qui avaient marqué son règne. A Thèbes, le clergé dut se réjouir, du moins en privé : ses prières avaient été exaucées, celui qui avait effacé le nom de son dieu avait subi la vengeance d'Amon. A Memphis, les prêtres attendaient le jour où ils pourraient de nouveau vénérer Ptah, le créateur du monde, comme ils l'avaient fait auparavant pendant des siècles.

Pour les chefs de l'armée, ce fut sans doute aussi un soulagement. Il n'existait pas de pire supplice pour les militaires que de regarder, impuissants, la domination de l'Egypte décliner. Cela faisait des décennies qu'ils avaient mené leur dernière campagne annuelle pour arracher des tributs aux territoires conquis. D'abord, Aménophis III avait concentré les trente-cinq années de son règne à bâtir Thèbes, cherchant l'immortalité dans des temples plutôt que dans les batailles dictées par la tradition. Cependant, si les soldats étaient frustrés de voir leur activité limitée aux défilés d'apparat, du moins les précédentes victoires écrasantes du pays garantissaient la loyauté de ses vassaux. En fait, ce furent les quinze dernières années qui ébranlèrent réellement le moral collectif des troupes. L'un après l'autre, les tributaires étrangers étaient tombés sous le joug des maudits Hittites ou des odieux Mitanniens ; ce n'était d'ailleurs pas faute d'avoir écrit à maintes reprises au pharaon pour le supplier d'envoyer des renforts. Mais le souverain restant sourd à ces appels au secours et négligeant de leur répondre, ses alliés n'avaient pas eu d'autre choix que de se soumettre aux ennemis de l'Egypte. Les militaires, plus que quiconque, durent donc accueillir avec joie la nouvelle de la mort d'Akhenaton. A présent, ils pouvaient enfin reprendre leur carrière.

Les citoyens d'Amarna furent probablement en proie à l'incertitude et à la crainte. Quelle serait leur place dans un nouvel univers ? Leur foi, seule raison d'être de leur ville, avait été la vision d'un seul homme. Leur prophète mort, qui le remplacerait ? Qu'adviendrait-il de sa capitale et de son peuple ? Ces questions ne devaient pas rester longtemps en suspens mais pour l'instant, il convenait, en priorité, de commencer les préparatifs des funérailles.

Traditionnellement, il fallait soixante-dix jours pour

effectuer la momification et les rituels qui l'accompagnaient. Mais dans sa nouvelle religion, Akhenaton avait aussi modifié le principe de la vie après la mort. L'ancienne conception de l'Autre Monde, comme une reproduction améliorée de celui-ci, était trop matérialiste et terre à terre pour un pharaon qui avait donné à la civilisation son premier dieu abstrait. Pour ce souverain, l'existence future se déroulait dans l'ombre : le défunt, ou du moins son esprit, demeurait dans sa maison d'éternité et se réveillait chaque matin lorsque Aton apparaissait à l'horizon. D'après des fragments découverts lors de fouilles dans sa tombe, nous savons qu'Akhenaton fut enterré avec des *ouchebtis*. Mais ses serviteurs de l'Au-delà portaient non pas des outils de ferme pour travailler dans les Champs Elyséens, mais des *ankhs*, symboles de vie [1]. Nous n'avons aucune information concernant les rituels ou les prières destinés à honorer l'âme du roi, mais je crois que le grand prêtre Meryrê a dû au moins réciter l'Hymne au Soleil.

La construction du sépulcre impérial avait commencé dès l'installation du roi à Amarna et s'était poursuivie jusqu'à sa mort. Le site désolé où il avait décidé de bâtir sa dernière demeure se trouvait à environ neuf kilomètres de la ville. La première fois que je me rendis dans ce lieu inaccessible, je me demandai la raison d'un tel choix. Le seul moyen d'atteindre la tombe était de traverser une vallée jonchée de cailloux, obstacles naturels pour le transport des ouvriers et du matériel. Une fois sur place, je compris pourquoi ce pharaon avait été attiré par cet endroit. Il y régnait la même atmosphère singulière que dans la Vallée des Rois. Comme à Thèbes, des falaises de calcaire blanc surplombaient la vallée. En outre, l'hypogée d'Akhenaton suivait exactement le même plan que les tombeaux de ses prestigieux ancêtres, notamment celui où il avait vu reposer son père, Aménophis III. C'était peut-être, pour ce roi hérétique qui souffrait encore, même à la fin de sa vie, du rejet subi durant son enfance, une façon de rechercher la reconnaissance paternelle.

On descendait dans la tombe royale par un tunnel d'environ sept ou huit mètres de long, creusé dans la pierre. A ce niveau, sur la droite, un couloir surélevé menait à une suite inachevée de six salles. Puis, en suivant la pente sur encore sept mètres cinquante, on arrivait à une seconde enfilade de pièces. C'est dans l'une d'elles que l'on retrouverait la trace de Toutankhamon. Le passage aboutissait finalement dans une chambre caverneuse contenant le sarcophage brisé d'Akhenaton. En le reconstituant, on se rendit compte que sa forme rompait une fois de plus avec la tradition. Contrairement aux cercueils royaux, confectionnés en pierre et imitant la forme d'un cartouche, signe de royauté, il s'agissait d'un simple coffre rectangulaire en granit. A chaque coin, à la place des figurines de déesses ouvrant les bras pour protéger le défunt, Akhenaton avait fait sculpter quatre statues de sa bien-aimée, Néfertiti[2].

Quant à la préparation de la dépouille royale, nous ignorons si la technique de momification avait été modifiée, voire supprimée par la nouvelle religion. Cela étant, pendant que cette procédure suivait son cours, il fallait régler une affaire encore plus pressante. Le pays ne pouvait se passer de chef pendant soixante-dix jours ; un nouveau pharaon devait être couronné. Les possibilités étaient restreintes. De ce que nous pouvons déduire des blocs brisés d'Amarna, la famille d'Akhenaton avait été sévèrement décimée. Néfertiti s'était éteinte quelques années avant son époux. Smenkhkarê, un membre énigmatique de la maison royale, avait atteint l'âge adulte vers la fin du règne d'Akhenaton et brièvement partagé le trône avec lui. Mais après moins de deux ans de corégence, il expira lui aussi, laissant le pharaon seul au pouvoir jusqu'à son trépas. Il se peut que Smenkhkarê ait été le frère de Toutankhamon, mais il n'est pas mentionné en tant que descendant direct ni représenté avec les autres enfants du roi.

Sur les six filles d'Akhenaton et de Néfertiti, Ankhesenpaaton est la seule dont nous conservions une trace après le décès de son père. Peut-être subsistait-il une autre survivante, mais nous n'en avons pas la preuve certaine. Ce qui est sûr, c'est qu'au moins quatre des princesses avaient disparu. Cela n'a rien de surprenant compte tenu du taux élevé de mortalité infantile dans l'Antiquité (auquel s'ajoutaient cinquante pour cent de mort-nés). Donc, vraisemblablement, Ankhesenpaaton restait l'unique héritière de sang purement royal. Il existait néanmoins un autre enfant issu de cette famille, un jeune garçon du nom de Toutankhaton (le suffixe « -aton » serait ultérieurement remplacé par « -amon »). De nombreux égyptologues croient, comme moi, qu'il était le fils d'Akhenaton, mais les avis des spécialistes sont partagés sur ce point. Essayons à présent de cerner ce personnage de façon plus précise.

Lorsque Petrie entreprit ses fouilles du palais d'Amarna, il commença par examiner les piles de déchets, qui constituaient une copieuse source d'informations concernant la vie dans la résidence impériale. En effet, les Egyptiens avaient l'habitude d'entasser leurs détritus, parmi lesquels on pouvait trouver des objets royaux brisés — jarres, plats, lampes, boîtes à maquillage — portant souvent le nom de leur propriétaire. Conscient de l'intérêt archéologique de tels résidus, l'archéologue confia à certains de ses hommes la tâche de les passer au crible. C'est ainsi que l'on découvrit des centaines de pièces et de fragments sur lesquels figuraient diverses inscriptions royales, et notamment le nom de Toutankhaton. Il devint dès lors clair pour Petrie que ce mystérieux individu, à l'époque inconnu des égyptologues, avait, d'une façon ou d'une autre, un lien avec la révolution religieuse d'Amarna.

Heureusement pour les chercheurs, durant cette période de l'histoire égyptienne, il était d'usage, à la cour, de porter un anneau de céramique bleu vif, orné du nom d'un membre de la lignée impériale. Ces bijoux, probablement distribués par faveur, se brisaient facilement finissant dans les amas d'ordures royales. L'archéologue en trouva des dizaines aux noms d'Akhenaton, de la reine Néfertiti, des six princesses et de Toutankhaton. Il ne faisait donc aucun doute que ce dernier appartenait à la famille royale. Mais de qui était-il le fils et pourquoi ne le représentait-on jamais aux côtés des princesses ? La réponse à la première question étant susceptible d'éclaircir la seconde, commençons par voir qui pouvait être le père de Toutankhamon.

Si les temples d'Amarna avaient été encore debout, leurs peintures murales auraient pu fournir les détails manquants sur les parents de Toutankhamon. Leurs milliers de blocs contiendraient des inscriptions révélatrices. D'ailleurs ils n'étaient sans doute pas tous réduits en poussière. Mais qu'étaient-ils devenus ? Apparemment Petrie ne se préoccupa pas de le savoir. Des années après son départ d'Amarna, une expédition allemande, travaillant à l'opposé de la capitale fantôme, s'aperçut que les pierres avaient été transportées le long du fleuve et réutilisées pour l'édification d'autres temples dans une ville plus récente nommée Hermopolis. C'est là qu'apparut le premier véritable indice.

En traduisant les blocs d'Hermopolis, comme on les désignerait plus tard, les savants allemands déchiffrèrent l'inscription suivante : « *Fils du roi, de son corps, son bien-aimé, Toutankhaton.* » D'autre part, sur certains objets, ce même nom figurait dans un cartouche, ce qui indiquait un statut de pharaon. En combinant ces deux informations, on put donc établir avec certitude qu'il s'agissait d'un roi descendant d'un autre roi. Mais duquel ?

Depuis cette découverte, les égyptologues débattent sur l'identité des parents de Toutankhamon. Certains croient qu'il était le fils d'Aménophis III et de sa reine Tiyi. Je n'ai, quant à moi, jamais trouvé cette théorie crédible, et ce pour une simple raison d'arithmétique. Premièrement selon certaines sources, dont je traiterai plus tard, nous pouvons situer la période du décès de Toutankhamon et un examen attentif de sa momie montre qu'il mourut vers dix-neuf ans. En faisant le calcul, on peut conclure qu'il est né au milieu du règne d'Akhenaton (qui dura dix-sept ans). La reine Tiyi épousa Aménophis, le père de ce dernier, au début de son règne de trente-huit ans. Même si elle n'avait eu que quinze ans à l'époque, elle aurait dépassé la cinquantaine à la naissance de Toutankhamon, et n'aurait, en tout cas, plus été en âge d'enfanter. Deuxièmement, d'après ce que nous savons, elle eut, avec son époux, six enfants, quatre filles et deux fils dont nous connaissons tous les noms, car ils sont cités d'une manière ou d'une autre dans les divers documents et vestiges de l'époque. Or, aucune mention n'est faite d'un garçon baptisé Toutankhaton ou Toutankhamon. Troisièmement, le nom de Toutankhaton est propre à Amarna, puisqu'il se réfère à Aton plutôt qu'à Amon ou aux autres dieux traditionnels associés aux enfants d'Aménophis.

Donc Akhenaton est le père le plus probable de Toutankhamon. Le problème cependant est qu'on ne voit jamais ce dernier aux côtés du reste de la famille. Les reproductions faites par Davies des murs des tombes amarniennes montrent Akhenaton, Néfertiti et leurs six filles, mais jamais de fils. Si Toutankhamon descendait vraiment de ce pharaon, alors comment expliquer son omission dans les représentations des personnages royaux ? Il existe deux réponses plausibles. Tout d'abord, sur les monuments de la XVIIIe dynastie figurent, en général, seulement les princesses et très rarement les princes. On ne sait pas pourquoi. Peut-être le monarque en place craignait-il, en représentant ses fils, de légitimer le pouvoir royal de ses héritiers, avant d'avoir lui-même décidé d'abandonner le trône. En tout cas, quelle qu'en soit la raison, l'absence des enfants mâles dans les portraits de la famille impériale ne constitue aucunement une preuve de leur inexistence.

La seconde explication, plus évidente, est apportée par des vases à cosmétiques exposés au British Museum et au Metropolitan Museum of Art de New York. Dans les années soixante, on s'aperçut qu'ils portaient les noms et titres d'une reine d'Amarna précédemment inconnue : Kiya[3]. Celui du Metropolitan avait été acheté en 1920 à Howard Carter, avant sa découverte de la tombe de Toutankhamon, à une époque où, à court d'argent, il vendait des antiquités pour joindre les deux bouts. On y lit la phrase suivante, gravée dans la pierre blanche et colorée de pigment bleu : « L'Epouse et la très aimée du roi de Haute et de Basse Egypte, qui vit dans la vérité (Akhenaton), le bel enfant d'Aton vivant, qui vivra pour toujours et à jamais, Kiya. » Sur le vase du British Museum, on trouve une inscription presque identique[4]. Désormais conscients de l'existence d'une autre femme d'Akhenaton, les égyptologues se mirent en quête d'autres traces la concernant.

Bientôt, on découvrit des blocs issus des temples amarniens démantelés et comportant le nom de Kiya (ill. 2). Celle-ci se révélait être la seconde épouse du pharaon (après Néfertiti), donc un personnage important de la cour. On la voyait faisant des offrandes au disque solaire en compagnie d'Akhenaton, ou vénérant Aton dans un sanctuaire bâti spécialement à son intention. Cependant, elle ne figurait jamais dans les scènes où était présente la grande épouse, Néfertiti. Elles partageaient peut-être le même mari, mais certainement pas la même place dans la hiérarchie[5].

Beaucoup de ces blocs proviennent d'une ville appelée Marou Aton, qui abritait le temple particulier de Kiya, surnommé « l'Ombre Solaire ». Il s'agissait en réalité d'un grand jardin clos, avec des kiosques de pierre, plus proche probablement d'un havre de verdure destiné à la méditation que d'un lieu de culte formel[6]. Cet endroit superbe était doté d'un large bassin central, d'allées décorées de scènes de nature — marais, oiseaux, plantes et arbres —, en souvenir des bienfaits d'Aton, ainsi que d'un kiosque, incrusté de céramiques et de pierres de couleur, montrant Kiya lors de ses offrandes quotidiennes au dieu.

Elle disparaît des monuments aux environs de la neuvième année du règne d'Akhenaton, à peu près au moment où Toutankhamon est né. Il se peut donc qu'elle soit morte en accouchant du futur roi d'Egypte. Peu après, son nom fut effacé de son « Ombre Solaire » et remplacé par celui de l'aînée des princesses d'Amarna. Si Kiya était vraiment la mère de Toutankhamon, cela expliquerait l'absence du prince dans les scènes officielles de la famille royale. Les enfants d'une épouse mineure avaient un statut inférieur à celui des descendants de la grande épouse. Il aurait donc été inconcevable de représenter Toutankhamon aux côtés de ses prestigieuses demi-sœurs.

Tout cela ne demeura qu'une hypothèse théorique jusqu'à ce que l'on puisse réellement confirmer la paternité d'Akhenaton en examinant sa tombe isolée d'Amarna. Depuis l'époque des pyramides, les sépulcres royaux étaient rarement achevés au moment de l'enterrement. On partait sans doute du principe qu'il était de mauvais augure de finir une tombe avant la mort de son futur occupant, et l'intervalle de temps séparant le décès des funérailles ne suffisait pas pour la terminer. Si le décor de celle d'Akhenaton demeurait donc incomplet, les artistes avaient tout de même pu réaliser les peintures murales de certaines chambres. Ces fresques avaient un caractère unique et singulier. Conformément à la nouvelle religion, elles ne représentaient aucun dieu accueillant le pharaon dans l'Autre Monde. Cette iconographie avait été remplacée par des instants intimes et tendres de la vie privée du roi. Les égyptologues savaient depuis longtemps[7] que l'un des murs représentait l'épisode touchant où Akhenaton et Néfertiti pleurent la mort en couches de leur deuxième fille, Meketaton. Mais une énigme subsistait : il y avait, en réalité, deux scènes similaires dans la tombe, l'une dans la chambre Alpha et l'autre dans la chambre Gamma. On voyait une femme défunte sur un lit, le roi et la reine portant le deuil, ainsi qu'un bébé dans les bras d'une nourrice. La plupart des experts supposèrent qu'il s'agissait de deux illustrations du même événement. Mais pourquoi cette redondance ? Dans les années soixante-dix, le professeur Geoffrey Martin de l'University College de Londres entreprit de répertorier de façon précise tout ce qui restait sur les murs de cette tombe et c'est ainsi qu'il trouva la preuve qu'Akhenaton était bien le père de Toutankhamon.

Martin remarqua que, même si les deux scènes étaient similaires, seule celle de la chambre Gamma comportait le nom de la morte : Meketaton, fille d'Akhenaton et de Néfertiti. L'autre ne donnait l'identité ni de la mère ni de l'enfant. Il était très possible, dans ce cas, que l'on fût face à deux morts différentes. Dans la chambre Alpha, Akhenaton et Néfertiti se penchent sur la mère inconnue qui vient d'expirer, tandis que derrière eux, une femme (une nourrice ?) tient un nouveau-né. Détail significatif : ces deux personnages sont dans l'ombre d'un porteur d'éventail (flabellifère[I]), ce qui indique que le nourrisson était de sang royal. Martin émit donc l'hypothèse plausible que ce tableau illustrait la naissance de Toutankhamon et que la mère était probablement Kiya, la seconde épouse d'Akhenaton[8].

I. Porteur de flabellum, éventail, généralement en plume d'autruche *(N.d.T.)*.

Pour résumer :

1. Quelqu'un met au monde un enfant royal (d'où le flabellifère).

2. Kiya, l'épouse mineure du pharaon, reçoit des honneurs particuliers tels que l'édification de son propre sanctuaire, ce qui suggère qu'elle a accompli quelque chose la plaçant au-dessus des autres femmes du harem. Ce statut privilégié ne dure pas longtemps car elle meurt en couches ; sa chapelle est alors consacrée à quelqu'un d'autre.

3. Le pharaon, ayant déjà six filles et aucun garçon, se réjouit à l'idée d'avoir un enfant mâle ; une telle naissance mériterait d'autant plus une image dans sa tombe que sa Grande Epouse n'a pas engendré d'héritier. On peut donc en déduire que, selon toute probabilité, Kiya, la seconde épouse d'Akhenaton, donna un fils à Akhenaton. Or, d'après les blocs d'Hermopolis, nous savons que Toutankhamon était le fils d'un roi et probablement pas celui d'Aménophis III et de sa femme, trop âgée pour concevoir. Ce raisonnement aboutit à une conclusion délicate, certes, mais qui me paraît juste : Toutankhamon était le fils de Kiya et d'Akhenaton. Il est le seul enfant mâle royal que nous connaissions et qui ait pu naître durant les dix-sept années de règne d'Akhenaton. Sa mère était une épouse mineure du pharaon, ce qui explique son absence picturale aux côtés des filles de Néfertiti.

Ce n'est pas parce qu'il n'était pas présent sur les portraits officiels de la famille impériale que nous devons penser qu'il était négligé ou ignoré. Comme il n'existait vraisemblablement pas d'autre prétendant au trône, il arrivait juste après l'héritier présomptif, Smenkhkarê. Nous pouvons supposer que Toutankhamon jouissait de tous les avantages et de l'attention revenant à un membre de la lignée royale, qui pourrait un jour devenir pharaon.

Nous sommes à présent en mesure de reconstituer l'existence de Toutankhamon à Amarna. Né au cœur de la plus grande révolution religieuse que l'Egypte ait jamais connue, il commença sa vie dans une famille enthousiaste et dynamique, au sommet de sa gloire, baignant dans l'optimisme et l'excitation de ce nouveau mouvement, mais distante du reste de l'Egypte et de ses dieux traditionnels. Jeune enfant, il ne comprenait pas tout à fait les idées prêchées par son père, mais sentait bien que le roi était un chef important.

Il grandit dans la nursery royale, aux côtés de six princesses, ses demi-sœurs, toutes plus âgées que lui, sauf une. L'héritier présomptif, Smenkhkarê, probablement son frère ou demi-frère, était son aîné de plus de dix ans et vivait sans doute déjà seul. Toutankhamon commença d'apprendre à lire et à écrire vers quatre ans. La maîtrise des hiéroglyphes est plus complexe qu'il n'y paraît. Il ne s'agit pas de simples pictogrammes figuratifs : leur dessin n'a souvent rien à voir avec leur signification. Par exemple, la chouette représente non pas un oiseau mais le son M, tandis que le pied équivaut au son B. En fait, ces signes sont phonétiques, tout comme notre alphabet. Toutankhamon mémorisa d'abord les vingt-cinq lettres de base, puis se mit à étudier les centaines d'idéogrammes (caractères qui désignent un mot ou une idée).

Des heures entières étaient consacrées à l'écriture. Pour ce faire, l'élève utilisait un petit jonc dont il mâchonnait l'extrémité jusqu'à ce qu'elle se défasse et devienne molle, pour ressembler à un pinceau. La palette de scribe était une planchette rectangulaire de bois ou de pierre, comprenant des trous pour l'encre rouge et noire ainsi qu'une échancrure destinée aux pinceaux. La palette de Toutankhamon, retrouvée plus tard dans sa tombe, était découpée dans de l'ivoire et portait son nom. Pour écrire, il trempait le jonc dans une petite tasse d'eau puis dans l'encre et dessinait d'abord ses hiéroglyphes sur des fragments de poteries brisées en guise de brouillon, et ensuite sur du papyrus. L'idéogramme signifiant « écriture » combine tous les outils nécessaires à cet art :  la palette, la petite tasse et le pinceau en roseau. Toutankhamon s'entraînait en recopiant des extraits des anciens sages. Les maximes les plus fréquentes étaient destinées à améliorer l'esprit autant que la calligraphie. « Que ton nom parle pour toi tandis que ta bouche reste muette. » « Raconte ce que tu observes et non ce que tu entends. » J'imagine qu'en grandissant, Toutankhamon s'exerça à reproduire des prières à Aton.

Mais sa vie n'était pas seulement faite d'étude. Il allait sans doute nager dans le Nil avec ses sœurs et les autres enfants de la cour, sous l'œil vigilant des gardes royaux et des nourrices qui les surveillaient et les protégeaient contre les nombreux crocodiles du fleuve évoqués par l'un des célèbres poèmes d'amour de cette époque « Mon amour est sur une des rives du fleuve et moi sur l'autre, et il y a un crocodile sur le banc de sable ». Toutankhamon apprit à chasser le canard au moyen d'un petit arc conçu spécialement pour les bras courts des enfants, et adorait se cacher dans les roseaux pour guetter sa proie, souvent accompagné de l'une de ses sœurs. C'est un sport qu'il aima toute sa vie. Le jeune prince avait peu de soucis. Son frère aîné allait devenir roi, il n'avait donc ni la responsabilité ni le besoin de se former pour exercer des fonctions gouvernementales ou religieuses.

C'est sans soute vers l'âge de huit ans qu'il apprit à manier un char. Un conducteur chevronné dut l'accompagner pour l'aider à guider ses deux coursiers jusqu'à ce qu'il fût assez fort pour tenir les rênes seul. Avec son maître, il dut s'entraîner des semaines afin de parvenir à maîtriser l'art de manœuvrer sur des terrains rocailleux ou sablonneux. Mais cet entraînement n'avait pas pour objectif de le préparer à d'éventuelles batailles. Akhenaton ne prêtait aucun intérêt aux questions militaires. Il fallait seulement que son fils puisse donner l'image d'un homme viril, conduisant son véhicule sur la route royale lors des processions familiales.

Pourtant cet enfant choyé dut passer à côté de certaines choses dans sa formation. Son père avait juré de ne jamais quitter la ville. Il est donc improbable que le jeune garçon fût autorisé à voyager jusqu'au delta, à quatre cent cinquante kilomètres au nord d'Amarna, où l'on attrapait une quantité incroyable de canards et d'oiseaux, en se cachant dans des fourrés de papyrus si denses qu'à trois mètres de distance l'on ne se voyait pas. Là, les oiseleurs capturaient dans leurs filets une vingtaine de volatiles à la fois. Toutankhamon entendait sans doute parler de telles chasses miraculeuses, mais il ne pouvait y participer. On lui raconta sans doute des histoires sur Thèbes, la grande cité, dotée de temples encore plus grands que ceux d'Amarna, où son grand-père avait régné et où avait grandi son père. Mais il ne pouvait pas s'y rendre non plus. C'est là que vivaient les prêtres d'Amon, et récemment, son père y avait envoyé des serviteurs effacer le nom de ce dieu sur tous les monuments, y compris au sommet de l'obélisque de la reine Hatshepsout (l'édifice était toutefois si haut que les ouvriers, découragés, abandonnèrent l'idée, conscients que de toute façon, on n'y verrait que du feu).

Vers l'âge de huit ou neuf ans, Toutankhamon sentit probablement qu'un certain trouble régnait à la cour de son père. Le bureau des affaires extérieures recevait des lettres de contrées lointaines, bien au-delà des frontières d'Egypte, sur de petites tablettes d'argile aussi dures que de la pierre. Ces dernières, mesurant entre six et neuf centimètres de large et entre six et vingt-deux centimètres de long, étaient recouvertes d'une petite écriture cunéiforme tout à fait différente des hiéroglyphes qu'il avait appris.

Elles étaient rédigées en akkadien, la langue internationale de l'époque. Beaucoup de ces messages avaient été envoyés à l'Egypte par les rois de villes ou de pays étrangers, tels que Byblos (Liban), Ougarit (Syrie), l'Assyrie (Iraq) et le Hatti (Turquie). D'autres provenaient de vassaux demandant des faveurs du pharaon. Nombre d'entre eux exprimaient une certaine incompréhension : pourquoi le roi ne répondait-il pas à leurs requêtes ?

Dans une série de lettres, le loyal représentant d'Akhenaton à Byblos, Rib Addi, lançait ainsi des appels pressants et répétés à son Seigneur. Il en écrivit pas moins de soixante-quatre. Sa précédente correspondance avec Aménophis III, durant des temps meilleurs, révélait un homme doué d'un bon sens de la diplomatie, capable de gérer des affaires d'Etat avec dignité et fierté. Mais, au cours du règne d'Akhenaton, la position de Rib Addi à Byblos s'était considérablement affaiblie et le fidèle prince écrivit à maintes reprises à son pharaon pour lui raconter ses malheurs et lui demander d'envoyer ses troupes.

Qu'est donc Abdi Ashirta[I], serviteur et chien, pour prendre le pays de mon roi pour lui-même ?

... Aussi envoie-moi cinquante paires de chevaux et deux cents fantassins, de sorte que je puisse rester à Sigata[9]...

Voyant que les troupes n'arrivaient pas, il s'adressa au général égyptien Amanappa :

I. Roi d'Amourrou, royaume des Amorrites, à l'ouest d'Alep *(N.d.T.)*.

A Amanappa, mon père. Message de Rib Addi, ton fils :

Je tombe aux pieds de mon père...

Pourquoi as-tu été négligent, ne parlant pas au roi, ton seigneur, pour t'avancer avec tes archers...

Rends compte de cette affaire devant le roi, ton seigneur...

Afin qu'une troupe auxiliaire me soit envoyée en toute hâte[10].

Lorsque cette supplique resta sans réponse, Rib Addi écrivit de nouveau à Akhenaton :

Rib Addi dit à son seigneur, le roi de tous les pays,
Grand roi, roi du combat...
Je tombe aux pieds de mon seigneur, mon soleil,
Sept et sept fois.
Que le roi, le seigneur, sache que Gubla,
La servante loyale du roi, depuis le temps de ses
[ancêtres, est indemne.
Mais attention car à présent, après avoir pris Sigata,
Abdi Ashirta a dit aux hommes d'Ammiya :
« Tuez votre chef et puis vous serez comme nous et en
[sécurité. »
Ils furent gagnés, conformément à son message,
Et ils sont pareils au peuple de Gaza.
Et attention maintenant,
Car Abdi Ashirta a écrit aux troupes :
« Rassemblez-vous dans le temple de Nimit puis tom-
[bons sur Gubla... »
En conséquence, ils ont conclu une alliance entre eux,

Et en conséquence, j'ai très peur,
Car en fait, il n'y a personne qui me sauvera d'eux.
Comme un oiseau dans un piège, ainsi suis-je dans
[Gubla[11].

Son appel au secours fut vain. Rib Addi faillit être tué.

Un homme avec un poignard en bronze m'a attaqué,
Mais je l'ai tué...
Je ne peux pas sortir et j'ai écrit au palais,
Mais tu ne me réponds pas.
On m'a frappé neuf fois
En conséquence, j'ai peur pour ma vie[12]...

Face au désintérêt total affiché par le visionnaire religieux et idéaliste Akhenaton pour la gestion de son pays on ne peut que s'interroger sur le sort du pauvre Rib Addi.

Toujours est-il que Toutankhaton passa son enfance dans des circonstances privilégiées, disposant de tout ce qu'un petit garçon pouvait désirer, mais confiné dans les limites de la seule capitale. Tant que Smenkhkarê, son frère aîné, partageait le trône avec son père, on n'attendait pas grand-chose de lui. Sa vie était insouciante, peut-être vaguement troublée par le sentiment diffus que tout n'allait pas pour le mieux en Egypte. C'est alors que Smenkhkarê disparut et l'existence du petit prince prit un tournant radical : un jour, il serait roi. Deux ans plus tard, son père, le pharaon, expira, lui aussi.

Précédé dans la mort par ses épouses et son unique

fils d'âge mûr, Akhenaton était le dernier adulte de la famille royale et son décès laissa l'Egypte dans le désarroi. Il dut régner une grande confusion pour savoir ce qu'il fallait faire : par où commencer? qui devrait reprendre les rênes? Ankhesenpaaton et son demi-frère Toutankhaton, les uniques survivants de la lignée impériale, étaient encore enfants. La succession d'Akhenaton fut réglée presque par défaut. Le garçonnet de dix ans était le dernier descendant mâle du défunt roi ; lui seul pouvait devenir pharaon, et comme il n'était pas né de la grande épouse, il faudrait légitimer son droit à la couronne en l'associant au sang purement royal de sa demi-sœur. C'est ainsi qu'Ankhesenpaaton et Toutankhaton se marièrent et que le petit enfant chétif monta sur l'énorme trône d'Egypte.

Compte tenu du vide gouvernemental laissé par la mort d'Akhenaton et de l'énorme enjeu représentant le destin de l'Egypte, on imagine aisément la lutte acharnée pour le pouvoir des hauts fonctionnaires d'Amarna. Le couple héritier, aussi royal fût-il, était trop immature pour se charger des affaires du pays. Les courtisans les plus intimes du cercle impérial devaient avoir des visions aussi diverses que tranchantes quant aux mesures à prendre, maintenant que leur chef excentrique avait disparu. Plusieurs individus se jugeaient sans doute aptes à guider la nation et à la sortir de cette période précaire.

Ceux qui avaient le plus à perdre étaient pris de panique en voyant leur situation soudain mise en péril. Meryrê, le grand prêtre d'Aton, devait son importante fonction, son immense richesse et son prestigieux statut social, au rêveur qu'il avait suivi jusqu'à Amarna. Si l'on examine sa tombe, l'une des plus majestueuses de la nécropole, on peut imaginer les craintes qui le tourmentaient. Ses titres glorieux — « Flabellifère à la droite du roi », « Grand prêtre d'Aton », « Chancelier royal », « Prince héréditaire » et « Connu du roi » — témoignent de son rôle crucial dans la direction de la nation[13]. Les fresques de son sépulcre montrent la cérémonie au cours de laquelle Akhenaton le nomma grand prêtre d'Aton, le couvrant de somptueux colliers d'or. Meryrê était un personnage clé de la nouvelle religion et un proche du monarque. Il vivait sans doute encore lorsque ce dernier mourut dans la dix-septième année de son règne[14]. Il était donc aux côtés de l'enfant-roi pour prendre les décisions et le pousser à défendre et à pratiquer le culte instauré par son père.

Un autre noble, Panehésy, dut également soutenir cette position. Il était « Second prêtre du Seigneur du Double Pays », « Surintendant du grenier d'Aton », « Surintendant des bœufs d'Aton », « Chancelier septentrional du roi » et « Intime du roi »[15]. Bien qu'inférieur à Meryrê dans les questions religieuses, Panehésy administrait et contrôlait toutes les richesses liées à Aton et au clergé. Lui aussi est représenté sur les murs de sa tombe chargé de colliers en or et entouré de serviteurs portant les parures, bracelets et autres ornements prodigués par son seigneur[16].

Dans l'entourage du roi figurait également le prestigieux courtisan Ay, un contemporain du grand-père de Toutankhamon, Aménophis III. Au service de la maison royale depuis déjà deux générations, c'était peut-être le plus ancien du précédent régime à avoir suivi le chef hérétique dans sa quête illuminée. Il jouissait apparemment d'un statut supérieur à celui de tous les autres dignitaires de la cour. Les déclarations d'Ay et certains de ses agissements mettent en avant son caractère protecteur à l'égard du souverain et de sa famille ; au travers d'autres actes, pourtant, il se révèle comme un stratège doté d'une ambition démesurée, comme nous le verrons plus tard. A ce stade de notre enquête, nous pouvons affirmer une seule chose avec certitude : Ay était l'un des rares proches du petit pharaon ayant réellement connu un autre règne que celui d'Akhenaton.

C'était le fonctionnaire le plus haut placé du gouvernement. Sa tombe, la plus grande et la plus élaborée de celles de tous les nobles, énumère ses titres : « Flabellifère à la droite du roi », « Surintendant de tous les chevaux de Sa Majesté », « Scribe royal » et surtout « Père divin[I] ». Cette dernière qualification n'était accordée qu'aux intimes du pharaon (le dieu vivant) et pouvait même désigner un tuteur, assurant un rôle paternel auprès du monarque. « Surintendant de tous les chevaux de Sa Majesté » suggère un lien avec l'armée, mais, à l'époque d'Akhenaton, il ne s'agissait vraisemblablement que d'une fonction honorifique compte tenu de la négligence dont le corps militaire faisait l'objet.

L'épouse d'Ay, Tiy, occupait elle aussi une place prépondérante à la cour : c'était la nourrice de Néfertiti. Politiquement, ils formaient le couple le mieux introduit auprès du pouvoir d'Amarna. Tiy, en contact constant avec la reine, était au fait des détails internes du cercle monarchique. Quant à son mari, Ay, il avait la confiance du pharaon. Ensemble, ils étaient les yeux et les oreilles du palais. Les murs de la tombe d'Ay illustrent leur prestige : on y voit Akhenaton récompenser les époux et les couvrir de colliers d'or en signe de reconnaissance pour leurs services. Tiy se révèle ainsi la seule femme considérée comme un « Personnage digne de l'Or », donc dotée d'une influence individuelle considérable. Une inscription dans le sépulcre de son conjoint déclare fièrement :

J'ai été un homme honoré chaque jour par son seigneur, généreux dans ses faveurs d'année en année, en rai-

I. Ou « Père du dieu » *(N.d.T.)*.

son de la grandeur extraordinaire de mon excellence à ses yeux. Il multiplia ses faveurs à mon égard, comme autant de grains de sable; j'étais le premier des fonctionnaires, à la tête du peuple... Mon nom a pénétré dans le palais, en raison de mon utilité pour le roi, parce que j'ai entendu son enseignement[17].

Ces paroles ne sont pas celles d'un serviteur désintéressé de la famille. Elles reflètent une image de soi orgueilleuse, magnifiée et exagérée, entretenue par un homme qui savoure avec délice tous les attributs conférés par ses compétences exceptionnelles.

A deux reprises, Ay s'est fait représenter en compagnie de sa femme, recevant honneurs et bijoux des mains de pharaon. Dans l'une de ces scènes, un homme assis sur un tabouret demande à un jeune garçon quittant la cérémonie : « Pour qui se réjouissent-ils tous, petit? » et l'enfant de répondre : « Ils se réjouissent pour Ay, le Père du Dieu ainsi que pour Tiy. Ils ont été nommés Personnages dignes de l'Or (ill. 4). »

Mais un certain nombre d'indices nous portent à croire que les travaux sur la tombe d'Ay se sont arrêtés longtemps avant la mort d'Akhenaton, ce qui paraît assez curieux, pour ne pas dire trouble. Il existe plusieurs façons d'identifier une telle interruption. Parfois, une inscription indique le moment où le décor a été réalisé, par exemple « an 12 d'Akhenaton ». On peut aussi se baser sur les diverses déclinaisons du nom d'Aton. Avant l'an 9, on utilisait l'expression : « Rê Horakhty qui vit et se réjouit dans l'Horizon, en son nom Shou [de lumière] qui est dans Aton. » Mais par la suite, on désigna le disque solaire en ces termes : « Rê, le Père qui est revenu sous la forme d'Aton. » Une autre manière de dater une tombe est de compter le nombre de filles d'Akhenaton représentées sur les fresques. La quatrième apparaît autour de l'an 9, la cinquième autour de l'an 11, etc. Les murs de la tombe d'Ay comportent seulement l'ancienne forme du nom d'Aton et ne montrent que trois princesses dans les scènes de la famille royale. Il semble donc que les travaux aient cessé aux environs de l'an 8 du règne d'Akhenaton. Pourquoi? Peut-être que dès ce moment, Ay, grâce à sa position privilégiée et intime, se rendit compte que la situation n'était pas des meilleures dans la cité et comprit même qu'elle était vouée à l'échec. Il ne s'agit là que d'une pure spéculation; il semble clair néanmoins, qu'Ay n'ait pas eu l'intention de rester assez longtemps à Amarna pour y être enterré. Dès lors, une question se pose : quels projets avait-il donc pour son avenir?

Il fallait que quelqu'un dirigeât le pays à la place de Toutankhaton, au moins jusqu'à ce que l'enfant atteignît une maturité suffisante. Meryrê, Panehésy et Ay sont les trois fonctionnaires les plus susceptibles d'avoir imposé leur volonté à l'enfant-roi. Il est probable que tous trois l'ont conseillé. Mais lorsqu'ils étaient divisés sur des questions importantes, ce qui ne manquait sûrement pas d'arriver, qui dans ce cas avait le mot final? Qui détenait le véritable pouvoir derrière le trône? Meryrê, le grand prêtre d'Aton, avait le plus à perdre si le souverain abandonnait le culte du soleil. La richesse et la situation de Panehésy étaient elles aussi liées aux propriétés des temples; il incita sans doute également Toutankhaton à perpétuer la religion de son père. Tous deux ont donc certainement, dans leur propre intérêt sinon dans celui du pays, insisté pour qu'Amarna demeure la capitale religieuse et civile. Mais, parmi les trois régents possibles, celui qui occupait le plus haut rang et le seul à posséder le titre de « Père divin », à savoir Ay, n'était attaché ni à la nouvelle foi ni à la nouvelle capitale.

Presque immédiatement, toute incertitude fut levée

quant à celui qui dirigeait véritablement l'Egypte : la décision fut prise de retourner à Thèbes et de rétablir les anciens cultes. Des trois hommes forts d'Amarna, seul Ay opéra la transition vers le nouveau régime. Meryrê et Panehésy disparaissent tous deux de l'histoire; nous ne pouvons qu'imaginer ce qu'il advint d'eux. Bien qu'aucune inscription ne déclare explicitement qu'Ay soit devenu vizir d'Egypte, l'équivalent du Premier ministre, la plupart des égyptologues s'accordent pour lui attribuer ce rôle [18].

A présent qu'il avait le contrôle, Ay se retrouvait confronté à de puissants groupes d'intérêts tels que l'armée et le clergé, qui grognaient ouvertement contre l'état du pays. Son pouvoir s'exerçait à travers les deux très jeunes héritiers royaux. Sa première action fut donc d'annoncer la restauration de l'ancien régime en organisant le couronnement du nouveau pharaon à Thèbes, capitale religieuse traditionnelle de l'Egypte. Dès qu'il le put, il fit rebaptiser le couple impérial, transformant leurs noms en Toutankhamon et Ankhesenamon pour montrer leur lien avec le dieu Amon. Par ces deux mesures, il s'assurait le soutien des prêtres. L'armée attendait de voir quel serait son sort mais pouvait reprendre espoir puisque, au moins, l'isolement du roi dans la cité d'Amarna avait été rompu.

Lorsque Toutankhamon et Ankhesenamon partirent pour Thèbes, c'était la première fois qu'ils sortaient de leur ville natale. Ce voyage dut les distraire un peu du deuil de leur père et du tumulte ambiant. Tandis que le bateau avançait sur le Nil, ils virent les villageois se presser le long des rives, dans l'espoir d'apercevoir leurs nouveaux roi et reine. En arrivant à Thèbes, ces enfants, qui avaient grandi dans une cité isolée vénérant un seul dieu, se sentirent sans doute désorientés face à la métropole frénétique, avec sa multitude de temples et son panthéon étourdissant. Ces orphelins, arrachés à la seule terre qu'ils avaient connue et sur le point d'abjurer leur foi, durent alors traverser un moment terriblement éprouvant.

Ay et son épouse Tiy ont sans doute reconnu les lieux, mais cela faisait plus de douze ans qu'ils avaient quitté Thèbes et la ville, moins prospère, ne brillait plus de son orgueilleuse splendeur. C'était devenu un endroit plus sinistre et dangereux. Le couple impérial se heurta sans doute à des regards suspicieux, voire hostiles. Quel contraste avec les visages adorateurs des simples fermiers croisés en chemin ! Toutankhamon et sa femme durent se raccrocher l'un à l'autre, se tenant par la main pour avoir moins peur et se demandant ce qui les attendait dans ce monde effrayant et vaste. Nous savons, par des portraits et des inscriptions, qu'entre eux était né un amour authentique, sans doute nourri par les expériences précoces et difficiles qu'ils avaient vécues ensemble (ill. 6).

On les installa dans l'ancienne résidence somptueuse de leur grand-père, Aménophis III. Aucun roi n'y avait résidé depuis près de vingt ans. Les préparatifs de leur arrivée se firent sans doute dans la hâte et la fébrilité, ouvriers et artisans se dépêchant de remettre en état les bâtiments dégradés. Les murs étaient faits de briques de terre recouvertes de plâtre et superbement ornementés de motifs peints élaborés. Le grand palais était un lieu tentaculaire, avec des jardins agrémentés de lacs et de spacieux appartements destinés à la Grande Epouse, aux femmes, aux concubines et aux enfants du pharaon. C'est là que le père de Toutankhamon avait passé sa jeunesse, alors qu'il s'appelait encore Aménophis IV. A l'époque, Ay devait s'y rendre fréquemment. Toutankhamon et Ankhesenamon entendirent sûrement d'incroyables histoires, racontées par d'anciens serviteurs qui leur parlaient de leur grand-mère, la reine Tiyi, et de son fabuleux lac artificiel, ainsi que de leur grand-père, Aménophis III, alors considéré comme le plus grand bâtisseur de tous les temps. On leur décrivit certainement les tributs des peuples étrangers défilant devant le palais, et notamment les animaux exotiques — les autruches ou les girafes — que les enfants n'avaient encore jamais vus. Comparée à cette gigantesque demeure, débordante d'activité, au centre d'un univers encore plus vaste, Amarna n'avait été qu'une tour d'ivoire retranchée et confinée. Le jeune couple devait absorber une quantité d'informations considérable en un temps très court s'il voulait survivre.

Puis vint le jour du couronnement. Toutankhamon se tenait à l'entrée du temple de Karnak, le plus grand édifice qu'il ait jamais contemplé. Cette porte monumentale donnait sur une cour, où s'étaient rassemblés des milliers de prêtres dévoués au dieu que son père avait banni. La foule de Thébains massée à l'extérieur pouvait enfin apercevoir pour la première fois le nouveau roi qui, elle l'espérait de tout cœur, permettrait à l'Egypte de retrouver son bien-être d'autrefois.

Toutankhamon fut d'abord purifié par les eaux sacrées, contenues dans quatre vases d'or. A présent, il pouvait pénétrer dans la maison des dieux. La procession avançait lentement. Il passa devant les obélisques de ses ancêtres, Thoutmosis Ier et Hatshepsout, puis devant le sanctuaire érigé par Thoutmosis III, s'arrêtant en différents lieux pour y accomplir des rituels et réciter des prières. On lui présenta les couronnes de la royauté — la blanche de la Haute Egypte puis la rouge de la Basse Egypte —, que l'on plaça successivement sur sa tête. Il devenait ainsi le « Seigneur du Double Pays », « Roi de Haute et de Basse Egypte ». On lui remit ensuite le Khépresh bleu, parfois aussi nommé « Couronne de guerre », faisant ainsi de lui le chef des armées (ill. 5).

Ces coiffes impériales étaient censées posséder des propriétés magiques et conférer l'invincibilité à quiconque les portait. Il n'en existait probablement qu'une seule de chaque sorte, se transmettant d'un pharaon à l'autre, le jour du couronnement. En effet, aucune d'entre elles n'a été retrouvée lors de fouilles — c'étaient les seuls attributs royaux que les souverains n'étaient pas autorisés à emporter avec eux dans leur tombe.

Après un long cheminement à travers ce dédale jalonné de sanctuaires, le cortège aboutit enfin au trône d'enfant recouvert d'or, spécialement confectionné pour Toutankhamon. Là, on lui présenta les emblèmes de son autorité, le sceptre (en forme de houlette) et le chasse-mouches (sorte de fléau), symbolisant respectivement son rôle de berger et de maître. Dans sa tombe, on en trouva deux exemplaires de chaque, les uns plus petits, conçus pour le couronnement du jeune monarque, les autres de taille normale, destinés à un pharaon adulte. Les premiers portaient le nom d'Aton, dernier rappel de la vie que Toutankhamon laissait derrière lui.

Lorsqu'il s'assit sur le trône pour la première fois, le grand prêtre d'Amon récita ses cinq titres royaux :

1. le nom d'Horus, qui l'associait au dieu-faucon : « Horus, Taureau Puissant dont les Images sont revenues à la vie » ;
2. le nom des Deux Maîtresses, reliant le pharaon à la déesse-cobra et à la déesse-vautour[I] : « Celui dont les Lois sont Bonnes et qui Pacifie tous les Dieux » ;
3. l'Horus d'Or, une fois de plus en référence à cette divinité : « Celui qui rallie l'Ordre Divin et qui Satisfait les Dieux » ;
4. le Prénom, c'est-à-dire le premier des deux noms écrits dans son cartouche (médaillon ovale symbolisant la royauté), précédé par les hiéroglyphes d'une abeille et d'un jonc, symboles de la Haute et

I. Il s'agit respectivement des déesses Outo et Nékhbet *(N.d.T.)*.

de la Basse Egypte : « Rê se manifeste sous la forme du Seigneur » ; « Seigneur de l'Etre de Rê » (Nebkhepérourê) ;

5. le Nom, à savoir le second patronyme, précédé par l'expression « Fils de Rê », confirmant que le roi descendait bien du dieu-soleil : « Toutankhaton, Image Vivante d'Aton » (à cette époque, il n'avait pas encore changé de nom)[I].

A présent doté de ses titres complets, Toutankhamon était officiellement pharaon d'Egypte. La procession se remit en marche vers le pylône d'entrée ; la cérémonie était terminée. Lors de son retour au palais, où aurait lieu une célébration plus somptueuse et divertissante, le nouveau roi fut acclamé par des gens, festoyant et se réjouissant dans les rues, auxquels on avait généreusement distribué du pain et de la bière. Chanteurs et musiciens, jouant d'instruments divers ou frappant dans leurs mains, accompagnaient les danseurs, qui avaient lesté de poids leur chevelure pour souligner les mouvements de leur tête. On peut s'imaginer l'excitation de Toutankhamon et d'Ankhesenamon lorsqu'ils partageaient leurs impressions sur le couronnement et sur toute cette pléiade de dieux et de rituels fantastiques. Ils durent être éblouis par les murs des temples regorgeant d'images de créatures étranges aux corps d'hommes et aux têtes d'animaux — lionnes, fau-

---

I. Dans son ouvrage *Thèbes ou la Naissance d'un empire*, Claire Lalouette énumère les titres de Toutankhamon de la façon suivante :

Horus : « Taureau puissant aux belles renaissances » ;

Les Deux Maîtresses : « Celui dont les lois sont parfaites et qui apaise le Double Pays » ;

Horus d'or : « Celui dont les apparitions refleurissent et qui satisfait les dieux » ;

Roi de Haute et de Basse Egypte : « Rê est le seigneur des devenirs (Nebkhepérourê » ;

Fils de Rê : « Toutankhamon, prince d'Hermonthis » *(N.d.T.)*.

cons ou béliers. Pourquoi les pharaons représentés sur les fresques leur offraient-ils de l'encens et de la bière ? Leur père n'aurait jamais fait une telle chose. Malgré toute la grandeur de Thèbes, les deux enfants éprouvèrent probablement une certaine nostalgie et regrettèrent l'atmosphère plus familière et plus tranquille d'Amarna. La cité d'Amon leur paraissait sans doute trop grande et trop complexe.

Après une courte période, les jeunes roi et reine retournèrent effectivement à Amarna mais n'y restèrent qu'environ un an. L'enthousiasme, déclenché par le culte d'Aton et l'illumination de leur père, s'était dissipé : la ville avait perdu son âme. On avait exclu toute possibilité de réconcilier les deux tendances religieuses opposées ; l'une d'elles devait être écartée si l'on voulait réunifier l'Egypte. A présent, le couple impérial avait porté le deuil assez longtemps et il avait appris qu'Amarna n'était pas le monde. Les époux changèrent de nom pour confirmer la réhabilitation d'Amon. Désormais, ils s'appelaient Toutankhamon et Ankhesenamon.

Au bout de deux ans, toute la cour et le gouvernement avaient déménagé à Thèbes. L'ancienne religion fut totalement rétablie. Privée de tout soutien et de toute raison d'exister, la ville sainte d'Akhenaton fut virtuellement abandonnée et son disque solaire sombra dans l'obscurité. Mais peu d'Amarniens purent revenir à Thèbes. Les prêtres d'Aton furent sans doute obligés de rester dans leur cité, à moins de se convertir. Les anciens courtisans craignaient, avec raison, d'affronter une trop grande hostilité dans toutes les autres villes, pour avoir participé à la politique tant détestée du roi visionnaire. Aucun de leurs noms ne figure d'ailleurs dans les archives de Thèbes.

Parmi les hauts fonctionnaires d'Akhenaton, il semble qu'Ay fût le seul à pouvoir se distancer de l'hérésie et reprendre sa carrière. Il guidait la politique de Toutankhamon et l'orientait dans la bonne direction. Certains se montraient méfiants à son égard, mais le clergé accueillit de façon très positive la restauration du culte d'Amon et des temples. Les critiques à l'encontre d'Ay se réduisirent à mesure que les sceptiques constataient le retour aux anciennes traditions. Sous l'influence de ce sage conseiller, le pharaon semblait faire un parcours sans faute. L'équilibre était certes fragile mais Ay était un maître de la corde raide. Il avait su gagner la confiance de son jeune seigneur et l'admiration de ses prêtres et il pouvait réellement être fier de son « excellent » travail.

Le rêve d'Amarna ayant tourné au vinaigre, les citoyens ordinaires abandonnèrent massivement la cité pour s'installer à Thèbes, créant en l'espace d'une nuit une ville fantôme dans laquelle erraient sans but les prêtres d'une religion obsolète et des courtisans sans cour. On peut deviner l'état d'esprit de la population amarnienne à l'époque de cet exode en examinant ce que les habitants laissèrent derrière eux. En 1912, l'expédition allemande à Amarna, dirigée par Ludwig Borchardt, fit une découverte spectaculaire en déblayant des gravats de la maison et de l'atelier où travaillait jadis un maître sculpteur nommé Thoutmosis. Dans un entrepôt fermé, les archéologues trouvèrent de superbes fragments de statues inachevées au moment de la migration collective, parmi lesquels se trouvait le fameux buste de Néfertiti. Il paraît aujourd'hui inconcevable que l'artiste n'ait pas jugé utile d'emporter un tel chef-d'œuvre. Cet oubli ne peut se justifier que d'une seule manière : les pionniers déchus ne voulaient plus jamais se remémorer l'ère qu'ils avaient contribué à créer.

Akhenaton fut déclaré hérétique. Moins de quinze ans après sa mort, des équipes d'ouvriers furent envoyées à Amarna pour démanteler les temples, dont les blocs seraient réutilisés pour d'autres projets de construction. La ville fut entièrement rasée. Ce qui avait jadis été une oasis de beauté au cœur d'une étendue aride, devint une cité perdue dans le désert. La brève idylle avec Aton était révolue, le monothéisme ne reviendrait pas dans la Vallée du Nil avant mille cinq cents ans. L'Egypte avait démontré qu'elle ne tolérerait pas de changement dans sa religion ni dans le rôle de son pharaon, en tout cas pas avant les mille années à venir, c'est-à-dire pas avant de perdre sa place prédominante dans le monde.

L'hérésie d'Amarna constitua une rupture unique et singulière, un événement jamais égalé dans l'histoire de cette civilisation, tellement ancrée dans ses traditions. Les graines de la révolution prennent souvent racine dans la pauvreté et le mécontentement ; ce mouvement naquit de la prospérité. La plupart des bouleversements qui secouent les fondations politiques se font dans la violence ; celui initié par Akhenaton fut pacifique. Ce rêve put se réaliser, du moins momentanément, parce que le visionnaire qui l'avait conçu possédait le pouvoir mirifique d'un pharaon. Son utopie faillit bien réussir, mais le roi mourut trop tôt et son décès marqua la fin de ce qui aurait pu être un tournant crucial dans l'évolution du monde. Aujourd'hui, le monothéisme nous paraît si familier qu'il est difficile d'imaginer à quel point cette idée paraissait novatrice et déroutante pour les habitants de la Vallée du Nil. Durant deux mille ans, les Egyptiens avaient adoré de multiples divinités, dont l'importance fluctuait selon les époques et qui pouvaient parfois fusionner entre elles. Mais jamais on ne se permettait d'en évincer aucune. Souvent même, des idoles étrangères étaient intégrées et assimilées au panthéon égyptien. Compte tenu de la multitude de dieux, on n'en était plus à un ou deux près. Au contraire, pourquoi prendre le risque d'en exclure un qui puisse être puissant ? Il n'y avait aucune raison de choisir une divinité unique alors que la diversité convenait si bien. Le monothéisme forçait les gens à adopter un mode de pensée qui semblait déraisonnable, voire contraire à la nature. Même Akhenaton ne comprit pas le grand danger de cette doctrine : elle créait la dissension. Dès lors qu'il n'y a qu'un seul dieu, ceux qui ne l'acceptent pas ont tort. Le monothéisme crée une barrière entre « nous » et « eux », entre croyants et non-croyants, divisant les peuples et les nations. Les pays polythéistes n'ont jamais fait la guerre pour imposer un dieu plus vrai que les autres. En revanche, on ne compte plus les massacres perpétrés au nom des religions juive, chrétienne et musulmane. Akhenaton n'avait pas mesuré toute la portée et les conséquences de sa réforme.

Lorsqu'une idéologie, aussi attrayante et progressiste soit-elle, ne peut s'appliquer que dans l'intolérance, l'histoire démontre qu'au moment où le régime instauré périclite, ses plus fervents adeptes ont tendance à rejeter le passé. Ils désavouent leurs croyances et sont souvent les premiers à détruire les emblèmes, à abattre toutes les statues. C'est ce qui se produisit en Egypte. Les gens nièrent en bloc avoir jamais participé au mouvement initié par Akhenaton. Ils changèrent même de nom pour s'assimiler plus facilement; un citoyen qui s'appellerait Atonemheb — « Aton est en fête » — n'aurait jamais été accepté dans la société thébaine. C'est pourquoi tant de questions concernant cette période demeurent sans réponses. Les anciens habitants d'Amarna ne conservèrent aucun objet leur rappelant l'hérésie. Même le magnifique buste de Néfertiti fut laissé sur place : personne n'en voulait.

L'homme qui avait dirigé cette révolution ne repose pas en paix, dans sa dernière demeure. Peu après l'abandon de la cité, toutes les tombes furent profanées, dévalisées pour les trésors qu'elles contenaient. Les dépouilles de Néfertiti, de Kiya et des cinq princesses mortes à Amarna, n'ont à ce jour jamais été retrouvées. Comme le corps d'Akhenaton, leurs cadavres ont sans doute été complètement lacérés et détruits.

6

RETOUR À THÈBES

« Prends une femme tant que tu es jeune,
Qu'elle soit ton épouse,
Qu'elle enfante pour toi tant que tu es jeune,
Il est bien de faire des enfants. »
Le scribe Any
(Env. 1400 av. J.-C.).

Toutankhamon avait accédé à un trône branlant, vacillant sous le poids des négligences et des divisions générées par le règne de son père. Conscients de l'affaiblissement du pays sur le plan international, ses voisins étrangers étaient devenus méfiants. Les tribus confédérées de Nubie, entre autres, joignirent leurs forces afin de se libérer de la domination égyptienne. Elles interceptèrent les chargements d'or et attaquèrent les avant-postes militaires du sud, saccageant et brûlant tout sur leur passage. A l'ouest, les pays de « l'Asie » (c'est ainsi que l'on désignait cette région à l'époque) avançaient une excuse après l'autre pour manquer à leur parole et ne pas payer leur tribut, privant par là l'Egypte de denrées indispensables. La revitalisation de l'économie nationale dépendait de la reprise du contrôle sur « l'Asie » et la Nubie pour leurs marchandises irremplaçables. Telle serait la priorité de la nouvelle administration : s'assurer des ressources nécessaires au bon fonctionnement du pays, qui permettraient par la suite de reconstruire les temples, victimes à la fois du laisser-aller et du fanatisme religieux inhérents au régime précédent. Le maître mot du gouvernement de Toutankhamon serait : Restauration.

La première chose à faire était de réorganiser l'armée qui languissait depuis des années sans but, servant principalement de garde personnelle à Akhenaton à Amarna. Cela faisait longtemps que les troupes n'avaient marché ni vers le nord sur la Syrie, ni vers l'ouest sur la Libye, ni vers le sud sur la Nubie, pour guerroyer et conquérir des territoires et des tributs. Il fallait augmenter les effectifs, entraîner les hommes, équiper l'infanterie de lances, arcs et flèches, boucliers de cuir, doter la charrerie (le corps d'élite égyptien) de chevaux, de chars, de harnais et d'ornements. Un effet secondaire de cette rénovation serait la création de centaines d'emplois pour les artisans. Ainsi le pays retrouverait sa prospérité.

Pour sa reconstruction, l'Egypte avait besoin de bois du Liban, mais les échanges avec cette contrée, jadis florissants, étaient devenus pratiquement inexistants. Les meilleurs rondins de cèdre allaient à d'autres voisins plus persuasifs. Il faudrait trouver d'habiles négociateurs pour rétablir ce commerce lucratif. Avec le soutien d'une force militaire à nouveau dissuasive, ils pourraient obtenir les accords les plus avantageux. L'armée était donc la clé de tous les problèmes, mais sa restructuration coûtait cher.

Les bureaux de Memphis furent rouverts, leurs services dépoussiérés, réorganisés et remis en activité. Pendant qu'Akhenaton se perdait dans son propre monde à Amarna, la grande bureaucratie de l'Egypte s'était détériorée. Les impôts étaient encore collectés, mais des inscriptions suggèrent que la corruption régnait dans tout le système et que les percepteurs extorquaient du grain aux fermiers pour leur propre compte. Un groupe entièrement nouveau de fonctionnaires et de ministres serait nommé pour assurer la bonne gestion de l'administration.

Toute l'histoire de la civilisation égyptienne repose sur deux constantes : le fleuve et la terre. Ces sources naturelles de richesses avaient toujours assuré leur mission et ne failliraient pas cette fois non plus. On pouvait cultiver et récolter comme avant et les collecteurs d'impôts seraient, on l'espérait, honnêtes. Moyennant une surveillance constante et une vigilance scrupuleuse, les gouverneurs locaux pourraient reprendre leurs responsabilités et réformer les structures fiscales de façon équitable.

Une fois que les tributs et les produits importés afflueraient de nouveau dans le pays, les temples et les sanctuaires bannis par Akhenaton seraient réhabilités, les chapelles dédiées aux dieux reconstruites et les idoles en or restaurées. Les artisans recommenceraient à mouler et à sculpter des statues par milliers. Thèbes retrouverait son rôle de capitale religieuse du grand dieu Amon. Tout reviendrait à la normale. Mais cela demandait des années d'efforts et beaucoup de moyens.

La complexe interdépendance entre les divers éléments indispensables à la reconstruction — une armée forte et une collecte efficace des impôts pour obtenir le capital nécessaire — dépassait de loin la compréhension d'un pharaon de onze ans. Il avait besoin de l'aide de personnes très compétentes. La nature fournirait ses ressources, son nouveau cabinet, les conseils déterminant l'orientation du pays durant la décennie suivante, en attendant que Toutankhamon et Ankhesenamon grandissent. Bien sûr, les jeunes époux royaux ne restaient pas dans l'ombre : ils consacraient des temples, officiaient lors de fêtes, commandaient des œuvres et des travaux de restauration, accueillaient les dignitaires étrangers et assistaient aux banquets. Mais ce n'étaient que des enfants qui avaient encore beaucoup à apprendre.

A mesure que le temps passait, Toutankhamon mûrissait et cernait de mieux en mieux toutes les implications de sa fonction suprême. Aucune raison ne porte à croire qu'il n'accepta pas volontiers cette tâche. Progressivement, il assumait davantage de responsabilités. Il convoquait des réunions avec les dignitaires, les vizirs de la Haute et de la Basse Egypte, les surintendants du Trésor, des travaux royaux et de l'Armée, posant des questions sur tous les aspects et toutes les régions de son royaume. Le pays était vaste et le jeune pharaon ne pouvait garder l'œil sur tout ce qui se passait, ce qui laissait un pouvoir immense à ses fonctionnaires. Il était essentiel qu'ils soient fiables et justes. Comme le disait un proverbe ancien : « A bon roi, vizir loyal. »

Le nouveau souverain montra au peuple qu'il comprenait les épreuves traversées par ses sujets. Une stèle de deux mètres cinquante de haut fut gravée et consacrée devant le temple de Karnak. Rédigée pour Toutankhamon par un auteur inspiré, elle constitue véritablement le premier discours de campagne politique dans l'histoire. En haut de cette pierre, sculpté en relief, on voit le pharaon faire des offrandes et présenter de l'encens à Amon. Même si l'on ne savait pas lire les hiéroglyphes, le message était clair : c'était un retour à l'ancien panthéon. Que de changements par rapport au régime précédent ! Dans le texte ci-dessous, Toutankhamon déplore l'état désastreux dans lequel il a trouvé les temples d'Egypte et décrit les efforts entrepris pour leur rendre leur gloire passée[1].

Lorsque Sa Majesté apparut en roi, les temples des dieux et des déesses, depuis Eléphantine jusqu'aux marais du Delta... étaient tombés en ruines.

Leurs chapelles étaient dévastées, devenues des endroits déserts où poussaient les plantes *rata*.

Leurs sanctuaires étaient comme s'ils n'avaient jamais existé; leurs salles étaient un chemin que l'on foulait au pied.

Le pays était dans la détresse car les dieux l'avaient abandonné...

Sa Majesté s'occupait des affaires du pays et du gouvernement quotidien des Deux Rives.

Il délibéra alors (en lui-même), prenant conseil de son cœur, recherchant quelque action bénéfique, se préoccupant de ce qui pourrait être utile à son père Amon, en sculptant (par exemple) son image sacrée en or fin véritable...

Il augmenta toutes les réserves des temples, les doublant, les triplant, les quadruplant, à savoir : l'or, l'argent, le lapis-lazuli, la turquoise, les pierres précieuses, le lin royal, les vêtements blancs, le lin le plus fin, l'huile d'olive, la résine, les onguents, l'encens, la myrrhe : il n'y avait pas de fin à toutes les bonnes choses...

Alors le cœur des dieux et des déesses qui résident en ce pays fut dans la joie.

Les possesseurs des chapelles se réjouissaient.

Les Rives criaient et exultaient.

Un bonheur éclatant se répandait à travers le pays tout entier, car une situation heureuse était survenue.

Dans ce passage, Toutankhamon reconnaît clairement que, sous le règne de son père, « le pays était dans la détresse », que les temples, du nord au sud, étaient « tombés en ruines ». Mais il ne se borne pas à soulever les problèmes religieux. Il fait ressortir le cœur même du malaise égyptien : l'armée laissée à l'abandon. Ce texte constate que durant des années, toute expédition militaire en Syrie

« ne remportait aucun succès ». Il ne s'agit pas d'une simple proclamation mais d'un plan d'action : réorganiser l'armée, restaurer la richesse du pays et ouvrir à nouveau les sanctuaires.

En outre, la stèle affirme, de façon subtile mais incontestable, la fin de l'isolationnisme qui avait marqué l'époque d'Akhenaton et d'Amarna. Tandis qu'elle mentionnait le pharaon, assis sur son trône dans le palais de Memphis — où elle fut probablement écrite —, on décida de l'ériger à Thèbes. Cela montre à quel point les choses avaient évolué. A présent, le souverain régnait vraiment sur la Haute et la Basse Egypte, c'est-à-dire sur le pays entier.

Toutankhamon avait environ onze ans lorsque la Stèle de Restauration, comme on l'appelle aujourd'hui, fut gravée. Ces paroles n'étaient vraisemblablement pas de lui, mais correspondaient exactement à ce que les Egyptiens et le clergé d'Amon voulaient entendre. Leurs temples seraient réhabilités, le culte des dieux rétabli. Mais une promesse n'est pas un acte et chaque déclaration de Toutankhamon dut être accueillie dans le doute. Pour agir, il fallait une administration efficace et intelligente. En effet, qui allait mettre en application tous ces merveilleux projets ?

Les hauts responsables étaient des hommes nouveaux et indépendants de l'époque d'Amarna. Ay dut jouer un rôle crucial dans leur recrutement et il les choisit bien. Maya, le nouveau trésorier, fut essentiel dans le plan de restauration. Nous savons beaucoup de choses concernant la politique interne du gouvernement sous le règne de Toutankhamon, car Maya inscrivit son autobiographie sur les murs de sa tombe. Il était chargé de collecter les impôts, de superviser leur enregistrement dans la trésorerie royale, puis de décider de leur redistribution. Il supervisait même le moulage des statues en or pour les temples. De son bureau à Memphis, il envoyait une armée de scribes dans tous les nomes (provinces) d'Egypte pour recenser la quantité de grain prélevée auprès de chaque fermier.

Les paysans n'étaient pas imposés sur ce qu'ils récoltaient, mais sur une estimation de leur rendement, fixée au moyen des Nilomètres. Ces derniers étaient des pierres installées le long des rives du Nil, indiquant le niveau le plus haut des crues chaque année, dans toutes les régions. A partir de cette donnée, les fonctionnaires évaluaient la production de grain par hectare. Les fermiers devaient donc verser une certaine proportion de leur récolte *théorique*. Ainsi, les collecteurs d'impôts ne se souciaient-ils pas des éventuelles dissimulations de revenus. Si un champ n'avait pas produit autant que l'on en attendait, son propriétaire devait, quoi qu'il advienne, payer intégralement la part préalablement calculée. Si, en revanche, ce dernier travaillait avec diligence et obtenait une moisson supérieure à l'estimation du Nilomètre, l'excédent lui appartenait totalement.

Le travail de Maya était d'autant plus difficile que l'argent n'avait pas encore été inventé. Le grain était collecté, transporté vers les entrepôts royaux, compté et stocké. Lorsqu'un ordre de débours arrivait à son bureau, la marchandise était pesée, comptée, livrée et recomptée à son arrivée. Une armada de scribes travaillait sous la direction de Maya tout le long du Nil. Son frère même, Nahouher, était un « scribe royal », ce qui indiquait non pas qu'il recevait ses ordres du pharaon mais qu'il travaillait pour le Trésor royal. Finalement, il y eut tellement de « scribes royaux » que ceux qui exerçaient réellement au palais furent désignés comme les « vrais scribes royaux ».

La tombe de Maya se trouve à quelques kilomètres de Memphis, dans le cimetière antique de Saqqara, où se dresse la première pyramide, construite plus de mille ans plus tôt. A l'époque de Toutankhamon, la nécropole était devenue un site touristique pour les Egyptiens. En ces temps difficiles, on pouvait s'y promener pour se remémorer les jours meilleurs. C'est pourquoi Maya adressa l'autobiographie gravée sur son sépulcre à « ceux qui viennent et qui veulent se divertir dans l'Occident et déambuler dans le secteur de l'éternité[2] ». Il était fier du rôle qu'il jouait dans la reconstruction de l'Egypte et résumait sa carrière en ces termes : « Au début, j'étais bon ; à la fin, j'étais brillant. »

Mais il fallait payer pour toutes ces réalisations : la réouverture des temples, le moulage de nouvelles statues en or et le soutien de l'armée. En l'an 8 du règne de Toutankhamon, Maya reçut l'ordre « d'imposer tout le pays et d'instaurer des offrandes divines pour tous (les dieux) du pays d'Egypte[3] ». Le pharaon, alors âgé de presque dix-huit ans, eut peut-être une longue discussion avec Maya concernant le niveau du Nilomètre cette année-là, et les revenus que l'on pouvait espérer en contrepartie. Ay a sans doute participé à cette réunion, guidant subtilement son orientation. Certes, personne ne se réjouissait d'une augmentation des impôts, mais du moins, les fermiers savaient que leurs versements servaient à restaurer les temples et à fabriquer les nouvelles effigies des dieux. Leurs récoltes n'allaient plus à une cité qu'ils n'avaient jamais vue, pour honorer une divinité qu'ils n'adoraient pas et un pharaon qu'ils ne comprenaient pas.

A quelques pas de la tombe de Maya se trouve celle d'un de ses contemporains, tout aussi important dans la reconstruction de l'Egypte, mais dans un domaine différent. Tandis que le trésorier passait son temps à compter « l'argent » de l'Etat, le général Horemheb, quant à lui, s'assurait qu'il y eût quelque chose à compter.

Ce personnage, qui avait accédé à la fonction de chef des armées de Toutankhamon, s'était fait tout seul. Originaire de Hiéraconpolis, la ville septentrionale du dieu-bélier Herishaf[I], il avait vraisemblablement commencé sa carrière militaire dans l'infanterie, à la fin du règne d'Aménophis III ou au début de celui d'Akhenaton. Le jeune soldat, qui gravissait les échelons un à un, grade par grade, dut ressentir un certain découragement à servir durant une époque sans guerre, sans occasion de se distinguer à la bataille. Pourtant Horemheb persévéra. C'était sans doute un homme déterminé, doté de l'assurance et de l'autorité requises pour commander. A présent dans la force de l'âge, il occupait une place cruciale dans l'administration du jeune monarque. En tant que chef militaire, c'est lui qui allait réaffirmer le contrôle de l'Egypte sur l'Asie occidentale et sur la Nubie. Grâce aux fonds pourvus par Maya, Horemheb recruta, équipa et entraîna ses hommes, et l'armée put enfin marcher sur la Nubie pour la soumettre. De nouveau, la quantité d'or nécessaire au commerce afflua dans les caisses du pharaon. Il restait à conquérir la Syrie-Palestine, tout aussi vitale pour le bien-être du pays. Dépourvue de forêts, l'Egypte avait désespérément besoin des rondins de cèdre du Liban afin de construire ses bateaux ainsi que les grandes portes des temples et leurs mâts à banderoles — dont s'inspire d'ailleurs le hiéroglyphe du mot « dieu », 𓊹.

Bien sûr, nous ne pouvons pas savoir quand se tenaient les réunions du gouvernement, ni si elles se déroulaient à Thèbes ou à Memphis. Mais nous pouvons imaginer le souverain adolescent, presque un homme, impatient d'assumer ses responsabilités et de diriger le pays. En attendant de pouvoir le faire seul, il consultait son trésorier Maya, son général Horemheb et son fidèle conseiller Ay, pour prendre ses décisions. Le régiment devait-il attaquer en premier la Libye, plus faible, afin d'entraîner les nou-

---

I. Dieu du ciel dont le soleil et la lune forment les yeux *(N.d.T.)*.

velles troupes avant la grande campagne de Syrie ? Ou était-il plus judicieux de lancer une première offensive sur la Nubie pour récupérer de l'or ? C'est lors de telles discussions qu'étaient abordés les détails de la reconstruction de l'Egypte. J'imagine que les « Trois Grands » — Maya, Ay et Horemheb — travaillaient chacun de façon différente. Maya, confortablement installé dans son bureau, était entouré de rouleaux de papyrus et de scribes allant et venant pour lui communiquer le montant des pertes et profits. Il était le comptable, conservateur et méticuleux, toujours au cœur des choses, celui qui comprenait les finances du pays.

Ay, quant à lui, était le politique. Il œuvrait au calme, dans les coulisses, et orchestrait les faits et gestes des autres acteurs. Peut-être continuait-il, comme à Amarna, d'être les yeux et les oreilles du palais, restant proche de Toutankhamon, interceptant tous ceux qui désiraient être entendus du roi. Une ancienne maxime égyptienne dit : « Ne révèle pas ton cœur à un étranger, il pourrait utiliser tes paroles contre toi. » Cette phrase s'applique bien à Ay. Nous commençons à comprendre quel homme ambitieux il était. Un petit fragment de feuille d'or, découvert dans la Vallée des Rois[4], porte une inscription dévoilant une facette intéressante de sa personnalité. Estampée sur cette feuille, une scène représente Toutankhamon exhibant la posture traditionnelle du héros conquérant, saisissant un captif libyen par les cheveux, prêt à le frapper avec un poignard. Derrière le roi figure Ankhesenamon, sa compagne. Traditionnellement, on aurait placé devant le pharaon la divinité à laquelle l'ennemi était offert en sacrifice. Mais sur ce fragment, provenant probablement d'un meuble de la tombe d'Ay, c'est ce dernier qui se tient devant le roi, à la place normalement réservée au dieu. Il s'était érigé, de façon peu subtile, à un rang divin et apparaît ici comme un homme pris de folie des grandeurs.

Horemheb était différent. Bien que lui aussi un acteur essentiel dans le plan de revitalisation du pays, il ne se trouvait ni au cœur des choses, ni à tirer les ficelles dans les coulisses. Comme Ay, il était ambitieux mais se montrait plus direct dans ses manœuvres. Si une campagne était décidée et approuvée, il se mettait en marche. Son intendant lui soumettait une liste d'équipement nécessaire — des haches de guerre en bronze, des arcs, des flèches, des boucliers, des sandales, des gourdes, etc. — et dès la livraison du matériel, il était prêt à partir. Peu de temps après, il revenait avec des prisonniers et des tributs. Souvent absent durant des mois lors de ses expéditions, Horemheb ne participait pas activement à la politique intérieure. Cependant, il conservait une influence considérable.

En quelques années seulement, ses opérations militaires permirent la reconquête de tous les territoires qui avaient échappé au contrôle d'Akhenaton. De retour d'une campagne au nord, le général fit défiler des prisonniers asiatiques devant Toutankhamon ; puis il marcha sur le sud dont il revint avec des captifs nubiens. Personne ne pouvait échapper aux raids de Horemheb : même les Libyens, reconnaissables à leurs boucs et aux longues boucles encadrant leurs visages, étaient ramenés de force en Egypte pour travailler dans les temples.

Ces victoires furent généreusement récompensées par un Toutankhamon plein de gratitude. A mesure que l'Egypte se renforçait, le pouvoir de Horemheb augmentait. Il n'était plus seulement le commandant en chef des Armées. Il était promu « chef de tous les travaux du roi » et « député du roi dans tout le pays ». Un de ses titres le rendait particulièrement fier, même si, n'ayant aucun rapport avec sa carrière militaire, il s'agissait davantage d'une sorte de diplôme honorifique : il était devenu « scribe royal ». Comblé par ce privilège, il commanda une statue de granit grandeur nature qui le représentait assis dans la position du scribe, avec un rouleau de papyrus sur les genoux (ill. 11). L'inscription à la base de la sculpture confirme son attachement aux règles et à leur respect :

> Je suis le greffier de la loi,
> Qui donne des instructions aux courtisans.
> Mon discours est sage et il n'est rien que j'ignore[5].

Horemheb fit construire à Memphis la tombe la plus élaborée de toute la nécropole. En tant que chef des travaux du roi, il engagea les meilleurs artisans du pays. Les reliefs muraux, véritables chefs-d'œuvre en tous points de vue, sont parmi les plus élégants jamais réalisés dans l'Egypte ancienne. Malgré leur style traditionnel, la fluidité des lignes et l'attention aux détails témoignent d'un ouvrage exécuté par des artistes formés à Amarna et ayant survécu à cette période. La tombe de ce grand militaire était surmontée d'un petit temple surélevé, doté d'une cour et d'une salle hypostyle. Ses descendants pourraient y venir, s'asseoir à l'ombre des colonnes et y faire un repas en l'honneur de leur ancêtre. Tandis qu'ils mangeraient, ils seraient entourés de scènes sculptées montrant les grandes batailles contre les « odieux Asiates », les habitants de la « vile Nubie » et les « Barbares de Libye ». Ils verraient le général recevant des colliers d'or du pharaon qu'il servait, Toutankhamon. C'était en quelque sorte la version militaire du paradis retrouvé.

Tandis qu'Horemheb, Ay et Maya travaillaient au rétablissement de l'économie et de la domination du pays, la tâche de Toutankhamon était de rassurer les prêtres et de leur garantir sa reconversion aux anciens dieux de

ill. 1 : Statue colossale d'Akhenaton, père de Toutankhamon. Musée égyptien du Caire.

ill. 2 : Seconde épouse d'Akhenaton, Kiya, mère de Toutankhamon ; bas-relief d'Hermopolis. Ny Carlsberg Glypotek, Copenhague. *Photo : Pat Remler.*

ill. 3 : Couvercle d'un vase canope trouvé dans la tombe 55. Possiblement Kiya, mère de Toutankhamon. Metropolitan Museum of Art, New York. *Photo : Pat Remler.*

ill. 4 : Ay et sa femme Tiy invoquant Aton. Tombe d'Ay à Amarna.
Photo : Pat Remler.

ill. 5 : Tête du jeune Toutankhamon, provenant d'une statue vraisemblablement faite pour son couronnement. Metropolitan Museum of Art, New York. *Photo : Pat Remler.*

ill. 6 : Ankhesenamon offrant des fleurs de lotus à Toutankhamon. Détail d'un coffre en bois et ivoire trouvé dans la tombe de Toutankhamon. Metropolitan Museum of Art, New York, précédemment emprunté au Musée du Caire. *Photo : Lee Boltin.*

ill. 7 : Petite chapelle en or ornée de scènes représentant Toutankhamon et Ankhesenamon. Metropolitan Museum of Art, New York, précédemment emprunté au Musée du Caire. *Photo : Lee Boltin.*

ill. 8 : Toutankhamon versant du parfum dans les mains d'Ankhesenamon. Détails d'une petite chapelle en or. Musée égyptien du Caire.

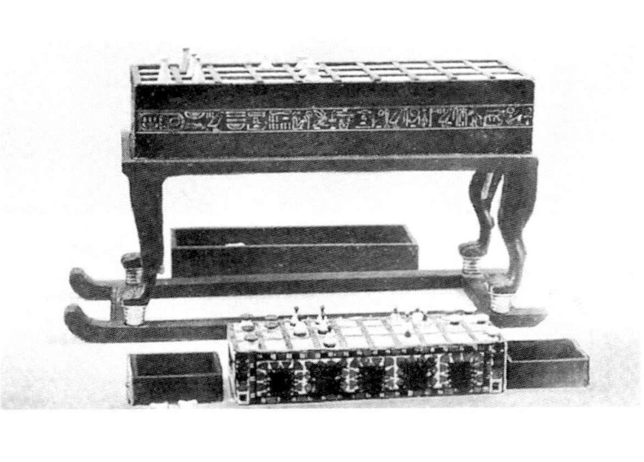

ill. 9 : Tables de jeu en bois et ivoire utilisées par Toutankhamon et Ankhesenamon. Musée égyptien du Caire.

ill. 10 : Tête d'Ay,
vizir de Toutankhamon.
Musée égyptien
de Berlin.
Photo : Pat Remler.

ill. 11 : Statue du général Horembeb en position de scribe. Sur l'inscription à la base, il s'enorgueillit d'avoir éradiqué le crime et l'anarchie durant le règne de Toutankhamon. Metropolitan Museum of Art, New York.
Photo : Pat Remler.

ill. 12 : Houy, vice-roi de
Nubie sous Toutankhamon.
Bode Museum, Berlin.
Photo : Pat Remler.

ill. 13 A : Intérieur du sarcophage doré abritant le plus grand des deux fœtus trouvés dans la tombe de Toutankhamon et contenant encore sa momie enveloppée. Photographie de l'Expédition égyptienne. Metropolitan Museum of Art, New York.

ill. 13 B : Le plus grand des deux fœtus partiellement enveloppé. Photographie de l'Expédition égyptienne. Metropolitan Museum of Art, New York.

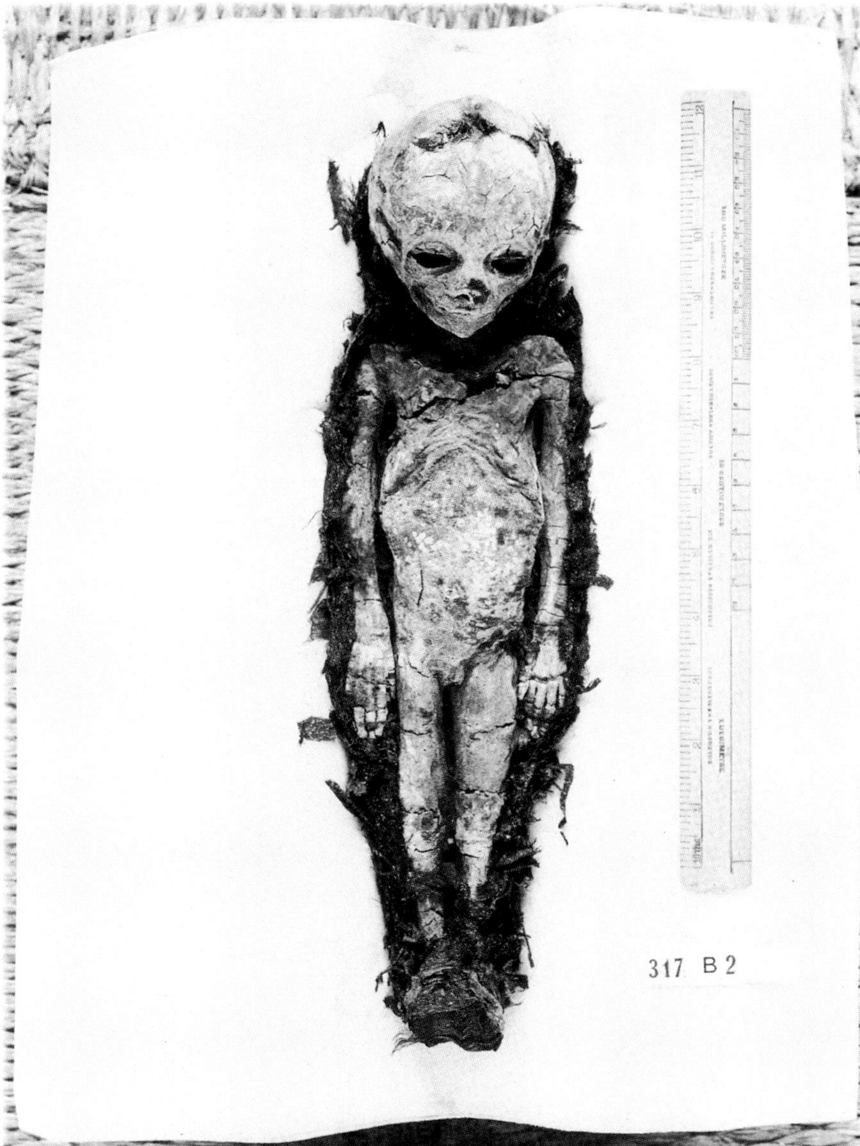

ill. 13 C : Le plus grand des deux fœtus. À noter les dommages causés par Derry au sommet du crâne lorsqu'il tenta de retirer les linges avec lesquels les embaumeurs avaient rembourré la cavité osseuse. Si cette petite fille avait vécu, elle aurait sans doute été difforme. Photographie de l'Expédition égyptienne. Metropolitan Museum of Art, New York.

ill. 14 A : Cercueil externe, dont le couvercle a été retiré, contenant le plus petit des deux fœtus trouvés dans la tombe de Toutankhamon. Photographie de l'Expédition égyptienne. Metropolitan Museum of Art, New York.

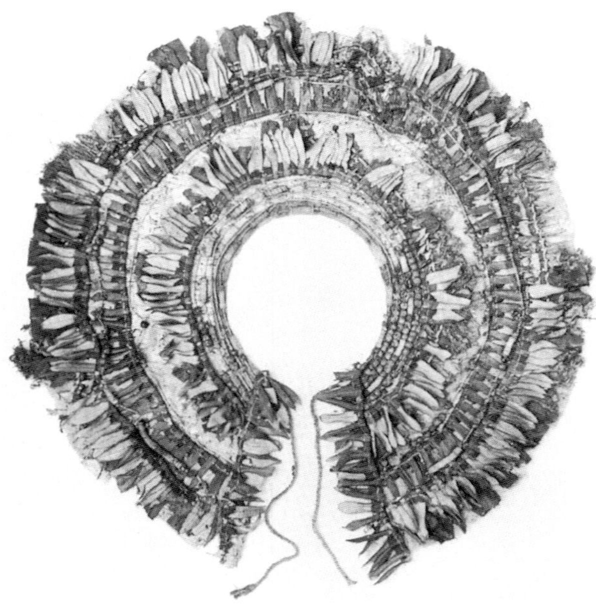

ill. 16 : Collier floral porté par l'un des endeuillés lors du banquet rituel suivant les funérailles de Toutankhamon. Metropolitan Museum of Art, New York. Donation de Theodore Davis en 1909.

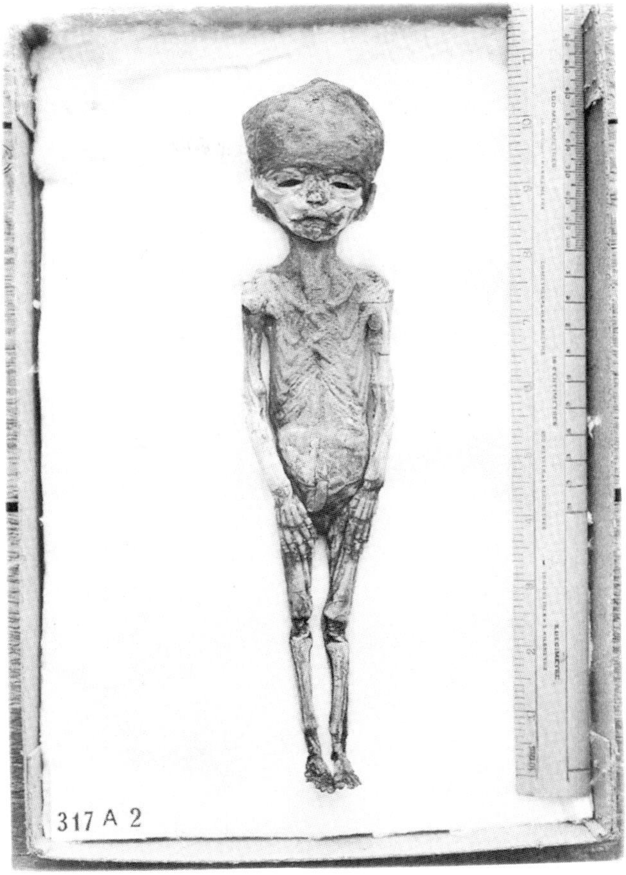

ill. 14 B : Le plus petit des deux fœtus. Photographie de l'Expédition égyptienne. Metropolitan Museum of Art, New York.

ill. 15 : L'auteur en compagnie du Dr Fawzi Gaballah, examinant l'un des deux fœtus de la tombe de Toutankhamon. Hôpital de Kasr el-Einy, le Caire. *Photo : Pat Remler*

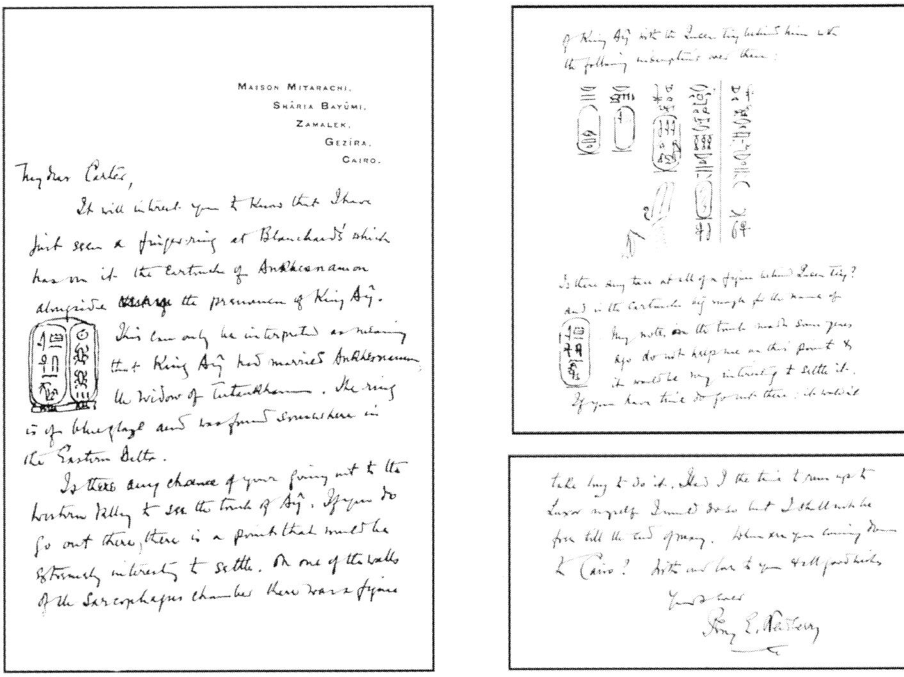

Maison Mitarachi,
Shâria Bayûmi,
Zamalek,
Gezira,
Cairo.

My dear Carter,

It will interest you to know that I have just seen a finger-ring at Blanchard's which has on it the cartouche of Ankhesenamon alongside the prenomen of King Ay.

This can only be interpreted as meaning that King Ay had married Ankhesenamon the widow of Tutankhamon. The ring is of blue glaze and was found somewhere in the Eastern Delta.

Is there any chance of your going out to the Western Valley to see the tomb of Ay. If you do go out there, there is a point that must be extremely interesting to settle. On one of the walls of the Sarcophagus chamber there was a figure of King Ay with the Queen Tiy behind him with the following inscriptions over them:

Is there any trace at all of a figure behind Queen Tiy? And is the cartouche big enough for the name of

My notes on the tomb made some years ago do not help me on this point & it would be very interesting to settle it. If you have time to go out there, it would not take long to do it. Had I the time to run up to Luxor myself I would do so but I shall not be free till the end of May. When are you coming down to Cairo? With our love to you & all good wishes

Yours ever

Percy E. Newberry

ill. 18 : Lettre adressée à Howard Carter par Percy Newberry, au sujet de l'anneau indiquant qu'Ay avait épousé Ankhesenamon. Gracieusement prêtée par le Griffith Institute, Oxford.

ill. 17 : Ay effectuant la cérémonie d'ouverture de la bouche sur la momie de Toutankhamon. Peinture murale de la tombe de Toutankhamon dans la Vallée des Rois. *Photo : Pat Remler.*

ill. 19 : Ouchebti, l'une des centaines de statues de serviteurs placées dans la tombe pour accompagner Toutankhamon dans l'autre monde. Metropolitan Museum of Art, New York, prêté par le Musée du Caire.
Photo : Lee Boltin.

ill. 20 : Statue colossale de Toutankhamon, provenant de son temple funéraire. Son nom a été effacé et la statue porte actuellement le cartouche d'Horemheb. Musée égyptien du Caire.
Photo : Pat Remler.

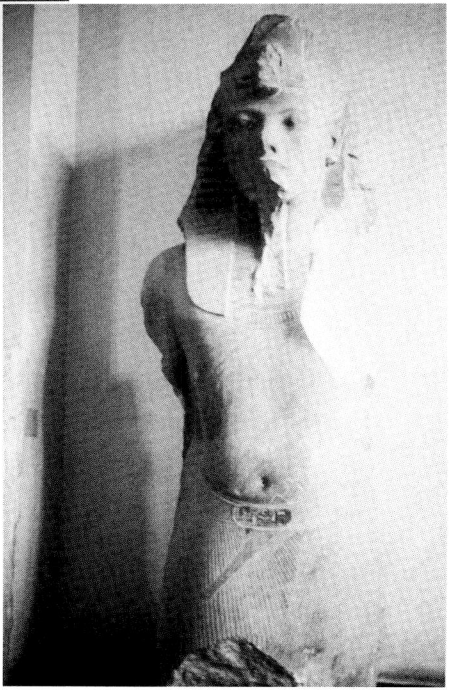

ill. 21 : Le seul endroit au Temple de Louqsor où le nom de Toutankhamon n'a pas été effacé ; il se trouve en hauteur, sur le mur oriental de la salle hypostyle. Temple de Louqsor.
Photo : Pat Remler.

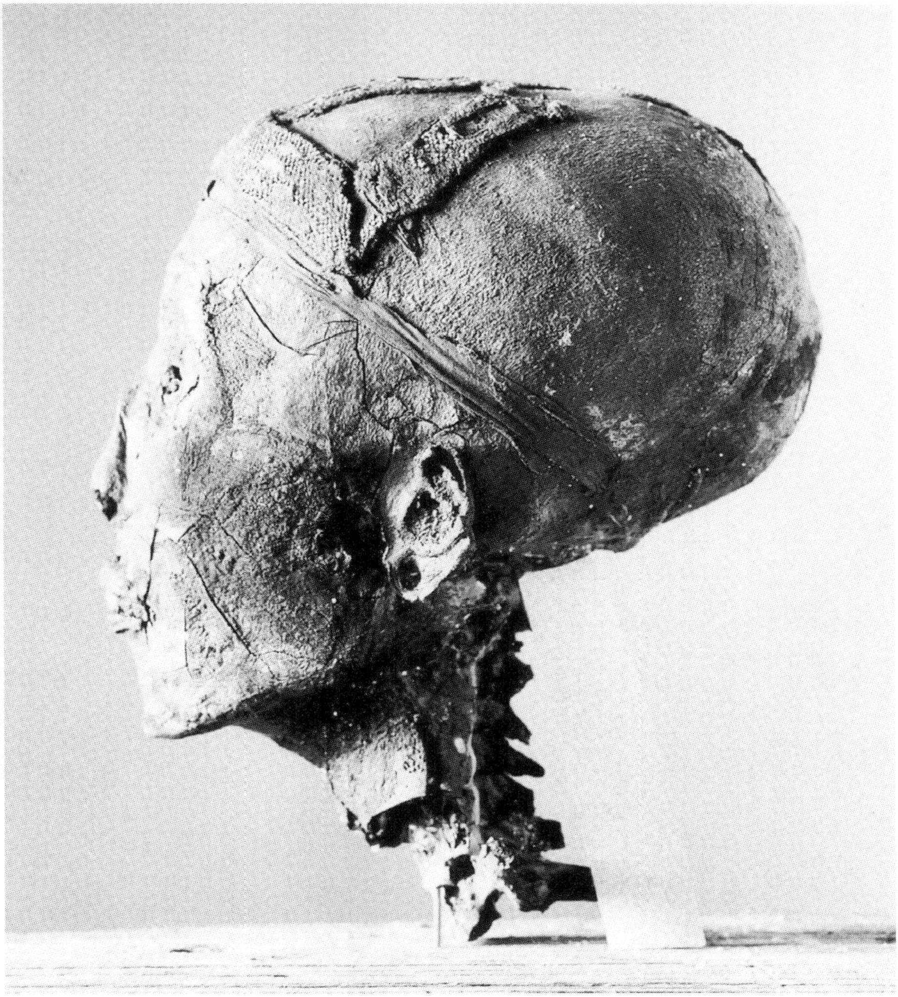

ill. 22 : Crâne de Toutankhamon. À noter la forme allongée de la tête, typique de la famille royale à l'époque d'Amarna. Photographie de l'Expédition égyptienne. Metropolitan Museum of Art, New York.

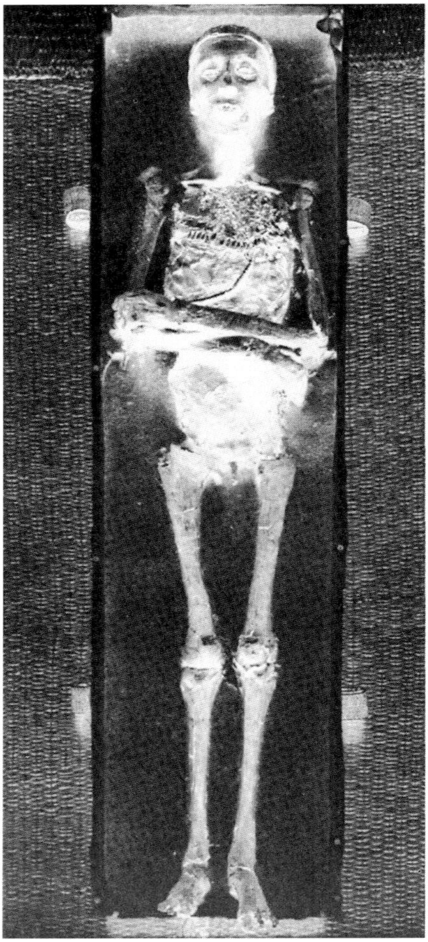

ill. 23 : Momie de Toutankhamon reconstituée et installée sur une litière de sable après l'autopsie du Dr Derry. Cette momie repose toujours dans sa tombe de la Vallée des Rois. Photographie de l'Expédition égyptienne. Metropolitan Museum of Art, New York.

ill. 24 A : L'un des quatre petits vases canopes contenant les organes internes de Toutankhamon. Photographie de l'Expédition égyptienne. Metropolitan Museum of Art, New York.

ill. 24 C : L'un des petits vases canopes, sans son couvercle, qui contient encore l'organe enveloppé. Photographie de l'Expédition égyptienne. Metropolitan Museum of Art, New York.

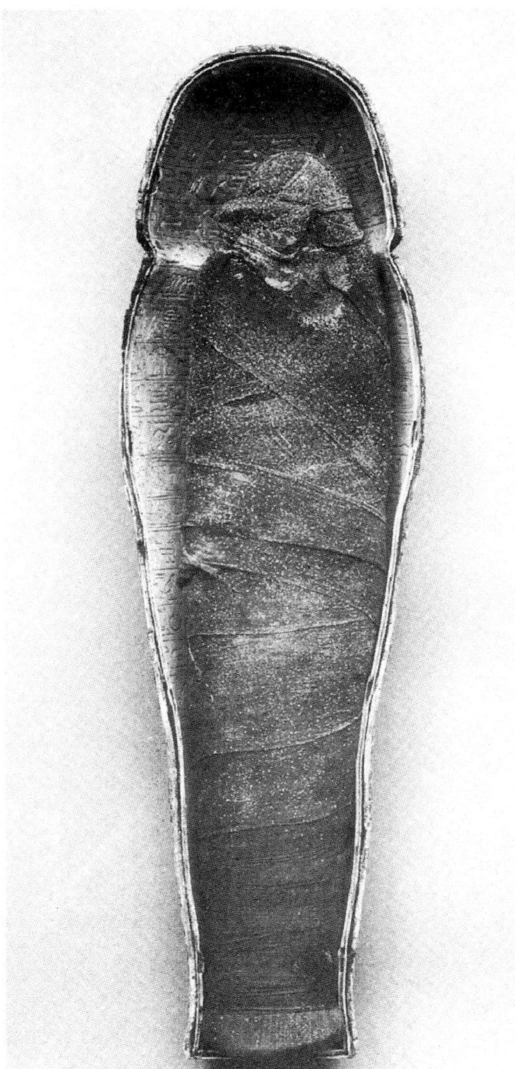

ill. 24 B : Le contenu désenveloppé du petit vase canope : le foie de Toutankhamon. Photographie de l'Expédition égyptienne. Metropolitan Museum of Art, New York.

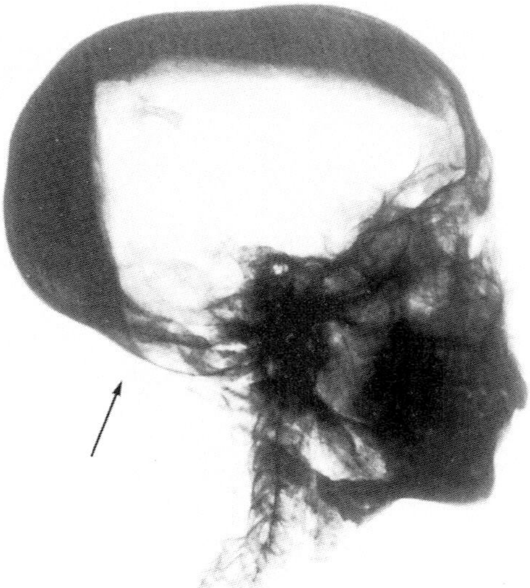

ill. 25 : Radiographie du crâne de Toutankhamon. Le fragment d'os visible dans le coin supérieur gauche résulte des dommages post-mortem causés au crâne. La flèche indique l'endroit de l'éventuel coup reçu à la tête. Gracieusement fournie par le Département d'anatomie humaine et de biologie cellulaire de l'université de Liverpool.

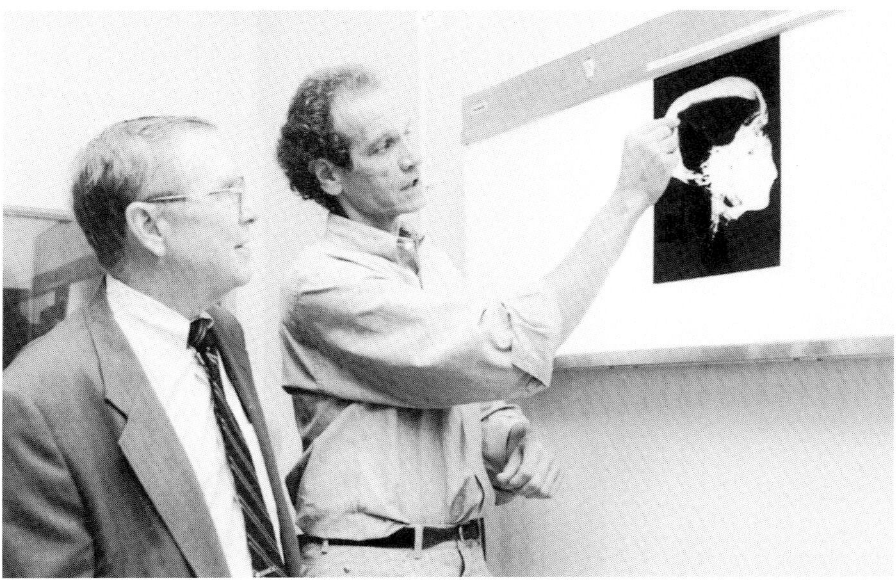

ill. 26 : L'auteur en compagnie du Dr Gerald Irwin, directeur médical du Programme de technologie radiologique du C.W. post campus de l'université de Long Island. Irwin fut le premier à suggérer que Toutankhamon ait pu survivre un certain temps avant de mourir des suites d'un coup à la tête.
Photo : Gina Mosti.

l'Egypte. Son premier grand projet de construction à Thèbes, l'achèvement de la salle hypostyle du temple de Louqsor, était un trait de génie. C'était son grand-père, le prestigieux Aménophis III, qui avait fait édifier cette colonnade longue de quarante-cinq mètres, mais il était mort avant qu'elle n'ait été décorée. Lorsque Akhenaton bannit les dieux de Thèbes et s'installa à Amarna, les colonnes étaient nues et le demeurèrent pendant plus de dix ans. Le jeune pharaon reçut, d'Ay sans doute, le conseil d'y faire représenter des scènes de la fête religieuse la plus importante du pays.

C'était un projet dans lequel Toutankhamon et Ankhesenamon pouvaient totalement s'impliquer. Ils rendaient probablement de fréquentes visites au temple et posaient des questions, tandis que les prêtres, scribes et artistes discutaient de la meilleure façon de dépeindre la fête d'Opet. Ces réunions constituaient aussi une forme d'apprentissage pour les adolescents qui découvraient les principes d'une religion totalement nouvelle pour eux, au travers d'une sorte de catéchisme illustré. Cette audacieuse décision de terminer la salle hypostyle permettait d'identifier Toutankhamon à son grand-père, que les dieux d'Amon respectaient pour ses œuvres. Ainsi, le nouveau souverain confirmait la continuité de la lignée royale et pouvait être reconnu par le clergé comme l'héritier légitime du trône, tout en faisant oublier les aberrations de son père. Cela fonctionna admirablement et contribua à dissiper toutes les craintes des prêtres quant à une éventuelle ressemblance de l'enfant-roi avec Akhenaton.

On ne peut que s'interroger sur les réactions intimes de Toutankhamon face à cette étrange doctrine. Y était-il réceptif et y adhérait-il de bon gré, ou priait-il secrètement Aton ? Quelles étaient ses pensées lorsqu'il jouait son rôle lors des cérémonies religieuses ?

La salle hypostyle fut donc ornée de reproductions de la plus glorieuse célébration de Thèbes, la fête d'Opet, correspondant à la visite annuelle d'Amon et de sa famille au temple de Louqsor. Opet, l'ancien nom de Karnak, était, on l'a dit, le sanctuaire où avait pris naissance cette manifestation, le lieu d'origine de la trinité thébaine : Amon (le père), Mout (son épouse) et Khonsou (leur fils). Les statues des trois dieux étaient d'abord sorties de leurs naos à Karnak, placées sur des barques divines et transportées sur le Nil le long des deux kilomètres cinq cents qui les séparaient du temple de Louqsor (Opet du Sud). Les décorations ordonnées par Toutankhamon montrent de précieux détails sur cette joyeuse procession. Le jeune roi lui-même est représenté dans les reliefs du mur occidental de la colonnade. On le voit faire des offrandes à Amon, Mout et Khonsou, escorter leurs barques jusqu'au Nil, voguer en compagnie des dieux sur le fleuve, suivre les vaisseaux depuis les rives jusqu'à l'entrée du temple et accomplir des rituels en leur honneur dans leurs sanctuaires de Louqsor[6]. Comment faire preuve d'une plus grande dévotion ?

Lorsque la fête d'Opet fut restaurée, les habitants de Thèbes, débordants d'allégresse, se rassemblèrent sans doute le long de la rive est du Nil pour contempler les embarcations sacrées et apercevoir le pharaon qui avait rétabli l'ancienne religion. Lorsque le cortège entrait dans le temple de Louqsor, des milliers de sujets se massaient dans la cour à ciel ouvert pour voir les idoles conduites vers les sanctuaires temporaires auxquels les citoyens ordinaires n'avaient pas accès. Sachant, d'après les nouvelles fresques, que Toutankhamon faisait des offrandes d'encens, de viandes, de légumes, de bière et de vin, les Egyptiens durent être transportés de joie. C'était la première fois, depuis quatorze ans, que leur souverain honorait leurs dieux. Je suis sûr que beaucoup d'entre eux versèrent des larmes d'émotion.

Malgré tout cet enthousiasme populaire et leurs nombreuses activités quotidiennes, Toutankhamon et Ankhesenamon devaient parfois regretter leur père et leur ancienne existence à Amarna, où ils avaient davantage de loisirs. Progressivement, pourtant, ils furent sans doute séduits par tous les plaisirs de la vie à Thèbes et à Memphis, et par la variété que l'Egypte leur offrait.

De leur palais de Memphis, il fallait peu de temps pour se rendre au delta où l'on pouvait pratiquer la meilleure chasse aux oiseaux du pays. Sillonnant les marais sur des yoles à fond plat en tiges de papyrus, ils installaient des filets et attendaient de piéger les vols entiers qui passaient. Toutankhamon préférait se servir de son arc et de ses flèches, de petites baguettes légères terminées par une extrémité aiguisée. Celles avec des pointes en bois étaient les meilleures, car elles allaient plus vite que leurs proies (on retrouva l'équipement de Toutankhamon dans sa tombe). Lui et Ankhesenamon passèrent leurs moments les plus heureux, ensemble dans les marais. Tandis qu'il visait des canards, elle lui préparait sa prochaine flèche. Quand il était las d'utiliser ces armes, le jeune roi employait une lance, semblable à un boomerang et beaucoup plus difficile à manier. Il fallait avoir des bras musclés pour la propulser assez fort et descendre un oiseau en vol.

De son palais du sud, à Thèbes, l'adolescent allait chasser l'autruche dans le désert, ce qui était toujours une aventure. Tandis que le conducteur de char poursuivait les oiseaux, Toutankhamon, à ses côtés, tirait ses flèches du véhicule en pleine course. Les distractions des époux royaux étaient nombreuses et cela arrangeait probablement leurs conseillers de les voir occupés aux loisirs et aux sports.

Un autre projet que supervisait Toutankhamon était la construction de sa tombe. Il avait choisi un site près du sépulcre de son grand-père dans la Vallée des Rois. Aménophis III avait creusé le premier hypogée dans la région, et non loin de là se trouvait une tombe inachevée (WV25) que la plupart des égyptologues attribuent à Aménophis IV (il l'aurait commencée avant de changer de nom pour devenir Akhenaton et partir pour Amarna)[7]. Si cette hypothèse est juste, alors la tombe de Toutankhamon était située près de celle de son grand-père et de celle initialement destinée à son père. Les travaux commencèrent alors qu'il venait d'avoir dix ans, progressant à un rythme tranquille, car le contremaître pensait sans doute avoir encore des années devant lui avant qu'il fût nécessaire de l'utiliser.

Un architecte royal dressa le plan du sol puis le présenta au chef de la nécropole royale. Un dessinateur traça sur la paroi de la falaise le contour de la porte d'entrée; puis partant du sommet, les tailleurs de pierre se mirent à découper le roc au moyen de ciseaux de bronze sur lesquels ils frappaient avec des maillets de bois. La construction partait toujours du point le plus élevé pour que les ouvriers bénéficient de la force de gravité plutôt que d'avoir à soulever constamment leurs outils plus haut. Tandis que les gravats s'entassaient, de jeunes garçons les ramassaient dans des paniers d'osier et les transportaient hors du chantier. Au bout de quelques semaines, on avait déjà dégagé un passage descendant qui avançait toujours plus profondément dans la pierre. A un certain stade, on devait faire appel à des assistants munis de miroirs de bronze pour refléter la lumière du soleil le long de ce puits de sorte que les ouvriers puissent voir. Quand le tunnel eut atteint la longueur fixée par l'architecte, on creusa dans la pierre une vaste chambre en laissant quatre piliers carrés pour soutenir le plafond. Dès que le gros œuvre fut achevé, des graveurs plus chevronnés polirent les murs pour les préparer à recevoir des décorations. La tombe était à présent assez grande pour que deux équipes d'hommes, celle de droite et celle de gauche, travaillent simultanément. Lorsque les ciseaux s'émoussaient, les coursiers les rapportaient à la surface pour les aiguiser. C'était un travail d'équipe. Les ouvriers et leurs familles vivaient tous ensemble, près de la Vallée des Rois, dans un petit village muré afin d'en condamner totalement l'accès la nuit. On y trouvait les différents corps de métiers nécessaires à l'édification d'une demeure éternelle : dessinateurs, tailleurs de pierre, peintres, sculpteurs, graveurs de hiéroglyphes et contremaîtres.

A mesure qu'il grandissait, Toutankhamon put participer plus activement aux discussions avec Ay et Maya à propos des finances, rencontrer des émissaires étrangers et décider des sujets qu'il récompenserait pour leurs loyaux services. Après tout, il était le petit-fils d'Aménophis III, grand diplomate et audacieux administrateur : il avait l'art de gouverner dans le sang. Heureusement, la tombe de Houy, l'un des ambassadeurs les plus fidèles de Toutankhamon, a été préservée. Elle fournit une vision claire du rôle joué par le jeune pharaon. A ce moment-là, il était adolescent. Horemheb venait de soumettre la Nubie, qui fournissait annuellement des tonnes d'or ainsi que des matières premières de luxe telles que l'ébène pour les meubles, l'ivoire pour les bijoux, des peaux de girafe et de léopard, symbolisant l'opulence de l'Egypte. Il fallait un vice-roi pour administrer le territoire et il s'agissait d'un poste crucial, compte tenu des ressources qu'il aurait à gérer (ill. 12).

Houy rapportait sur les murs de sa tombe qu'il fut convoqué au palais pour recevoir le sceau cylindre, utilisé pour estampiller l'or envoyé à Thèbes et qui, depuis l'Ancien Régime, constituait un signe d'autorité. D'ailleurs, le mot hiéroglyphique signifiant « trésorier » comprend le dessin d'un sceau suspendu à un cordon, porté autour du cou comme emblème de sa fonction. Pour Houy, cette cérémonie était un grand événement, auquel toute sa famille assista. Il fut présenté au pharaon, devant lequel il s'inclina et fut accueilli par un membre du cabinet qui lui dit : « On t'a transmis [la région] depuis Nekhen [Hiéraconpolis] jusqu'à Nesout-Taouy [Napata]. » Ce à quoi il répliqua : « Puisse Amon de Nesout-Taouy faire en sorte que soit accordé tout ce que tu as ordonné, ô souverain, mon maître. » Le roi commanda alors qu'il parte et revienne avec de l'or, de l'ivoire, de l'ébène, des girafes, et toutes les choses de prix que l'on trouvait en Nubie. On peut remarquer que le pharaon n'assigna pas personnellement sa mission à son agent. Toutankhamon ne fit que confirmer cet ordre.

Tenant fermement son précieux sceau dans la main, Houy quitta les lieux pour préparer son expédition en Nubie. L'un de ses fils portait le titre de « chef des chevaux » ; aussi, sur les murs de sa tombe, voit-on des chevaux sortir la tête de leurs écuries pour saluer le départ du bateau. Il ne resta aucune trace de ce voyage ni du séjour de Houy en Nubie, mais on peut imaginer que la récente campagne de Horemheb avait supprimé tous les obstacles susceptibles d'empêcher le vice-roi de remplir sa tâche. Naturellement, ce fut une totale réussite. Houy revint en Egypte avec une flotte chargée d'un trésor si important qu'il dut le présenter à Toutankhamon dans la cour du palais. Il y avait d'innombrables piles d'or, moulé en formes d'anneaux de la taille de bracelets, des monceaux d'ivoire et d'ébène, une girafe vivante et bien davantage encore. Des esclaves encordés défilèrent devant le jeune roi pour qu'il puisse choisir ceux qui lui plaisaient, ainsi qu'un troupeau de bétail particulièrement gras, très prisé pour les offrandes au dieu Amon. La domination de ce territoire était essentielle pour le pays. D'ailleurs, durant la fête d'Opet, les cornes d'une vache étaient surmontées de mains sculptées, entre lesquelles se trouvait une petite tête nubienne et lorsque l'animal baissait la tête, symboliquement, c'était la Nubie qui rendait hommage à l'Egypte.

Satisfait de cette procession — il dut adorer la girafe —, le souverain récompensa son émissaire en lui donnant des colliers d'or. Je me demande si, en cet instant, il repensa à l'époque d'Amarna, lorsque son père distribuait des bijoux depuis la « Fenêtre d'Apparition ». Cependant, dans le cas du vice-roi, il ne s'agissait pas de pots-de-vin pour l'inciter à suivre la religion, mais de récompenses pour un travail bien fait. Beaucoup des objets en or trouvés dans la tombe de Toutankhamon provenaient des énormes chargements de métal précieux venus de Nubie, grâce à Houy.

Les années passant, Toutankhamon et Ankhesenamon devinrent de jeunes adultes et tombèrent amoureux. Elle était à ses côtés depuis qu'ils avaient tous deux dix ans et était représentée, debout ou agenouillée, auprès de son pharaon dans pratiquement tous leurs portraits. Les ateliers royaux fabriquaient des statues de ce beau couple, assis côte à côte, le roi arborant la couronne du dieu Amon et la reine, celle de sa femme Mout. Deux de ces statues sourient encore aux touristes qui passent, au temple de Louqsor.

Contrairement à ses prédécesseurs, qui avaient des harems, Toutankhamon n'épousa pas d'autres femmes, autre preuve que les conjoints étaient très proches. Comme ils étaient les derniers survivants de la XVIIIe dynastie, ils devaient faire des enfants s'ils voulaient perpétuer la lignée royale. Sinon, lorsque le jour viendrait de choisir le pharaon suivant, l'Ordre Divin serait perturbé et l'Egypte sombrerait dans la tourmente.

Le couple fit de son mieux pour remplir cette obligation. Ankhesenamon tomba enceinte. Tandis que la cour préparait la naissance de l'héritier ou de l'héritière du trône, la jeune femme était surveillée par le médecin royal, un homme réputé pour ses compétences et ses capacités de guérisseur.

Les anciens Egyptiens appelaient la médecine « l'art nécessaire ». Cette profession était minutieusement réglementée, avec des spécialistes dans divers domaines, dont les plus qualifiés appartenaient au clergé. C'est parmi les prêtres de Sekhmet, divinité la plus importante associée à cet art, que l'on trouvait les meilleurs médecins. Cela semble quelque peu surprenant car cette déesse à tête de lionne fut toujours redoutée pour ses colères et faillit même, à un moment, détruire l'humanité. Ces guérisseurs avaient souvent plusieurs titres, l'un médical, l'autre magique. Nedjemou, par exemple, était « chef des prêtres de Sekhmet » et « chef des médecins », tandis que Herishafnakht était « chef des magiciens », « grand prêtre de Sekhmet » et « médecin du pharaon ». Outre les prêtres-médecins, les *ouabou*, il y avait les *sounou*, les praticiens. Comme les textes médicaux étaient très précis et prévoyaient de sévères sanctions pour toute faute professionnelle, les *sounou* étaient presque certainement formés en médecine, bien qu'ils ne fussent associés à aucun temple ni dévoués à aucun dieu particulier. Ainsi leur pratique était probablement plus éclectique que celle des prêtres, car ils pouvaient profiter de toutes les ressources disponibles.

Alors que les *sounou* et les *ouabou* utilisaient une combinaison de vraie médecine clinique et de magie, il existait un troisième type de guérisseurs qui n'utilisaient que les incantations, les amulettes et la sorcellerie pour soigner leurs patients. La plupart des papyrus médicaux qui subsistent proviennent certainement de cette dernière catégorie, car ils dressent la liste des formules et des potions sans référence apparente à des connaissances ou des observations scientifiques.

Le médecin personnel d'Ankhesenamon était sans

doute spécialisé dans la gynécologie, « les maladies de femmes ». Comme elle s'apprêtait à mettre au monde son premier enfant, « celui qui ouvre la matrice », et qu'elle approchait de son terme, on prépara un tabouret d'accouchement. Les mères égyptiennes s'asseyaient sur un siège en briques de terre pour que la pesanteur les aide à enfanter (familièrement, pour désigner cet acte, on utilisait l'expression « s'asseoir sur des briques »). Cette image était si habituelle dans la vie égyptienne que le hiéroglyphe signifiant « né » représentait une femme assise avec une tête de bébé émergeant de son corps.

Mais avant même qu'Ankhesenamon n'eût à utiliser son tabouret, le malheur frappa. Alors qu'elle entrait dans son huitième mois, elle fit une fausse couche et perdit son bébé, une petite fille. Si le nourrisson avait vécu, il aurait été difforme, avec une scoliose importante et une épaule plus haute que l'autre. Il y eut sans doute dans le palais des rumeurs concernant une malédiction sur la mère ou l'enfant. Le magicien royal fut probablement convoqué. Comme la médecine dans l'Egypte ancienne était pratiquée à la fois par des médecins cliniques et des magiciens-guérisseurs, le type de maladie déterminait le mode de traitement. Si la cause était connue, comme dans le cas d'une fracture osseuse par exemple, alors le traitement était « non magique ». Ainsi, pour une morsure de crocodile, on recousait la plaie que l'on recouvrait de viande crue. Si, en revanche, il s'agissait d'un mal inexplicable, comme une fièvre, il pouvait être imputé à des démons ou à un maléfice et le traitement était alors « magique ». Il existait même un spécialiste des « maladies inconnues », qui se chargeait vraisemblablement des affections dont on ignorait la cause. On ne comprenait pas intégralement le processus de reproduction dans l'Egypte ancienne. L'origine de cet avortement spontané pouvait donc être attribuée à un mauvais sort. La fausse couche, combinée à la malformation du fœtus, exigeait l'intervention d'un magicien-guérisseur pour garantir que cela ne se reproduise pas. Comme c'était l'usage dans de telles circonstances, une effigie en cire de Thot, dieu de l'écriture et de la magie, fut façonnée et placée sur des charbons ardents sous le tabouret d'accouchement. Ankhesenamon s'assit sur le siège de sorte que la fumée pénètre dans son ventre et la purge de toute force malicieuse. Cet accident n'était pas seulement une affaire d'Etat. Les deux conjoints souffrirent personnellement. Les Egyptiens adoraient les enfants. A l'instar de toutes les sociétés agraires, ils avaient des familles nombreuses, garantissant une main-d'œuvre suffisante pour travailler dans les champs. D'ailleurs, une maxime populaire dit : « Mariez-vous jeune et faites beaucoup d'enfants. » Pour avoir suivi ce conseil, Toutankhamon et Ankhesenamon se retrouvèrent confrontés à une épreuve terriblement douloureuse.

Comme le fœtus était mort-né et n'avait jamais respiré, il ne fut pas baptisé. S'il avait absorbé une première bouffée d'air, il aurait reçu une âme — c'est-à-dire un Ba et un Ka. Le Ba d'un individu correspond à sa personnalité : il est toujours représenté sur les murs des tombes sous la forme d'un oiseau à tête humaine capable de voler à l'intérieur et à l'extérieur du sépulcre en attendant la résurrection du corps dans l'Occident. Dans une œuvre littéraire de l'Egypte ancienne[8], comme un homme envisage de se suicider, son Ba se moque de lui et le menace, s'il se tue, de l'abandonner, lui retirant ainsi toute chance d'immortalité. L'autre partie de l'âme est le Ka, une sorte de double spirituel du mort qui réside dans la momie. Sans Ba ni Ka, le fœtus ne pouvait exister dans ce monde-ci ni dans l'Au-delà. C'est ce que disait la religion égyptienne. Mais cela importait peu aux époux royaux qui, après avoir rêvé de devenir parents, voyaient tous leurs espoirs s'effondrer.

Allant à l'encontre de la tradition, ils firent embaumer la petite fille.

Le fœtus ne mesurait que trente centimètres. Il était si menu qu'il fallut fabriquer de nouveaux outils pour sa momification. Afin d'extraire le cerveau, un fil de métal fin fut inséré par les cloisons nasales jusqu'à la voûte crânienne. On introduisit dans le crâne de petites bandes de lin trempées dans de la résine pour assécher et conserver les tissus, afin d'empêcher la putréfaction. Puis on pratiqua une incision de moins de deux centimètres et demi sur le côté gauche de l'abdomen pour extraire les organes internes. Mais là, même le savoir-faire exceptionnel des embaumeurs royaux ne suffit pas. Le corps était si chétif qu'aucun instrument ne pouvait pénétrer dans cette cavité et retirer l'estomac, le foie, les reins et les intestins sans causer de terribles dommages. On laissa donc les viscères en place et l'on injecta de la résine dans la cage thoracique, désormais scellée pour l'éternité. Des bandagistes enveloppèrent soigneusement le bébé dans du lin pur tandis que des prêtres récitaient les prières anciennes. On confectionna un sarcophage miniature, recouvert de résine noire et de minces bandelettes de feuille d'or, imitant celles des momies, sur lesquelles étaient gravées les expressions « Le Vénéré » et « Osiris », car l'enfant n'avait pas de nom. A l'intérieur se trouvait un deuxième cercueil plus petit, au-dessus duquel figurait une prière à Osiris, dans l'espoir que le dieu des morts interviendrait en faveur de l'enfant et l'aiderait dans l'Au-delà. Tout en récitant des formules du *Livre des Morts*, le prêtre déposa le fœtus dans ce second cercueil, qui fut placé dans le plus grand sarcophage. On enveloppa ensuite le tout dans des bandages de lin pur. Puis, le sceau d'argile de la nécropole royale — un chacal, comme on l'a dit plus haut, au-dessus de neuf captifs liés (symboles des ennemis traditionnels de l'Egypte) — y fut apposé. La petite momie était prête à être enterrée auprès de ses parents lorsque leur jour viendrait. La tragédie de cette fausse couche constitua un malheur de plus dans la courte existence des jeunes époux et dut encore les rapprocher davantage.

Alors que Toutankhamon abordait sa dix-huitième année, les trois fils conducteurs de la civilisation égyptienne — le clergé, l'armée et la royauté — formaient de nouveau un tissu social solide. Les sanctuaires d'Amon prospéraient. Thèbes bourdonnait d'activité grâce aux temples de Louqsor et de Karnak, points centraux autour desquels s'articulait une grande partie de la restauration du pays.

Ces édifices résonnaient du travail constant des ouvriers. L'ornementation de la salle hypostyle approchait de sa fin et rehaussait le décor de ses couleurs vives. D'autres murs furent réparés, en ajoutant du plâtre là où ils s'effritaient, et repeints avec tant de talent que l'on ne pouvait distinguer ces retouches. Des ornements en bronze étincelants furent fixés sur les grandes portes du temple et des diverses chapelles. Tout cet ouvrage se faisait en présence d'un nombre toujours croissant de prêtres. Chaque matin, les officiants ouvraient les sanctuaires intérieurs pour laisser les premiers rayons du soleil entrer dans la pièce tandis qu'ils enduisaient les statues des dieux de parfums et d'huiles sacrées, maquillaient leurs paupières de fard et plaçaient du pain, des oignons, de la bière et des fruits devant chaque idole en or pour son petit déjeuner. Puis ils chantaient la prière à Amon :

Pilote qui connaît les eaux,
Timonier des [faibles],
Qui donne du pain à qui n'en a pas,
Qui nourrit les serviteurs de sa maison,
Je ne prends pas un noble comme protecteur,

Je ne m'associe pas avec un riche,
Je ne confie pas mon bien aux soins d'un autre,
Ma richesse est dans la maison de mon (seigneur),
Mon seigneur est mon protecteur,
Je connais sa puissance, à savoir :
Un défenseur au bras fort,
Personne d'autre n'est fort que lui,
Amon qui connaît la compassion,
Qui prête l'oreille à qui l'appelle,
Amon-Rê, roi des dieux,

Taureau grand par sa force, qui aime la force

Les ateliers, près de chaque temple, produisaient de nouveau les huiles sacrées et le lin blanc nécessaires au clergé. Les boulangeries et les brasseries étaient florissantes, tandis que les entrepôts regorgeaient de marchandises. On rassemblait des animaux pour les sacrifices, et les adeptes faisaient des offrandes. Renouant avec la tradition, les rêves étaient interprétés selon le *Livre des Songes*. Par exemple : « Si un homme se voit avec un nain, c'est mauvais signe. La moitié de sa vie a passé. » Ainsi, l'ancienne religion revivait dans toute sa splendeur.

L'armée, elle aussi, était redevenue puissante. Horemheb en avait fait une force redoutable. La tradition de la royauté égyptienne avait été restaurée. Si Toutankhamon pratiquait fidèlement le culte d'Amon et participait à la fête d'Opet, sous le regard attentif de Maya, les réserves de l'Egypte ne cessaient de s'accroître. Cette fois, on pouvait vraiment le constater : les promesses de la Stèle de Restauration avaient été tenues.

Toutankhamon entreprit alors la construction de son temple mortuaire sur la rive gauche du Nil. Il choisit un site à quelques kilomètres de sa tombe. Ce bel édifice rectangulaire, à l'entrée duquel se dressaient plusieurs statues colossales du roi, était destiné à constituer un mémorial où l'on pourrait le vénérer des siècles après sa mort. Lorsque Maya alloua des fonds pour la réalisation de ce monument, il fit aussi don de terres, en guise de compensation, aux prêtres du Ka qui prendraient soin du temple et feraient des offrandes à l'âme du pharaon. Ainsi, grâce aux produits de ces champs, l'entretien de ce sanctuaire serait assuré éternellement, par des générations d'officiants. Le temple fut orné de scènes représentant Toutankhamon sur son char, qui menait l'armée à la bataille. Il n'avait probablement jamais accompagné Horemheb en campagne, mais il comptait bien le faire un jour ; il était encore jeune. Ces fresques assuraient cependant au peuple que son seigneur était assez fort pour conduire ses troupes, tout comme l'avait fait le grand Thoutmosis III.

En ces jours de prospérité, d'expansion et de tolérance, le règne de l'enfant-roi semblait avoir rendu à l'Egypte sa gloire d'autrefois. Pourtant, juste au moment où l'Ordre Divin semblait restauré, deux autres tragédies frappèrent les adolescents. Au bout du cinquième mois de sa seconde grossesse, la jeune reine fit encore une fausse couche — une autre petite fille. Ce dut être un choc dévastateur. Le couple était sûrement maudit. Conscients qu'ils étaient les derniers survivants de la glorieuse XVIIIe dynastie, Toutankhamon et Ankhesenamon devaient donner naissance à un fils. Ce second fœtus fut emmailloté et placé dans un petit cercueil similaire à celui de sa sœur, dans l'espoir qu'Osiris, dieu des morts, lui accorderait au moins la vie dans l'Autre Monde.

Malgré la revitalisation de l'économie et de la religion, si Toutankhamon venait à mourir sans laisser d'héritier, l'Egypte retomberait dans le chaos. Toutes ses forces actives s'opposeraient les unes aux autres dans une lutte acharnée pour accéder au trône. Le pays pouvait se retrouver de nouveau déchiré. Personne ne s'inquiétait d'une éventualité aussi improbable. Le pharaon était encore jeune, il avait le temps d'engendrer un successeur. C'est alors que l'inimaginable se produisit.

En janvier 1323 avant J.-C., Toutankhamon, onzième roi de la XVIIIe dynastie, mourut dans des circonstances mystérieuses. Peu de temps après, son nom fut effacé de l'histoire et oublié durant les trois mille années qui suivirent. Pour comprendre ce qui se passa, il convient de nous rendre dans la Vallée des Rois...

7

LA TOMBE LA PLUS CÉLÈBRE DE L'HISTOIRE

« Meuble ta demeure dans la vallée,
Le tombeau qui cachera ton corps ;
Fais-la passer en priorité avant toi-même...
Imite les grands qui sont partis,
Qui reposent tranquilles dans leurs tombes. »
Le scribe Any
(Env. 1400 av. J.-C.).

Habituellement, les archéologues trouvent des tombes déjà pillées, quasiment vides, dont seuls les murs présentent un quelconque intérêt scientifique. Comme nous l'avons vu, leurs fresques fournissent une énorme quantité d'informations, mais imaginez ce que l'on pourrait apprendre d'un sépulcre qui contiendrait tout ce qui fut enterré avec le défunt, notamment ses objets personnels ; d'autant plus si la dépouille en question était celle du pharaon. Il n'existe qu'une tombe dans l'histoire de l'égyptologie offrant une telle richesse. Elle fut découverte sur la rive ouest du Nil, en face de Louqsor, dans un secteur que les savants ont baptisé « la Vallée des Rois ».

La Vallée des Rois possède une mystique bien à elle. C'est le lieu culte de l'archéologie, le site où tout chercheur aimerait aboutir, non seulement en raison des trouvailles que l'on peut y faire, mais aussi et surtout parce qu'on y éprouve le sentiment intense de l'histoire, de la Grande Histoire. C'est là que reposent Ramsès II, le pharaon de l'Exode, et Hatshepsout, la reine qui devint roi. Toutes les tombes sont concentrées dans une zone facile à parcourir à pied en quinze minutes. Même si l'on ignore tout du passé de cette région, il s'en dégage une atmosphère très particulière. Le paysage aride, ses falaises de calcaire blanc, aveuglantes sous la lumière du soleil, donne le sentiment de l'éternité. En dépit des millénaires écoulés, rien n'a changé. Les graffitis sur les parois rocheuses, où des prêtres pieux ont inscrit leur nom, sont toujours aussi lisibles que le jour où ils furent dessinés, il y a de cela trois mille ans.

Pour s'y rendre aujourd'hui, il suffit de prendre l'avion jusqu'à Louqsor, puis d'emprunter un ferry menant à la rive gauche du Nil ; de là, un car vous conduit en dix minutes sur le site. Rapidement, le village s'éloigne et les champs de canne à sucre laissent place au désert. C'est alors que l'on traverse une crevasse, marquant l'entrée de la Vallée des Rois : durant une longue minute, seuls des murs de calcaire se dressent des deux côtés de la route. Puis apparaît la halte touristique et cinq cents mètres plus loin, le bus s'arrête au milieu d'une arcade où se succèdent les stands des camelots, encombrés de souvenirs. Une fois passée une grande porte d'entrée, le visiteur peut laisser la foule de vendeurs derrière lui et suivre les indications soigneusement peintes indiquant les tombes de Thoutmosis III, de Ramsès VI et, un peu plus loin, tout droit, celle de Toutankhamon. Parmi la soixantaine de sépulcres connus dans cette nécropole, seuls une douzaine sont ouverts au public.

Lorsque le voyageur grec Diodore de Sicile visita la vallée, au milieu du Ier siècle avant J.-C., les prêtres de

Thèbes lui dirent que leurs listes faisaient état de quarante-sept tombes mais qu'il n'en restait que quinze, les autres ayant été détruites par des chasseurs de trésors [1]. Quinze siècles plus tard, en 1739, le prêtre anglais Richard Pococke remonta le Nil en bateau pour se rendre sur les lieux : et ne trouva que neuf caveaux accessibles [2]. Lorsque Bonaparte envahit l'Egypte en 1798 [3], il avait une équipe de chercheurs qui explorèrent la Vallée et recensèrent seize hypogées, dont onze ouverts. Leur relevé « vite et mal fait » constitua un travail remarquable : au même moment, les soldats de Napoléon combattaient les seigneurs guerriers Mamelouks, qui contrôlaient l'Egypte à l'époque, et les balles volaient pendant que ces savants risquaient leur vie pour mesurer et répertorier les tombes.

Les premières fouilles systématiques de la vallée furent dirigées au XIXe siècle par Giovanni Batista Belzoni, un géant italien devenu aventurier. Ingénieur hydraulique de formation, cet homme, mesurant plus de deux mètres, gagnait sa vie en travaillant dans un cirque comme homme à tout faire, avant de partir pour l'Egypte à la recherche de trésors. De 1815 à 1819, Belzoni explora divers sites le long du Nil. Ce fut le premier des temps modernes à pénétrer dans la deuxième plus grande pyramide de Gizeh, celle de Khephren, ainsi que dans le grand temple d'Abou Simbel, construit par Ramsès II en Nubie. Mais il concentra surtout ses efforts sur la Vallée des Rois, où il pensait trouver les plus grands trésors. Sa motivation n'était pas tant de contribuer aux progrès de la science que de déterrer des objets antiques qu'il pourrait rapporter d'Egypte pour les vendre.

Lorsque les tombes furent creusées dans les parois de la vallée, de grandes quantités de gravats devaient être déblayées et entassées à l'extérieur, et ces monticules demeurèrent intacts durant des millénaires. Belzoni utilisa les monceaux de décombres comme indices, pour le guider vers d'éventuels hypogées. Les entrées avaient, pour la plupart, été recouvertes et masquées. Parfois, une falaise s'était effondrée mais, le plus souvent, les occasionnelles pluies torrentielles s'abattant dans la région avaient charrié de la boue, du sable et même des rocs qui bloquaient les accès. Au fil du temps, les tombes s'étaient emplies d'éboulis, dissimulant leurs passages durant des siècles, quelquefois pour toujours.

Employant environ une vingtaine d'ouvriers locaux à la fois, l'Italien fouilla les endroits les plus propices et découvrit plusieurs tombes, qui avaient toutes été pillées pendant l'Antiquité. La plus belle d'entre elles était celle de Seti Ier. Les formules magiques gravées sur les murs lui assuraient un voyage sain et sauf vers l'Autre Monde. *Le Livre des Portes, Le Livre de l'Adoration de Rê dans l'Occident* (« Litanies de Rê ») et *Le Livre de ce qui est dans l'Au-delà* étaient illustrés de peintures des dieux qui aideraient le pharaon à vaincre ses ennemis. Au-dessus de sa chambre funéraire, un plafond astronomique montrait les constellations égyptiennes, gravées sur un ciel bleu foncé. Belzoni, ébloui par les couleurs lumineuses du décor, aussi éclatantes que le jour où Seti avait été enterré, passa une journée entière à reproduire les reliefs dans de la cire, afin d'en façonner des répliques pour une exposition qui eut lieu ultérieurement à Londres. Cet événement fit sensation et créa l'une des premières grandes vagues d'égyptomanie en Europe. L'aventurier ne sut jamais qu'à cent mètres de la dernière demeure de Seti se trouvait le plus grand trésor archéologique jamais découvert, la tombe de Toutankhamon. Jean-François Champollion, le premier à avoir déchiffré les hiéroglyphes, fit son pèlerinage dans la Vallée des Rois peu après Belzoni. Cependant, il ne s'intéressait pas aux fouilles. Passionné par sa nouvelle aptitude à décrypter les écritures égyptiennes, il se contentait de traduire les inscriptions.

Bien que surnommée la Vallée des Rois depuis des siècles, on n'y avait donc retrouvé aucune momie de pharaon avant une découverte spectaculaire, en 1881. Durant les années 1870, des antiquités d'une grande beauté, portant les noms de rois et de reines d'Egypte, commencèrent à apparaître dans les boutiques de Louqsor. Ces objets rares affluèrent sur le marché à une époque où l'Egypte en faillite était administrée par un triumvirat, l'Angleterre, la France et l'Italie, auprès desquelles elle était endettée. Chacun de ces Etats contrôlait une section différente du gouvernement égyptien et la France se chargeait des antiquités.

Le responsable de la section française était Auguste Mariette, arrivé à cette carrière par un chemin un peu détourné. Sa famille avait reçu des documents provenant d'un parent, qui avait fait des dessins exhaustifs des monuments d'Egypte. Mariette les étudia attentivement et se passionna tellement pour cette civilisation qu'il apprit tout seul l'alphabet hiéroglyphique et obtint finalement un poste au musée du Louvre à Paris. Envoyé sur place en 1850 pour racheter des manuscrits, il utilisa l'argent qu'on lui avait confié pour fouiller le Serapeum, lieu où étaient enterrés les Hapis, taureaux sacrés de Rê. Il revint en France avec d'énormes caisses remplies d'antiquités, encore exposées au Louvre à ce jour. Sa plus grande réalisation fut la fondation du Service des Antiquités de l'Egypte, qui s'était donné pour mission, entre autres, de faire cesser les pillages.

La grande qualité des objets royaux vendus par les marchands de Louqsor attirait les collectionneurs et les conservateurs des musées du monde entier. Mariette lui-même acheta un *Livre des Morts* (recueil de formules magiques enterré avec une momie pour assurer sa résurrection dans l'Autre Monde) écrit pour la reine Hénouttaouy, qui avait vécu trois cents ans après Toutankhamon.

Souvent, attachées à ces rouleaux de papyrus, on trouvait des images des dieux et des scènes de l'Autre Monde superbement peintes. Le climat sec de l'Egypte permettait à ces documents de conserver en grande partie leurs vives couleurs d'origine même après des milliers d'années. Le manuscrit de Hénouttaouy, mesurant près de trois mètres de long, était une œuvre d'art admirable.

Au cours des années suivantes, on vit d'autres versions du *Livre des Morts* apparaître sur le marché, appartenant toutes à des rois, reines, princes et princesses de la famille de Hénouttaouy. Quand de magnifiques bijoux firent surface, il devint clair pour Mariette qu'une tombe royale intacte avait été découverte et que son contenu était vendu pièce par pièce. Il était déterminé à retrouver ce caveau avant que tout son trésor ne soit dispersé ou détruit. Mais sa mort, en 1881, ne lui laissa pas le temps d'achever ses recherches. Son successeur, Gaston Maspero, fit de cette quête sa première priorité.

A l'issue d'une active investigation, les indices désignèrent les Abd er Rassoul, une famille vivant près de la vallée. Après un interrogatoire serré, l'un d'eux révéla le site de la tombe. Deux jours plus tard, les frères Rassoul conduisirent Emile Brugsch, l'assistant de Maspero, vers un chemin surélevé et sinueux surplombant la Vallée des Rois, qui traversait la zone baptisée Deir el-Bahari — « le lieu du monastère du nord » —, ancien site d'un monastère copte. Des tas de pierres semblables à des cheminées jalonnaient l'étendue inhabitée, à environ un kilomètre cinq cents du temple en ruines de la reine Hatshepsout. Près de la base d'un des monticules, un puits rectangulaire, de deux mètres cinquante sur trois, descendait sur douze mètres de profondeur. Après avoir placé un rondin de palmier en travers de la fosse pour y fixer une corde, l'un des Rassoul, suivi de Brugsch, descendit à l'intérieur. La première chose que vit le jeune assistant en arrivant au fond fut un énorme cercueil, derrière lequel étaient installés trois autres sarcophages. Sur la droite, un couloir, creusé sur plus de vingt mètres dans la falaise, était jonché, tout du long, de centaines de petites statues bleu vif en forme de momies, des *ouchebtis*, enterrés avec le défunt pour le servir dans l'Au-delà.

Le passage menait à une salle carrée de huit mètres, presque entièrement remplie de splendides cercueils dans lesquels reposaient les rois du Nouvel Empire. Là, gisaient Aménophis III, Thoutmosis Ier, Thoutmosis II et Thoutmosis III de la XVIIIe dynastie, les ancêtres de Toutankhamon, ainsi que les souverains de la XIXe dynastie, Ramsès Ier, son fils Seti Ier et le fils de ce dernier, le grand Ramsès II. Plus loin, la dernière chambre, plus haute que les autres et longue de six mètres, abritait les sarcophages de la XXIe dynastie, dont provenaient les *Livres des Morts* à l'origine de ces recherches et qui contenaient les momies de Pinédjem II, de la reine Hénouttaouy et d'autres membres de cette auguste famille. Les Rassoul avaient découvert les dépouilles de monarques dont les règnes s'étendaient sur quatre siècles.

Simple assistant au musée, Brugsch n'était pas un érudit, mais il avait pris des cours d'égyptologie au Caire, sous la direction de son frère aîné, Heinrich, plus savant en la matière. Il était donc capable de lire les cartouches sur la plupart des cercueils. Il comprit qu'il était en présence des plus grands pharaons de l'Histoire et qu'il s'agissait de la plus importante découverte jamais faite en Egypte. Mais comment les rois de tant de dynasties différentes en étaient-ils arrivés à se retrouver rassemblés là, dans un seul et même sépulcre ?

Sous la XXe dynastie, deux siècles après la mort de Toutankhamon, la plupart des tombes de la Vallée des Rois avaient été pillées. Une inspection des lieux sous la XXIe dynastie révéla cette gigantesque violation. Plutôt que de s'obstiner à de futiles tentatives pour protéger des sites isolés, on décida de réparer les corps profanés, qui furent correctement emmaillotés et étiquetés au moyen de plaquettes de bois, de leur confectionner, si nécessaire, des sarcophages neufs et de les installer dans la tombe commune que les Rassoul découvriraient des siècles plus tard. Des rapports concernant les caveaux d'origine rédigés à la hâte sur les murs, et les inscriptions sur les cercueils et les bandages des pharaons détaillaient les dates et les lieux de transfert. En combinant ces données, on put reconstituer les étapes qu'avaient suivies les prêtres de la XXIe dynastie pour préserver les momies de leurs ancêtres.

La cachette de Deir el-Bahari constituait un lieu tellement sûr que le roi-prêtre Pinédjem II la choisit pour en faire son propre sépulcre. Les hiéroglyphes, écrits à l'encre noire sur la paroi située à l'extrémité du passage, indiquent que, le jour des funérailles de ce pharaon, les corps de Seti Ier et de Ramsès II furent les derniers à y être enterrés. Ils y demeurèrent intacts durant plus de trois mille ans.

Malgré l'importance et le caractère unique de la découverte de Deir el-Bahari, toutes ces trouvailles furent peu répertoriées. Au bout de deux heures passées à l'intérieur, Brugsch comprit que les bougies de l'équipe risquaient de mettre le feu au bois sec des cercueils. Il quitta donc rapidement les lieux. Puis il décida qu'il fallait transporter les momies et les objets funéraires au Caire dès que possible. Depuis des années, les habitants de la ville proche de Gourna gagnaient leur vie en volant les tombes. On ne pouvait prévoir leur réaction lorsqu'ils apprendraient tout ce qu'ils étaient sur le point de perdre. On ne prit donc pas le temps d'enregistrer l'emplacement exact de chaque cercueil, ni de faire des dessins ou des photographies des objets trouvés sur place. En deux jours, tous les sarcophages, les vases canopes et les objets funéraires furent hissés à la surface. Trois cents hommes portèrent ces trésors jusqu'à la rive gauche du Nil, les acheminèrent de l'autre côté du fleuve, puis les chargèrent sur le bateau à vapeur du musée, en route pour Le Caire. Lorsque la nouvelle fut rendue publique, des femmes fellahs s'assemblèrent sur les rives du Nil, poussant des hurlements de deuil, comme le faisaient leurs ancêtres au passage de leurs rois[4].

La cachette de Deir el-Bahari eut un effet important sur les fouilles dans la Vallée des Rois. Elle illustrait l'ampleur des pillages des tombes dans l'ancienne Egypte et la protection insuffisante dont elles faisaient l'objet. Si les momies de Thoutmosis Ier et II se trouvaient au musée du Caire alors que leurs sépulcres d'origine n'avaient pas encore été découverts, on était certain qu'ils avaient été vidés de tout objet de valeur. Il y avait néanmoins de meilleures nouvelles : malgré les nombreuses dépouilles royales contenues dans ce site, il restait encore beaucoup de pharaons dont on n'avait pas retrouvé la trace : Thoutmosis IV, Aménophis II, Merenptah, ainsi que d'autres monarques moins célèbres. Peut-être leurs hypogées avaient-ils échappé au vol et à la destruction.

En 1898, lorsque Victor Loret découvrit une deuxième cachette abritant les momies d'Aménophis III et d'autres rois, on commença à s'intéresser à Toutankhamon, jusque-là pratiquement inconnu. Si Cléopâtre, qui régna en Egypte mille ans après ce dernier, avait été interrogée à son sujet, elle aurait répondu par un regard absent.

Les fouilles de Petrie à Amarna avaient montré que ce souverain mystérieux avait participé à une révolution religieuse ; la ville fantôme revêtait donc un intérêt très particulier pour les égyptologues. Au même moment, diverses tombes royales, toutes pillées, furent dégagées dans la Vallée des Rois, mais pas celle de Toutankhamon. On n'avait pas non plus retrouvé sa momie parmi celles qu'avaient sauvées les anciens prêtres. Par conséquent, il n'était pas déraisonnable de croire qu'elle reposait intacte dans son caveau. C'est alors que l'on se mit vraiment à la recherche de Toutankhamon.

Pour effectuer des fouilles en Egypte, il fallait avoir l'autorisation du Service des Antiquités, facile à obtenir au début de ce siècle. La « concession », comme on l'appelait, stipulait généralement la zone où l'archéologue pouvait creuser et la durée pendant laquelle toute autre personne était exclue de ce site. Les objets trouvés seraient partagés entre l'archéologue et l'organisme. C'était un bon contrat pour les deux parties. Le Service des Antiquités jouissait d'une main-d'œuvre gratuite et de nouvelles pièces pour son musée ; de son côté, l'explorateur obtenait ce qu'il désirait, le savoir, les objets ou les deux. La démarche de Petrie était purement scientifique. Lorsque, à la fin de la saison, il reçut sa part des fonds, il garda les articles les plus intéressants pour constituer une collection d'étude, qui allait devenir le musée Petrie, à l'University College de Londres, et partagea le reste entre les mécènes qui avaient financé ses travaux.

D'autres archéologues venaient surtout chercher des objets et enrichir leurs collections, ou simplement pour le plaisir de la chasse au trésor, comme Theodore Davis. Ce riche avocat et homme d'affaires américain passa l'hiver en Egypte dans sa résidence flottante, « Le Bédouin », embarcation au décor sophistiqué, incluant même un piano et des lustres en cristal. Cherchant à se distraire, il décida d'entreprendre des fouilles, mais il avait besoin d'un homme expérimenté à ses côtés pour obtenir l'autorisation. C'est là qu'intervient Howard Carter, qui avait commencé sa carrière sous la direction de Flinders Petrie.

Ce dernier, qui ne connaissait pas assez le jeune égyptologue pour lui faire confiance, fit le commentaire suivant :

... Howard Carter vint me voir, alors qu'il était un gamin de dix-sept ans, pour participer à des fouilles que j'effectuais pour le compte de M. Tyson Amherst. Son intérêt alors se portait entièrement sur la peinture et l'histoire naturelle et je n'imaginais pas qu'il pût accomplir une grande quantité de travail. Pour le tenir à distance, je lui confiai le déblayage du site d'un temple. Là, il découvrit les statues brisées de la reine, ainsi que des torses et des monceaux de débris provenant de ces sculptures[5].

C'était l'un de ces curieux clins d'œil de l'histoire : les routes de deux grands hommes s'étaient croisées et aucun d'entre eux n'avait mesuré la signification de cette rencontre. Petrie, bien qu'encore jeune, était alors l'archéologue le plus compétent d'Egypte et il avait déjà déterré les premiers indices de la vie de Toutankhamon. Sans doute même, lorsqu'il travaillait sur le site avec Petrie, manipula-t-il certains objets portant le nom du jeune roi, sans le savoir. Cela étant, ni lui ni Carter ne soupçonnaient qu'un quart de siècle plus tard, ce dernier découvrirait la tombe de ce pharaon et deviendrait le plus célèbre égyptologue de tous les temps.

Il commença sa carrière grâce à son talent d'artiste. Le cadet de onze enfants, il avait hérité ce don de son père, qui gagnait sa vie en peignant des animaux domestiques pour les riches mécènes. Cet homme avait été, durant des années, le portraitiste de famille de lord Amherst et, petit garçon, Howard l'accompagnait souvent à Didlington Hall, la propriété du noble anglais qui abritait une superbe collection d'antiquités égyptiennes. Cet aristocrate était engagé dans le Fonds pour l'exploration de l'Egypte, un organisme britannique créé peu auparavant, pour financer des fouilles et recenser les monuments de cette civilisation. L'un de ses archéologues, qui avait besoin d'un artiste pour l'aider à reproduire les fresques des tombes à Beni-Hassan, non loin d'Amarna, suggéra de ne pas faire appel à un *gentleman*, qui demanderait trop cher. Ainsi, éviterait-on certains frais. Le jeune Howard Carter, qui n'avait pratiquement pas de formation académique, correspondait parfaitement à cette exigence. Grâce aux recommandations de Lady Amherst, il embarqua sur un bateau à vapeur à destination d'Alexandrie. Carter se révéla bientôt à la fois compétent et travailleur, capable de vivre heureux dans l'environnement austère d'un camp d'expédition. Il fut bientôt envoyé à Amarna, auprès de Petrie, pour apprendre les rudiments techniques des fouilles, ce qui lui serait d'une extrême utilité plus tard.

En 1899, à l'âge de vingt-six ans, Carter fut engagé par Maspero en tant qu'inspecteur en chef de l'Egypte du Sud pour le Service des Antiquités. Carter était consciencieux, dynamique et très soucieux de préserver les monuments antiques. Ses responsabilités incluaient la construction de portes de fer aux entrées des tombes pour empêcher le vandalisme et le vol, l'installation d'éclairage électrique pour que les visiteurs puissent voir les peintures murales, la restauration des temples et la lutte contre le pillage. Carter semble avoir eu un intérêt particulier pour cette dernière activité. Il relate notamment un incident plus proche de l'histoire policière que de l'épisode archéologique.

Il venait de préparer la tombe d'Aménophis II pour l'ouvrir aux touristes. Il avait placé la momie du roi dans son sarcophage, exposé de nombreux objets trouvés par Loret et prévu un portail en métal, afin de verrouiller la tombe la nuit. Malgré toutes ces précautions, le 20 novembre 1901, il y eut effraction ; la momie du roi fut endommagée et certains objets disparurent. Le rapport de Carter montre combien il était déterminé dans sa poursuite des criminels :

28 nov. 1901 — Le lendemain, je me rendis à nouveau dans la tombe d'Aménophis II... J'avais été précédemment informé par le parquet que le cadenas de la tombe avait été recollé pour sembler intact, au moyen de petits morceaux de feuille de métal... je trouvai davantage de cette limaille sous la porte, ainsi qu'un fragment rond de résine, provenant probablement d'un arbre-*sonet* et correspondant exactement à la cavité destinée à recevoir la languette du cadenas. Cela me donna un petit indice. En effet, le 11 novembre, il y avait déjà eu une effraction ; le verrou avait été forcé au moyen d'un levier, reconstitué et recollé à l'aide de résine. Le matériel et la méthode étaient identiques dans ces deux cas.

Je dois ajouter, avant d'aller plus loin, que j'avais de grands soupçons à l'encontre de Mohamed Abd el Rassoul dans le cas de la tombe de Yi-madoua et je surveillais donc cet homme chaque fois que c'était possible, car c'était un pillard connu et sa maison se trouvait près de la tombe.

... Je comparai soigneusement les empreintes de pas trouvées dans les deux tombes et constatai qu'elles se ressemblaient beaucoup. Dans les deux cas, les empreintes de pieds nus provenaient d'une seule et même personne... Puis j'en pris des photographies, à l'échelle la plus grande possible et les mesurai très minutieusement.

Entre-temps, le pisteur retrouva des traces de pas depuis Biban El Molouk jusqu'au village de Gourna et jusqu'à la maison de Soleman et Ahmed Abd el Rassoul. Ces hommes furent arrêtés...

30 nov. 1901 — Je suis allé au parquet... et ai demandé l'autorisation de partir pour inspecter les empreintes du pied de Mohamed Abd el Rassoul. Ce que je fis à Markas. Je constatai qu'elles correspon-

daient totalement à mes photographies et aux mesures que j'avais prises dans la tombe d'Aménophis II et de Yi-ma-doua. Les dimensions concordaient au millimètre près[6]...

Lorsque Carter apprit que Davis désirait entreprendre des fouilles, il lui proposa d'intervenir pour obtenir une concession à son nom dans la Vallée des Rois. Ainsi, lorsque ses activités de chef inspecteur le permettraient, il superviserait les opérations. Lors de leur première année de travaux, ils découvrirent la tombe pillée de Thoutmosis IV. Les anciens voleurs avaient abandonné une grande partie de l'équipement funéraire, notamment de superbes statues d'*ouchebtis* bleues et une partie du char du pharaon, décoré de scènes de batailles. Davis était transporté mais bien que ce partenariat fût bénéfique aux deux hommes, il ne dura pas. En 1904, Carter fut transféré au nord, pour superviser les monuments de Saqqara, à une vingtaine de kilomètres au sud du Caire. Là, il fut impliqué dans une altercation qui mit un terme à sa carrière au Service des Antiquités.

Un groupe indiscipliné de touristes français avait essayé de pénétrer sans billets dans une tombe, forçant le barrage de sécurité et refusant de quitter les lieux. On appela Carter. Lorsque les visiteurs s'attaquèrent aux gardiens locaux, l'égyptologue dit à ces derniers de se défendre. Une mêlée s'ensuivit. Les Français furent outrés qu'un employé égyptien ait pu les frapper. Mais Carter prit sa défense et menaça même de poursuivre les touristes en justice. Dans l'Egypte coloniale, on n'avait jamais vu un autochtone toucher un Européen. L'affaire atteignit les plus hauts niveaux diplomatiques en Egypte, et on demanda à Carter de s'excuser. Il refusa. Maspero l'approuvait dans son for intérieur, mais fut forcé de le réprimander. Furieux, Carter démissionna et ne réintégra plus jamais le Service des Antiquités. Il était désormais indépendant.

Entre-temps, Davis, privé de la collaboration de Carter, engagea Edward Ayrton, âgé de vingt-deux ans, pour poursuivre les fouilles dans la Vallée. Fils de diplomate, ce dernier était né en Chine et, à dix-neuf ans, il s'était rendu en Egypte pour travailler sur les chantiers de Petrie. Comme la plupart des disciples de ce savant, il était bien formé et Davis fut content de ses services : il découvrit la tombe pillée du pharaon Horemheb, l'un des généraux de Toutankhamon devenu roi. Il trouva également, sous un roc, le premier indice conduisant à la tombe de Toutankhamon : une coupe de faïence portant son cartouche. C'était le premier lien solide établi entre le mystérieux monarque et la Vallée des Rois. Excités, Ayrton et Davis continuèrent leurs recherches et, en 1907, tombèrent sur une petite fosse contenant les vestiges d'un ancien banquet. Nourriture, coupes, vases à vin et guirlandes de fleurs, se mêlaient aux bandages de momie sur lesquels figurait le nom de Toutankhamon. Dès lors, il devenait clair que ce dernier avait été inhumé dans la nécropole. Cependant, Davis ne comprit pas ce qu'il avait sous les yeux. Il pensait avoir découvert le butin dissimulé par des voleurs après le pillage de la tombe. En fait, il s'agissait des résidus du repas pris par la famille et les proches de Toutankhamon le jour de ses funérailles, ainsi que les restes du matériel utilisé pour son embaumement. Puis, en 1909, ayant dégagé un petit hypogée inachevé contenant des *ouchebtis* et certaines feuilles d'or avec le nom de Toutankhamon, Davis conclut qu'il avait trouvé le sépulcre saccagé de ce pharaon.

Chaque année, l'Américain publiait ses découvertes dans une série de somptueux ouvrages se terminant toujours par un catalogue des objets déterrés, écrit par un égyptologue professionnel. Certains de ces livres contenaient des illustrations à l'aquarelle, réalisées par Howard Carter, alors sans emploi et reconnaissant pour ce travail. En guise d'introduction, Davis donnait son opinion, fondée non pas sur des faits ou des conseils de spécialistes, mais sur ses convictions personnelles. Dans la préface du volume décrivant les découvertes relatives à Toutankhamon, il conclut : « J'ai bien peur que la Vallée soit à présent épuisée[7]. » Il abandonna donc bientôt sa concession dans la nécropole, laissant le champ libre à Carter.

Durant la période où Davis travaillait sur ce site, George Edward Stanhope Molyneux Herbert, cinquième comte de Carnarvon, commença sa propre série de fouilles, juste à l'extérieur de la Vallée. Ce riche aristocrate et collectionneur avait une passion pour les courses de chevaux et de voitures. Il se distingua d'ailleurs de manière fâcheuse en ayant en 1903 le premier accident automobile du monde quasi mortel. On lui conseilla alors de se rendre en Egypte pour se remettre de ses blessures et là, il conçut un intérêt profond pour l'archéologie. Comme Davis, il y voyait une façon intéressante de se distraire. En raison de ses poumons endommagés et de sa santé fragile, il ne put jamais totalement participer aux travaux, mais il voulait y jouer un rôle. L'un des peintres de son équipe décrivit la véritable passion de Carnarvon pour l'égyptologie :

Son teint maladif était d'autant plus saillant qu'il avait le visage grêlé à cause de la variole. Mais lorsqu'il parlait d'égyptologie, son regard pâle et éteint brillait d'enthousiasme[8].

Lorsque Carnarvon sollicita Maspero pour obtenir une concession, ce dernier y vit une occasion d'aider le pauvre Carter, alors dans le besoin. Il suggéra donc au comte de l'engager. En 1907, les deux hommes s'associèrent : l'aristocrate financerait une série de fouilles et l'égyptologue dirigerait les travaux.

Ils formaient un couple bizarre. Doté d'un grand charme et d'un caractère extrêmement sociable lord Carnarvon avait grandi dans l'opulence. Il s'intéressait aux sciences occultes alors très en vogue, organisant et se rendant à des soirées où des médiums lisaient dans des boules de cristal, lorsqu'il ne participait pas à des séances de spiritisme.

Carter, de son côté, venait de la classe moyenne, d'une famille travailleuse qui lui avait inculqué une vision très cartésienne, voire manichéenne, de la vie : tout était blanc ou noir, bien ou mal. Franc et courageux, ce célibataire endurci se prêtait peu aux mondanités.

Malgré l'apparente incongruité de ce tandem, il naquit entre les deux personnages une longue amitié et même si leurs relations étaient celles d'un lord avec son serviteur, ils nourrissaient l'un envers l'autre une affection protectrice et sincère.

L'année où Carter et Carnarvon décidèrent de collaborer, l'équipe Davis-Ayrton trouva une nouvelle tombe contenant un cercueil royal et une momie. Sans chercher plus avant, Davis déclara qu'il s'agissait de la reine Tiyi ; Arthur Weigall, nouvel inspecteur en chef des Antiquités à Louqsor, affirma que c'était Akhenaton ; et George Daressy, l'égyptologue français travaillant au Musée égyptien, l'identifia comme la dépouille de Toutankhamon. Finalement, il s'avéra que tous trois avaient tort : en réalité, on venait de découvrir Smenkhkarê, le frère de Toutankhamon.

La tombe 55

De toutes les momies royales, aucune n'a provoqué de controverse plus grande que celle trouvée dans la tombe 55, située près de celle de Ramsès IX, dans la Vallée des Rois. Tandis que Davis et Ayrton déblayaient les débris, une volée de marches taillée dans le roc apparut. Au bout, une porte menait à un deuxième escalier, au bas duquel se dressait un mur nu fait de gros blocs de calcaire. Contrastant avec l'architecture traditionnelle, il avait, à l'évidence, été érigé pour sceller de nouveau une entrée fracturée dans l'Antiquité. En retirant les pierres, on trouva un couloir en pente pratiquement rempli jusqu'au plafond de morceaux de calcaire destinés à dissuader les voleurs. Un tunnel pratiqué entre les décombres, sous le plafond, suggérait que cela n'avait pas fonctionné : l'hypogée avait été pillé.

L'assemblée présente lors de l'ouverture de la tombe était composée de Gaston Maspero, Arthur Weigall, l'inspecteur des antiquités pour la Haute Egypte, Joseph Lindon Smith, un peintre qui avait travaillé pour plusieurs égyptologues, et sa femme Corinna. Pratiquement toutes les personnes présentes laissèrent un compte rendu de ce qui se produisit par ce beau jour de janvier 1907, mais aucun de leurs témoignages ne concorde.

Le premier à pénétrer dans les catacombes fut Joseph Lindon Smith, à qui sa minceur permettait de se glisser dans le passage étroit. Il rampa au-dessus des gravats pour arriver devant une grande porte de bois dorée ornée d'inscriptions, dont il fit un rapide croquis. Puis il retourna montrer ses esquisses à Maspero qui déchiffra le nom de la reine Tiyi, épouse d'Aménophis III et mère d'Akhenaton. Mais la porte était si fragile que l'on n'osa pas la retirer : quand, pour la première fois depuis trois mille ans, une douce brise pénétra à l'intérieur, la feuille d'or qui la recouvrait se détacha et tomba sur le sol. Smith la longea donc avec précautions et poursuivit sa descente.

La tombe était inachevée. La chambre funéraire était composée d'une pièce, non peinte et grossièrement taillée, d'environ deux mètres carrés. Des panneaux de bois étaient posés sur le sol et contre un mur. Dans une niche creusée dans l'une des parois, Smith aperçut quatre beaux vases canopes aux couvercles finement sculptés en forme de tête de femme (ill. 3). Puis il remarqua, au milieu de ce fouillis, un cercueil très endommagé mais superbe, avec son couvercle ouvert. Le sarcophage, comme le reste du contenu de la salle, avait souffert de l'humidité due aux gouttes de pluie s'écoulant d'une fente dans le plafond. Il avait aussi subi des dommages supplémentaires car le catafalque en bois sur lequel il reposait s'était effondré. Pis encore, dans l'Antiquité, un roc avait dû tomber de la voûte et s'écraser.

Des milliers d'incrustations de verroterie et de pierres semi-précieuses formaient les ailes protectrices d'un faucon entourant le cercueil. Plus impressionnant encore, à l'intérieur de ce coffre reposait un corps, apparemment intact car sur sa tête subsistait un vautour d'or, symbole du pouvoir du pharaon.

Personne ne dit combien de temps Smith resta dans la tombe, mais cela dut paraître une éternité au groupe qui attendait à l'extérieur. Lorsqu'il émergea de nouveau, il décrivit ce qu'il avait vu du mieux qu'il put. Maspero lui posa quelques questions et le renvoya afin de prévenir d'autres dégâts des eaux et pour dessiner les objets. Smith reproduisit le cercueil puis revint faire un second rapport. Tout le monde était impatient de pénétrer dans la tombe mais il fallait attendre que les ouvriers déblaient le passage et installent des planches pour supporter le poids imposant de Maspero.

Davis envoya son maître d'hôtel à sa résidence flottante sur le Nil pour chercher un panier à pique-nique. Durant le déjeuner, on discuta de la découverte. L'Américain était ravi, convaincu qu'ils avaient trouvé la tombe et la momie de la reine Tiyi. Après le repas, on put finalement entrer dans les catacombes.

Tous les panneaux de bois, à l'exception de deux, se sont désintégrés depuis, mais d'après ce qu'on observa en 1907, ils constituaient clairement les restes d'une chapelle dorée qui avait jadis contenu le cercueil de la reine Tiyi. Sur ce sarcophage, vraisemblablement fabriqué pour elle par son fils Akhenaton, on voit ce dernier vénérer Aton en compagnie de sa mère. Quelques temps après l'enterrement, quelqu'un avait martelé l'image du pharaon hérétique, mais la figure de Tiyi était restée intacte. Posés dans une niche rectangulaire taillée dans le mur, se trouvaient les quatre vases canopes terminés par une tête de femme.

Comme le couvercle du cercueil était fragile, il fallut attendre un spécialiste pour le renforcer et le retirer. Entretemps, on devait photographier chaque objet sur place avant de pouvoir le sortir et le voir à la lumière du jour. Plusieurs jours s'écoulèrent avant l'arrivée d'un conservateur et d'un photographe du Caire. Lorsque l'on décida de désenvelopper la momie, toutes les personnes présentes eurent le sentiment d'assister à un événement historique. Ils étaient les premiers depuis plus de trois mille ans à contempler le visage de cette célèbre reine d'Egypte. Maspero, Weigall, Ayrton, Joseph Lindon Smith et son épouse Corinna, Theodore Davis, sa compagne, Mrs. Anderson, et Harold Jones, un peintre qui travaillait pour lui, s'alignèrent tous dans la pièce. Arthur Quibell, du Service des Antiquités, arriva plus tard. Une fois le groupe solennellement rassemblé autour du cercueil, dont le couvercle avait été ôté par le conservateur, Maspero demanda à Joseph

Lindon Smith de retirer les bandages car il avait « les mains délicates d'un artiste ».

Des feuilles d'or de la taille d'un papier à lettre couvraient le corps, du cou jusqu'aux pieds. Ce métal précieux ne ternissant pas, les anciens Egyptiens l'associaient à l'éternité et l'utilisaient pour assurer la conservation de leurs momies. Smith détachait méticuleusement chaque lamelle d'or, puis la tendait à Maspero qui l'inspectait. Il déclara chacune d'elles « sans inscription ». La momie était à présent découverte, le bras gauche sur la poitrine et l'autre le long du corps, dans une position normalement réservée aux femmes royales. Trois bracelets d'or encerclaient chaque poignet. Davis avait de nouvelles preuves confirmant la théorie qu'il s'agissait bien de la reine Tiyi. Maspero demanda à Smith de palper, sous les bandages, la zone située entre le cou et le haut de la poitrine, afin de chercher le pectoral qui aurait dû s'y trouver. C'est alors que tous assistèrent à une scène relevant d'un film d'épouvante.

Mais à peine ma main eut-elle effleuré la surface de la momie que cette dernière tomba en cendres et se désagrégea. Il en fut ainsi pour tout le corps jusqu'à ce que ne subsiste qu'un tas de poussière et d'os désarticulés ; seuls y adhéraient encore quelques lambeaux de peaux. L'eau qui s'était infiltrée dans la tombe expliquait la consistance de cendres de cigare du tissu. En palpant à l'intérieur, je trouvai les pièces d'un large collier constitué de pendentifs en or, de plaques incrustées, de fleurs de lotus en or et d'innombrables perles minuscules [9].

La tombe 55 abritait un étrange assortiment de choses : des objets appartenant à Tiyi, à Akhenaton, à

Smenkhkarê et, selon de nombreux spécialistes, les vases canopes de Kiya. Comment tous ces biens de la famille de Toutankhamon furent-ils rassemblés là ? L'explication la plus plausible est qu'après le pillage des tombes d'Amarna, certains serviteurs fidèles ont regroupé tout ce qui restait, pour le transporter à Thèbes et l'enterrer en sécurité dans la tombe 55. Aujourd'hui, la plupart des égyptologues pensent que le corps était en réalité celui de Smenkhkarê, le frère de Toutankhamon.

Dès que Theodore Davis abandonna sa concession dans la Vallée, Carter et Carnarvon prirent sa suite. Ils décidèrent d'effectuer, selon leurs propres termes, « une recherche systématique et exhaustive », mais leurs travaux furent retardés par le début de la Première Guerre mondiale, jusqu'à la fin de l'année 1917.

Carter était convaincu qu'ils auraient le maximum de chances de trouver une nouvelle tombe en explorant un triangle délimité par les sépulcres de Merenptah, Ramsès II et Ramsès III. C'était la seule zone qui n'avait pas été méthodiquement fouillée. Des ouvriers déblayèrent des paniers de débris par milliers tandis que Carter travaillait à la base de la célèbre tombe de Ramsès VI. Il y découvrit un groupe de huttes d'ouvriers, datant probablement de la construction de cette dernière. On aurait dû les dégager pour avancer plus loin mais cela aurait bloqué l'accès à cette tombe, l'une des plus visitées de l'époque. Alors, Carter poursuivit sa tâche dans une autre partie de la Vallée jusqu'à ce que la période touristique se calme.

Cinq années s'écoulèrent sans succès, malgré les fouilles assidues de Carter. Carnarvon en vint à penser que Davis avait raison, que la Vallée devait être épuisée. Il invita Carter au château de Highclere en 1922, pour l'informer qu'il avait décidé de mettre un terme aux chantiers. En raison des liens noués entre les deux hommes, ce dut être un moment difficile pour l'aristocrate. Si après tant d'efforts sans résultat, Carter ne fut probablement pas surpris, pourtant, il n'était pas prêt à abandonner. Il fit une contre-proposition : ils continueraient encore pendant une saison, Carter paierait tous les frais et Carnarvon pourrait garder tout ce qu'ils trouveraient. Ce dernier, touché par ce geste audacieux et sachant son ami sans argent, accepta de financer cette dernière opération.

Ce fut seulement en novembre 1922 que Carter retourna enfin au triangle qu'il s'était fixé comme principal objectif et il commença à déblayer les huttes. Le 4 novembre, l'un des ouvriers découvrit une marche taillée dans le sol de la Vallée. Après une journée de travail, un escalier fut dégagé. Au crépuscule du 5 novembre, devant la douzième marche, apparut la partie supérieure d'une porte portant le sceau intact de la nécropole royale. Carter sut qu'ils avaient découvert la tombe d'un pharaon mais ne put déterminer de qui il s'agissait. Au travers d'une petite fente près du sommet, il vit clairement que le passage derrière la porte plâtrée était rempli de gravats pour dissuader les pillards. Cette tombe devait être inviolée. Une seule chose rendait Carter perplexe : l'escalier, mesurant moins de deux mètres de large, était beaucoup plus étroit que les entrées des autres tombes royales. Encore capable de retenir son excitation, Carter remplit le passage de sable et de gravats et télégraphia à son mécène, lord Carnarvon, en Angleterre :

« Enfin extraordinaire découverte dans Vallée des Rois. Stop. Tombe superbe avec sceaux intacts. Stop. Attends votre arrivée pour ouverture. Stop. Félicitations. »

Carter attendit près d'un mois son ami qui arriva en Egypte la dernière semaine de novembre. On prit finalement les dispositions nécessaires pour ouvrir la tombe. L'escalier fut de nouveau dégagé et cette fois, on aperçut le cartouche de Toutankhamon dans la partie inférieure de la porte scellée. En l'ouvrant, les archéologues virent un passage étroit creusé au travers des gravats, sans doute par d'anciens voleurs. La tombe avait déjà été visitée.

Une journée entière fut consacrée à déblayer le couloir descendant, long de neuf mètres. Eparpillés au milieu des décombres, on voyait des vases d'albâtre, des poteries et des outils d'ouvriers. Finalement une deuxième porte apparut. Cette fois, il était clair que celle-ci avait été forcée et scellée de nouveau. Carter pratiqua une ouverture dans le coin supérieur gauche pour y passer une bougie afin de tester l'air à l'intérieur. Au début, la flamme vacilla sous l'arrivée d'air chaud, puis Carter vit « des choses merveilleuses ».

La pièce que contemplaient Carter et Carnarvon était remplie de tout ce dont Toutankhamon aurait besoin dans l'Autre Monde. Des chars, des statues, des tables de jeu, du linge, des bijoux, des lits, des canapés, des chaises, et même un trône s'entassaient pêle-mêle. Les anciens pilleurs, surpris ou effrayés, avaient pris la fuite, car quasiment rien n'avait été touché. La tombe était virtuellement intacte.

Enfin, on allait en savoir davantage sur ce pharaon inconnu. Lorsque Carter fit cette découverte, il existait deux ouvrages populaires de référence sur l'Egypte ancienne et son histoire, tous deux écrits par le contemporain américain de Petrie, James Henry Breasted. Pharmacien de formation, ce dernier comprit vite que l'histoire antique l'intéressait davantage que la vente de médicaments. Comme les Européens étaient très en avance sur les Américains dans l'institution de cours d'égyptologie, Breasted partit en Allemagne pour étudier les hiéroglyphes. Là, il suivit les enseignements d'Adolph Erman, un grand philologue, et fut le premier Américain à recevoir un doctorat en égyptologie. En fait, Petrie comme Breasted dressaient tous deux un tableau complet de cette civilisation, mais leurs approches différaient. Le premier était un archéologue, désireux de découvrir de nouveaux matériaux ; le second, philologue, se concentrait sur leur traduction.

Au début de ce siècle, Breasted entreprit une incroyable campagne en solitaire pour recenser toutes les traces historiques de l'Egypte ancienne. Durant onze ans, il sillonna les rives du Nil, afin de décrypter les inscriptions des temples et des tombes, souvent au péril de sa santé. Sur la page du 14 novembre 1906 de son journal, on lit :

> Nous sommes à pied d'œuvre à six heures du matin et le soleil se couche bien avant que nous arrêtions. J'ai passé la journée d'hier sur une échelle, à recopier les inscriptions d'une paroi aveuglante sur laquelle le soleil impitoyable brillait de toute sa force et je me suis réveillé ce matin avec un œil gonflé que j'avais du mal à ouvrir. Même avec des lunettes noires, le travail sur un mur en plein soleil me semble parfois impossible [10].

A l'issue de ces recherches exhaustives, Breasted publia un ouvrage en cinq volumes intitulé *Ancient Records of Egypt* [11]. Il n'avait retrouvé qu'un seul monument datant du règne de Toutankhamon, la tombe de Houy, vice-roi de Nubie. Dans *History of Egypt* [12], écrit ultérieurement, moins d'une page, sur les six cents du livre, fut consacrée à Toutankhamon. Il n'y avait guère plus à dire. Carter espérait, quant à lui, combler ce vide.

Les fouilles dans la tombe de Toutankhamon progressaient sans apporter de réponses aux questionnements des égyptologues. On trouva des objets splendides mais aucune mention des parents du roi ni de détails sur ce qui s'était passé durant son bref règne. A un moment, les chercheurs crurent qu'ils tenaient enfin la clé de ce mystère, mais leur excitation fut de courte durée. Dans l'antichambre, un coffre contenait ce qu'ils prirent d'abord pour des papyrus et qui, finalement, se révéla être du lin, jauni par le temps. Décidément, Toutankhamon échappait à ses découvreurs.

Carter et Carnarvon, tous deux ravis de leur découverte, réagirent de manière différente. Carnarvon, le collectionneur, était ébahi par la splendeur des objets. Carter, en tant qu'artiste, pouvait apprécier leur beauté, mais en tant qu'archéologue, il désirait par-dessus tout élucider cette énigme historique. Et dans ce contexte, il fut déçu.

Il ne soupçonna jamais la trahison ni le coup à la nuque qui mirent fin à la vie de Toutankhamon. Aujourd'hui, soixante-quinze ans après lui, nous pouvons encore interroger la tombe pour trouver des indices concernant la courte existence de ce jeune pharaon et surtout la cause de sa mort.

La petite chapelle dorée

Les bijoux étaient certes spectaculaires, mais pour moi, l'objet le plus émouvant, trouvé dans la tombe, était une réplique miniature, haute de moins de cinquante centimètres, d'une chapelle grandeur nature. Lorsque Carter ouvrit ses petites portes, il vit, sur la base, deux minuscules empreintes de sandales, là où se trouvait jadis une statuette de Toutankhamon, sans doute volée par des pilleurs dans l'Antiquité [13]. L'extérieur était gravé de dix-huit scènes montrant l'enfant-roi occupé à ses plaisirs favoris et toujours accompagné de sa bien-aimée : il chasse les oiseaux dans les marais tandis qu'Ankhesenamon, assise à ses genoux, lui prépare sa prochaine flèche ; il reçoit des fleurs de sa jeune épouse, qui lui attache un collier autour du cou ; il verse du parfum dans les mains de sa compagne. Ces tableaux intimes n'ont rien à voir avec les modèles établis et reproduits par les artisans. Ils représentent deux êtres dévoués l'un à l'autre, fascinés l'un par l'autre, se tenant toujours par la main. Et si leur mariage précoce fut essentiellement motivé par des raisons politiques, il est évident, sur ces images touchantes, qu'ils nourrissaient une réelle affection l'un pour l'autre.

Sur les inscriptions de la petite chapelle ne figure pas l'expression « juste de voix », signifiant que Toutankhamon était décédé. Il ne s'agit donc pas d'un objet funéraire façonné à la hâte et commandé pour sa tombe, mais plus probablement d'un présent offert par la reine à son époux. C'est une déclaration d'amour écrite en lettres d'or. Ce n'est pas le seul témoignage que nous avons des sentiments unissant les deux adolescents : sur le trône royal, on peut voir Ankhesenamon ajustant tendrement le large collier de son compagnon.

Les conjoints passaient beaucoup de temps à se distraire et à jouer ensemble. Toutankhamon emporta trois jeux de société dans l'Autre Monde. L'un de ses favoris était le Sénet, une sorte de Monopoly antique (ill. 9). Le damier consistait en trois rangées de dix cases, portant la mention « très bon » ou « eau » (équivalent de la « Prison »). Les pièces ressemblaient aux pions d'échecs, mais les modèles les plus élaborés avaient des têtes de lion. Nous n'en connaissons pas les règles exactes. Il s'agissait vraisemblablement d'une course pour arriver à la fin du parcours en évitant les pièges (« l'eau »). Les mouvements étaient déterminés par des bâtons que l'on lançait[14]. Le

Sénet, très populaire chez les Egyptiens, était fréquemment représenté dans les tombes royales. Les « Vingt Carrés », quant à eux, se jouaient sur un tableau en forme de T. On suppose, sans certitude, que les adversaires plaçaient leurs pièces sur les lignes latérales, l'objectif étant d'arriver à la rangée centrale [15].

Toutankhamon fut enterré avec près de trois douzaines de vases de vin fin, contenant chacun plusieurs litres. Les Egyptiens aimaient tellement ce breuvage qu'ils en montraient souvent le processus de fabrication sur les murs de leurs sépulcres. Deux tombes de nobles thébains illustrent bien cet engouement : celle de Sénefer et celle de Nakht. Dans la première, le plafond a été réalisé en relief pour que la tonnelle de vigne peinte paraisse plus réaliste, tandis que la seconde montre comment on pressait le raisin : dans de larges cuves plusieurs hommes piétinent les grains pour en exprimer le jus. Dans l'équipement funéraire de Toutankhamon, le vin n'était pas le moindre des trésors. Sur tous les vases figuraient le nom du producteur et du vignoble ainsi que l'année de mise en bouteille. Beaucoup provenaient de la « propriété de Toutankhamon ». Si la plupart remontaient à l'an 5, probablement une année millésimée, l'un d'eux était daté de l'an 31 : il devait donc jadis appartenir à la cave d'Aménophis III et avait plus de trente ans lorsqu'il fut placé dans la tombe. Seuls quatre vases portaient l'étiquette de « vin doux », Toutankhamon devait donc préférer le vin sec [16].

Visiblement, le jeune pharaon appréciait la chasse plus que tout autre sport. Les scènes ornant ses coffres à linge et ses chapelles montrent le roi visant des animaux ou des oiseaux. Sur un flabellum [I], on le voit sur son char, armé de son arc et de ses flèches, poursuivre des autruches, suivi par un *ankh* tenant un éventail, lui-même

I. Eventail généralement en plumes d'autruche.

décoré d'un autre éventail (ainsi le même accessoire constitue à la fois l'objet, le motif sur l'objet et le motif sur le motif). Toutankhamon chassait aussi les bouquetins et les gazelles. Des dizaines d'arcs et des centaines de flèches furent retrouvés dans sa tombe afin qu'il puisse continuer à pratiquer cette activité dans l'Au-delà[17].

L'équipement funéraire nous éclaire beaucoup sur les goûts de Toutankhamon mais très peu sur ses relations avec son entourage. Aimait-il les membres de sa cour? Avait-il confiance en eux? Accueillait-il volontiers les conseils d'Ay? Sa tombe ne révèle pas grand-chose sur sa famille; on y trouve très peu d'évocations de ses parents, de son frère ou de ses sœurs, mis à part Toutankhamon. peut-être cela représentait-il pour lui un rappel trop douloureux d'Amarna. Howard Carter découvrit cependant une remarquable relique provenant de la grand-mère de Toutankhamon. Un cercueil miniature, contenant un plus petit coffre anthropoïde doré, orné du nom de l'enfant-roi, abritait un curieux assortiment d'objets. A côté de quelques pièces de tissu, on trouva, enveloppée dans du lin, une statuette en or massif d'un roi agenouillé, identifié comme le grand-père de Toutankhamon, Aménophis III, ainsi qu'un minuscule sarcophage, portant les titres de la reine Tiyi et renfermant une boucle de ses cheveux.

Le mobilier funéraire des pharaons incluait souvent des objets hérités de leurs ancêtres et de leurs proches. Parfois, il s'agissait d'un vase à onguents, appartenant à un parent, ou d'un scarabée portant le nom d'un être cher, placé dans la tombe en sa mémoire. La mèche de Tiyi incarnait le souvenir d'une grand-mère vénérée et aidait les égyptologues à établir la généalogie de Toutankhamon. Elle fournissait également un élément de comparaison, permettant éventuellement de reconnaître la momie de cette reine.

Lorsque Victor Loret découvrit les trois mystérieux

corps, dépouillés de leurs bandages, dans une chambre annexe de la tombe d'Aménophis II, personne ne pensait pouvoir les identifier un jour. La momie qui apparaît sur la gauche dans les photographies de l'époque avait été baptisée « La Femme Agée ». Sa position, le bras droit allongé sur le côté et l'autre en travers de la poitrine, est celle, on l'a vu, des femmes royales de la XVIIIe dynastie. Dans les années soixante-dix, Edward Wente, un égyptologue de l'Université de Chicago, suggéra qu'il pouvait s'agir soit de la reine Hatshepsout soit de la reine Tiyi.

De même que les empreintes digitales, les cheveux sont uniques chez chaque individu. Si ceux découverts dans la tombe de Toutankhamon correspondaient à ceux de la Femme Agée, alors celle-ci était bien la reine Tiyi. Le Service des Antiquités de l'Egypte était cependant très prudent et rechignait à autoriser le prélèvement d'échantillons, même de quelques cheveux, sur des momies royales. Il fallait donc lui démontrer qu'un projet avait de bonnes chances d'aboutir — en l'occurrence que, grâce à ces vestiges humains, on confirmerait probablement la théorie selon laquelle la Femme Agée et la reine Tiyi ne formaient qu'une seule et même personne.

En guise d'étape préliminaire pour convaincre l'organisme, le Dr James Harris, auteur de *X-Rayin the Pharaohs*, effectua, en 1975, un encéphalogramme de la Femme Agée, afin de mesurer avec précision ses dimensions crâniennes. Ces données informatiques furent comparées avec celles de la momie de Touia, la mère de Tiyi, afin de déterminer s'il existait entre les deux une similitude suffisante pour supposer une relation mère-fille. L'examen révéla une ressemblance remarquable. Ce constat renforçait la validité de l'hypothèse initiale. L'autorisation fut donc accordée d'emporter quelques cheveux de la Femme Agée ainsi que la mèche de la reine Tiyi.

En les explorant au moyen de microsondes électroniques pour déterminer leur composition chimique, on s'aperçut que les deux échantillons présentaient une correspondance presque parfaite. Les auteurs de cette étude conclurent donc qu'ils avaient découvert la reine Tiyi [18].

Mais revenons à Toutankhamon. Si son équipement funéraire n'avait rien révélé sur son passé mystérieux, on pouvait toutefois espérer que sa momie fournirait davantage d'informations. Ce pharaon reposait toujours à l'intérieur de son sarcophage, dans une pièce scellée, attenante à l'antichambre. Mais pour arriver jusqu'à lui, il fallait d'abord vider cette dernière. Ce déblaiement prit plus d'un an. Le Metropolitan Museum of Art de New York avait gracieusement adjoint à Carter son meilleur photographe, Harry Burton, pour enregistrer la place de chaque chose dans la tombe. C'est essentiel car parfois les objets en bois sont tellement fragiles qu'ils se désagrègent dès qu'on les soulève. L'unique preuve de leur existence est alors leur photographie. Dans un article du *New York Times*, Burton raconte son expérience :

Je me rappelle le moment où nous avons déblayé une série de tombes de la XVIIe dynastie, infestées de fourmis blanches. Les photos préliminaires constituaient alors littéralement les seules traces de la plupart des objets en bois trouvés. Les cercueils paraissaient en parfait état mais dès qu'on les touchait, ils tombaient en poussière.

Il y avait, dans l'une de ces tombes, une très belle statuette en bois d'une fillette, qui semblait parfaitement conservée. Elle reposait isolée dans un coin et une fois la chambre photographiée dans son ensemble, on dirigea l'objectif sur elle. J'avais l'intention d'exposer ma plaque deux minutes mais au bout d'une centaine de secondes, la figurine s'effondra brusquement et rien n'en subsista qu'un petit tas de poussière. J'ai immédiatement éteint le flash, posé un cache sur l'appareil et je suis sorti pour développer la plaque. Heureusement, le négatif se révéla tout à fait bon, et bien que la statuette n'existât plus, nous possédions une trace complète de son existence. Et ce n'est qu'un cas parmi tant d'autres[19].

Le Metropolitan Museum n'avait aucun lien officiel avec les travaux de Carter-Carnarvon, mais son équipe effectuait des fouilles à l'extérieur de la Vallée lors de leur découverte. Comprenant la valeur inestimable de ce trésor, le musée mit une équipe à la disposition de Carter. Même en Egypte, on n'avait rien trouvé d'aussi magnifique et la communauté archéologique entière apporta son soutien.

Parfois certains objets trop fragiles nécessitaient un traitement spécial dans la tombe avant que l'on puisse les déplacer. Les boiseries devaient être renforcées et enveloppées. La garde-robe de Toutankhamon représentait le problème le plus délicat. Souvent le lin se décomposait au moindre contact et il fallait d'abord reproduire sur papier les motifs formés par les milliers de perles et de sequins d'or. Ainsi, au cas où un habit se désagrégerait, on pourrait le reconstituer ultérieurement en appliquant ses ornements sur un nouveau tissu. Arthur Mace, conservateur du Metropolitan Museum, estima à près de cinquante mille le nombre de perles sur une seule pièce. Les plus petites furent recouvertes de cire, pour que leurs motifs demeurent intacts tandis qu'on les emportait. Il fallut à Mace trois semaines de travail intensif pour vider un seul coffre. Pendant qu'ils déblayaient l'antichambre, les savants s'interrogeaient au sujet de l'enfant-roi, qui — ils l'espéraient — reposait dans la chambre voisine. Mace spécula même sur la nature de sa mort :

Nous avons des raisons de croire qu'il n'était qu'un petit garçon et que c'est son successeur, Ay, qui soutint sa candidature au trône et agit comme son conseiller durant son bref règne. En outre, c'est Ay qui organisa la cérémonie funèbre et il se peut également qu'il ait organisé sa mort, jugeant que le temps était à présent venu pour lui de tenir les rênes du gouvernement[20].

A ma connaissance, aucun égyptologue n'a fait le moindre commentaire sur cette suggestion. Pourtant, comme nous le verrons, Mace n'était pas loin de la vérité.

Le 16 février 1923, l'antichambre fut enfin vidée. Lorsque Carter brisa la paroi donnant sur la chambre funéraire, il se retrouva face à ce qui ressemblait à un mur d'or. En réalité, il s'agissait d'une chapelle en bois doré qui renfermait le corps de Toutankhamon. Elle mesurait cinq mètres sur trois mètres trente et remplissait presque entièrement la pièce, ne laissant qu'un espace étroit où l'on pouvait à peine se mouvoir. Carter n'était pas au bout de ses peines. Derrière ses portes fermées, se trouvaient trois autres chapelles emboîtées les unes dans les autres, abritant le sarcophage de Toutankhamon. Il fallut donc les démonter et les retirer de la chambre une à une, tâche difficile étant donné l'exiguïté des lieux. Le travail avait été plus facile pour les ouvriers de l'Antiquité, qui avaient assemblé des panneaux en bois jeune et solide. Carter, quant à lui, devait manipuler un matériau sec et friable.

On voyait encore les anciennes instructions peintes à l'encre noire et blanche par les charpentiers. Sur chaque face des panneaux latéraux figurait un hiéroglyphe : d'un côté  « devant », et de l'autre  « derrière ». Ces indications correspondaient à celles du toit qui devait être fixé dessus. Les artisans avaient reçu l'ordre de placer les chapelles de telle sorte que leurs portes s'ouvrent vers l'ouest et que le roi puisse sortir dans l'Autre Monde, mais en fait, ils installèrent le tout à l'envers. En ressuscitant, Toutankhamon se serait donc retrouvé sur terre et non dans l'Au-delà !

Une fois cette phase de démontage terminée, le sarcophage apparut enfin. Il s'agissait d'une cuve sculptée dans un seul bloc de quartztite jaune, ornée, à chaque coin, d'une superbe déesse aux ailes déployées, censée protéger le pharaon. Le couvercle était en granit rose, peint pour ressembler au matériau de la base (un peu comme du faux marbre). Dans la précipitation qui avait présidé à la préparation des funérailles, le couvercle original en quartztite se brisa sans doute et dut être substitué par un autre en granit. Mais ce dernier posa encore un problème aux artisans de l'Antiquité : il présentait une fente qu'ils colmatèrent avec du plâtre et de la peinture.

La hâte dans laquelle avait été préparée la tombe de Toutankhamon rendit le travail de Carter encore plus difficile car il se retrouvait face aux fréquentes erreurs des ouvriers égyptiens. Il dut notamment avoir recours à un appareil de levage, avec une poulie et des cordes, pour soulever le couvercle fendu. Ayant fait un pas de plus vers son but, Carter écrivit :

De nombreuses scènes étranges ont dû se produire dans la vallée des tombes royales depuis qu'elle est devenue la nécropole du Nouvel Empire thébain, mais l'on me pardonnera de penser que celle qui se déroulait alors n'était pas la moins intéressante ni la moins spectaculaire. Pour nous, ce fut un moment suprême et paroxystique, un moment attendu avec impatience depuis l'instant où il parut évident que les chambres découvertes en novembre 1922 devaient être la tombe de Toutankhamon et non une cachette renfermant son mobilier, comme on le prétendait. Nous ressentions tous la solennité de cet instant, émus par la perspective de ce que nous étions sur le point de contempler — les coutumes funéraires d'un souverain de l'Egypte ancienne, datant d'il y a trente-trois siècles. Dans quel état allions-nous trouver le roi ? Telles étaient les spéculations qui occupaient nos esprits tandis que nous restions muets. Le crochet pour soulever le couvercle était en place. Je donnai l'ordre de procéder à l'ouverture. Au milieu d'un silence intense, l'énorme plaque, brisée en deux et pesant plus de une tonne vingt-cinq se détacha de son support[21].

Le groupe travaillant dans la tombe et les dignitaires présents regardèrent à l'intérieur de la cuve. Mais, comme au travers d'un brouillard, ils ne purent discerner les détails. Il leur fallut quelques secondes pour comprendre que des linceuls semblables à une gaze recouvraient le cercueil contenu à l'intérieur. Une fois ces draps rabattus, ce qu'ils virent dépassait toutes leurs espérances. Ils contemplaient un sarcophage anthropoïde d'une esthétique exceptionnelle, à l'image de Toutankhamon. Sur son front étaient perchés le cobra et le vautour, les emblèmes de la Haute et de la Basse Egypte, son royaume. Encerclant ces symboles de puissance, une petite couronne funéraire parfaitement préservée émut Carter au point qu'il en devint sentimental :

... Mais l'objet le plus touchant par sa simplicité était peut-être la minuscule couronne de fleurs... placée autour de ces symboles, et qui représentait, comme nous nous plaisions à le croire, le dernier cadeau d'adieu de la jeune reine veuve à son époux, le représentant juvénile des « Deux Royaumes ».

Nombreuses et déroutantes étaient les émotions éveillées par cette forme osirienne. Nous étions sans voix. Mais dans ce silence, en écoutant attentivement, on pouvait presque entendre les pas fantomatiques des endeuillés qui quittaient les lieux.

Nous éteignîmes nos lampes, nous remontâmes les seize marches, nous nous retrouvâmes face à la voûte bleutée des cieux, où le soleil est le maître, mais nos pensées les plus intimes s'attardaient encore sur la splendeur de ce pharaon disparu, son dernier appel inscrit sur son cercueil, gravé dans nos esprits : « Oh Mère Nout ! Déploie tes ailes sur moi comme les étoiles impérissables[22]. »

La couronne, composée de feuilles d'olivier, de pétales de nénuphars bleus et de bleuets attachés à une base de papyrus, fournirait un indice précieux concernant le meurtre de Toutankhamon.

Carter et son équipe pensaient alors voir la momie d'ici une semaine ou deux. A l'intérieur de la cuve rectangulaire en pierre, se trouvait le sarcophage anthropoïde, qui en contenait encore deux autres. Déplacer et ouvrir les cercueils internes allait être une tâche difficile parce qu'ils étaient étroitement imbriqués les uns dans les autres. Mais une fois ce problème résolu, les explorateurs pourraient enfin contempler le visage du mystérieux roi. Pourtant, alors que Carter approchait de ce moment fatidique, Toutankhamon recommença à lui échapper.

Carnarvon mourut au Caire, de façon subite, d'une grave infection suite à une piqûre de moustique. Sa disparition soudaine et tragique donna lieu à des rumeurs concernant une malédiction portant sur la tombe. Carter et Carnarvon avaient des opinions diamétralement opposées sur l'ésotérisme. Carter était un fervent cartésien, réfractaire à toute croyance irrationnelle alors que Carnarvon était attiré par la parapsychologie et allait souvent voir des médiums. C'est sa voyante personnelle, Velma, qui la première émit l'idée d'un mauvais sort. Après la mort du lord, elle publia le récit de ses dernières consultations, affirmant qu'il avait été victime de « puissantes forces occultes ». Avant de partir pour l'Egypte, pour rejoindre Carter après sa découverte, Carnarvon demanda à Velma de lui lire les lignes de la main. Lors de cette séance, elle vit un petit point dans sa ligne de vie et l'avertit au sujet de la tombe : « Je vois un grand péril pour vous. Selon toute probabilité — car les signes occultes sont extrêmement évidents dans votre main —, le danger viendra d'une telle source[23]. »

Intrigué par ce qu'elle lui avait prédit, l'aristocrate prit un dernier rendez-vous avec elle avant son départ. Cette fois, ils interrogèrent une boule de cristal. Carnarvon ne put y distinguer qu'un temple. Plus chevronnée, Velma vit bien davantage. D'abord, apparurent des funérailles en Egypte ancienne au cours desquelles un fonctionnaire âgé plaçait un masque d'or sur un jeune homme dans un cercueil. Cette image fit place à un groupe d'hommes, dirigés par Carnarvon, travaillant dans la Vallée des Rois. Des éclairs mystérieux émanaient de la tombe. Puis le vieux dignitaire ressurgit, entouré de gens exigeant que soient punis tous ceux qui pénétreraient dans le sépulcre. La dernière vision de Velma fut celle de Carnarvon, debout et seul au milieu d'un orage de foudres occultes.

La voyante implora son client de ne pas retourner à la tombe, de donner une excuse au public pour ne pas continuer les fouilles. Mais ce dernier sentait qu'il devait y aller, et dit : « C'est un défi aux pouvoirs obscurs de tous les temps, Velma ! Quel défi ! » Peu après cette séance, il succomba. Naturellement, Velma écrivit son récit après la mort de Carnarvon et son histoire extraordinaire devait immortaliser la « Malédiction de Toutankhamon[24] ».

A présent, Carter devait gérer les éventuelles crises tout seul, tâche pour laquelle il n'était pas fait du tout. C'était Carnarvon qui possédait le sens des relations publiques, de la communication, de la diplomatie. Carter, égyptologue compétent, avait une personnalité rigide, querelleuse et il était mal à l'aise en société. Il poursuivit le travail sur la tombe après la mort de son ami et bienfaiteur, mais les choses ne se passèrent pas aussi bien. Dès le jour de la découverte, était née une certaine hostilité entre le Service des Antiquités de l'Egypte et l'équipe Carter-Carnarvon. L'une des sources du conflit était la gestion de la publicité. Pour éviter d'avoir affaire aux centaines de journalistes demandant des informations sur la tombe, Carnarvon avait vendu les droits exclusifs de son histoire au *Times* de Londres. Cela permettait aux archéologues débordés de ne parler qu'à un seul reporter. Cela signifiait aussi que les représentants de la presse locale n'avaient l'autorisation d'interviewer ni Carter ni Carnarvon. Les Egyptiens virent cela comme l'une des pires manifestations du colonialisme britannique. Les tensions augmentèrent à mesure que les fouilles progressaient.

Le couvercle du sarcophage fut soulevé le 12 février 1924. Le lendemain, Carter invita les conjointes de ses collègues à l'ouverture de la cuve externe, mais aucune épouse de dignitaire égyptien ne fut conviée. Le Service des Antiquités de l'Egypte refusa donc l'accès aux femmes européennes. Le message adressé à Carter était clair : « C'est notre tombe, pas la vôtre. »

Les Egyptiens avaient raison. Carter était un homme bon, mais, désormais contraint à assumer seul la responsabilité du plus grand trésor archéologique du monde, la tension était devenue trop forte. Il se comportait comme si la tombe lui appartenait. On racontait même qu'il emportait certains objets antiques à son quartier général pour s'en servir de presse-papiers. Il était sans cesse sollicité pour faire visiter le chantier à d'importantes personnalités mais il refusait toujours, même lorsque la requête émanait du Service des Antiquités de l'Egypte. Selon lui, cet organisme n'avait pas le droit de le déranger dans son travail, autant dire jamais, car il ne faisait aucune pause ! La grande porte de fer que Carter avait installée et verrouillée à l'entrée de la tombe devint, pour la population locale, une incarnation du colonialisme anglais. Lorsque les Egyptiens insistèrent pour que leurs épouses fussent admises, Carter les rembarra brutalement.

Il afficha une note au Winter Palace de Louqsor, déclarant que lui et ses collègues ne pouvaient travailler sous de telles contraintes et qu'il fermait le site. Les Egyptiens réagirent du tac au tac en envoyant à l'explorateur impertinent un ordre lui interdisant l'accès de la tombe. La décision était sans appel : Carter se retrouvait coincé. Alors que le couvercle de la cuve était toujours suspendu, de façon précaire au-dessus de son socle, il partit donc pour l'Amérique, faire une tournée de conférences.

Cependant, les autorités égyptiennes savaient que Carter était le seul capable de mener à bien cette opération. Un accord fut donc conclu pour qu'il reprenne ses activités. Il fallut attendre octobre 1925 pour que le premier des trois sarcophages emboîtés soit finalement ouvert. Démonter trois cercueils imbriqués les uns dans les autres constitua une tâche délicate qui prit la majeure partie de la saison 1925-1926. Le couvercle du premier était doté de quatre poignées d'argent, deux de chaque côté, qui se révélèrent suffisamment solides pour le retirer. Le deuxième, tout aussi beau, apparut enfin enveloppé dans un linceul : il s'agissait d'un coffre anthropoïde d'environ deux mètres, orné lui aussi d'une couronne florale. En le voyant, Carter eut, pour la première fois, la crainte que la momie ne fût pas en parfait état. En effet, certaines des incrustations décoratives étaient tombées, signalant des traces d'humidité.

En raison de la fragilité de ce cercueil, on décida de le sortir entièrement, au lieu de n'ôter que son couvercle. On procéda donc à cette manœuvre en hissant le premier sarcophage que l'on plaça sur des planches de bois installées en travers de la cuve de pierre. Ce faisant, on se rendit compte que, pour une raison inconnue, il était extrêmement lourd.

Le deuxième cercueil ne comportait pas de poignée et s'encastrait étroitement dans le premier, ne laissant qu'un interstice d'un centimètre de chaque côté. Plutôt que de le soulever, Carter vissa de solides œillets dans le coffre extérieur, retira les planches et l'abaissa dans la cuve. A présent, le deuxième sarcophage, contenant toujours le dernier, reposait sur la plate-forme de bois et on avait la place de manœuvrer. On put donc mouvoir son couvercle et découvrir le troisième cercueil. Ce dernier expliquait le poids pharamineux : c'était un coffre en or massif, pesant plus de cent vingt kilogrammes.

Les motifs ornementaux étaient assombris par un revêtement noir, provenant des onguents rituels que l'on avait versés dessus. Ces derniers avaient coulé au fond du deuxième cercueil de sorte que le sarcophage d'or y était collé. Mais comme le couvercle de celui-ci était muni de poignées, on put l'ouvrir. La momie de Toutankhamon apparut enfin. Carter écrivit :

Dans des moments pareils, les émotions échappent à toute expression verbale, tant elles sont complexes et troublantes. Cela faisait plus de trois mille ans que les yeux des hommes avaient contemplé pour la dernière fois l'intérieur du sarcophage d'or. Le temps, normalement mesuré par rapport à la brièveté de la vie humaine, semblait perdre sa dimension ordinaire face à un spectacle rappelant avec une telle vivacité les rites religieux solennels d'une civilisation disparue. Mais il est inutile de s'attarder sur de tels sentiments, basés sur la fascination et la piété. L'aspect émotionnel ne fait pas partie de la recherche archéologique. Là, enfin, se trouvait tout ce qui subsistait du jeune pharaon, c'est-à-dire à peine plus que l'ombre d'un nom[25].

La momie avait, elle aussi, été généreusement enduite d'huiles sacrées, ce qui expliquait l'humidité dans le deuxième cercueil. Heureusement, le célèbre masque d'or protégeait la tête du pharaon, mais le reste de son corps était en piteux état. Il serait difficile d'en faire une autopsie.

Pour ramollir les onguents, Carter exposa les cercueils et la dépouille à l'extérieur, sous le soleil, et nota dans son journal :

1er nov. Momie royale transportée au nº 15. Il fallut dix hommes pour la sortir de la tombe et la soulever. Mise au soleil durant quelques heures... Chaleur du soleil insuffisante aujourd'hui pour donner une impression réelle de la substance poisseuse ayant collé la momie et les cercueils.

2 nov. Avons constaté que la chaleur du soleil n'était d'aucune utilité pour libérer la momie de son cercueil. En conséquence, l'examen de la momie royale doit se faire telle quelle.

Le Dr Douglas Derry, professeur d'anatomie à l'université du Caire, fut chargé de l'expertise du corps. Assisté par le Dr Saleh Bey Hamdi, directeur des Services sanitaires d'Alexandrie, il commença à retirer les bandelettes le 11 novembre 1925. Parmi les présents figuraient aussi Pierre Lacau, directeur général du département des Antiquités, Harry Burton, le photographe adjoint à Carter par le Metropolitan Museum of Art de New York, et plusieurs dignitaires égyptiens. Aucune épouse n'était conviée[26].

En raison de leur composition chimique provoquant une longue combustion naturelle, les onguents avaient noirci les bandages. Comme on ne pouvait les dérouler dans cet état, on enduisit l'extérieur de cire chaude qui, en refroidissant, se solidifierait. Ainsi, on pourrait découper la couche externe en un seul morceau. Derry pratiqua une incision longitudinale et retira la première strate pour dégager les amulettes et les bijoux insérés dans les bandages. En tout, cent quarante-trois objets magnifiques en furent extraits.

Finalement le cadavre de Toutankhamon apparut. C'était un homme jeune aux traits élégants et réguliers (ill. 22). Lorsqu'on tenta de sortir la momie de son cercueil, on découvrit qu'elle était collée à la base de celui-ci par les huiles sacrées. D'abord, Derry essaya de la libérer à l'aide de ciseaux, puis il prit des couteaux chauffés à blanc. Mais ces deux opérations causèrent de terribles dommages au corps. Finalement, aussi incroyable que cela puisse paraître, il sectionna le cadavre en deux, à la hauteur de la troisième vertèbre lombaire, pour pouvoir le retirer par fragments.

Cette manipulation brutale illustre bien la désinvolture avec laquelle on traita la preuve physique susceptible de révéler la cause de la mort. Carter n'avait qu'une très vague idée des nombreuses informations que l'on aurait pu obtenir grâce à un examen soigneux et minutieux. Il laissa donc la momie entre les mains peu délicates de Derry. Si le trône du roi avait été collé par des onguents, je doute que Carter ait permis qu'on le scie en deux. Les substances solidifiées auraient été analysées chimiquement et on aurait conçu un solvant pour libérer le trône sans l'endommager. Mais ce ne fut pas le cas pour Toutankhamon. Sa momie, déjà détériorée quand Derry commença ses travaux, se retrouva dans un état bien pire lorsqu'il eut fini.

Afin de déterminer l'âge de Toutankhamon à sa mort, l'anatomiste avait désarticulé les mains et les bras de leurs jointures pour voir plus clairement l'extrémité des os longs — ce qu'on appelle l'épiphyse. Chez les jeunes gens, celle-ci est séparée de l'os par du cartilage qui devient osseux à mesure que la personne vieillit. L'âge moyen auquel la jonction se produit est connu et le degré de soudure constitue un critère fiable. Dans le cas de Toutankhamon, la rotule put être facilement soulevée pour examiner l'extrémité inférieure du fémur. L'épiphyse était séparée de l'os et mobile. Toutankhamon était effectivement un enfant-roi. Derry écrivit :

Cette partie s'unit à l'os à l'âge d'environ vingt ans. A l'extrémité supérieure de l'os de la cuisse, la proéminence appelée le grand trochanter était presque entièrement soudée à l'os principal, mais dans sa partie interne, on pouvait nettement voir un creux révélant une surface cartilagineuse molle, où la soudure était encore inachevée. La tête fémorale était fixée au col de l'os mais la ligne délimitant la connexion était clairement visible tout autour de la marge articulaire. Cette épiphyse s'unit à l'âge d'environ dix-huit ou dix-neuf ans. L'extrémité supérieure du tibia était aussi soudée et l'extrémité inférieure paraissait assez ossifiée. Comme cette dernière s'unifie généralement à l'os à l'âge d'environ dix-huit ans, Toutankhamon, d'après l'examen de ses membres inférieurs, semblait avoir plus de dix-huit ans et moins de vingt ans au moment de sa mort[27].

Cette estimation était précise. Toutankhamon avait environ dix-huit ans lorsqu'il mourut. C'était un beau jeune homme de frêle stature, mesurant environ un mètre soixante-sept. Etant donné les techniques utilisées par Derry, il y avait peu d'espoir de pouvoir déterminer la cause de la mort. Pour cela, il faudrait attendre les futures générations et les technologies modernes.

Toutankhamon était le seul pharaon retrouvé intact dans sa tombe. Aussi, plutôt que de l'exposer au Musée égyptien du Caire, le Service des Antiquités décréta-t-il que ce roi devait rester là où on l'avait trouvé. Son corps reconstitué fut placé sur une litière en bois recouverte de sable et installé à l'intérieur du plus grand cercueil externe, puis le tout fut abaissé dans la cuve de pierre où il repose encore (ill. 23). Les touristes regardant au-dessus du sarcophage ouvert voient le cercueil externe mais peu d'entre eux ont conscience que la momie gît à l'intérieur.

Une fois la chambre funéraire vidée, Carter entreprit de dégager la petite pièce qu'il avait baptisée la « Chambre du Trésor », dont l'entrée avait été obturée par des planches pour éviter d'endommager son contenu lors des travaux dans la chambre funéraire. Compte tenu de la fragilité de nombreux objets et de leur entassement branlant, le déblaiement de la pièce se révéla extrêmement difficile et ne s'acheva qu'en 1927. La pièce était remplie de barques miniatures, finement gravées et dotées de gréements élaborés, de statues de bois d'Anubis, dieu de l'embaumement, et d'un superbe coffre d'albâtre qui abritait les quatre vases canopes contenant les organes internes de Toutankhamon.

Dans un autre caisson simple, en bois, on trouva deux cercueils miniatures. A l'intérieur reposaient, soigneusement enveloppées, les momies des deux fœtus morts lors des fausses couches d'Ankhesenamon. L'un mesurait un peu plus de trente centimètres et l'autre, long d'environ vingt-cinq centimètres, portait un petit masque en papier mâché recouvrant son visage. Carter ôta les bandages de la plus petite dépouille, révélant le fœtus de cinq mois d'une petite fille (ill. 14a et 14b). C'était la première fois que des archéologues prenaient connaissance de cette tragédie. Si l'une de ces enfants avait vécu jusqu'à la puberté, la lignée royale se serait perpétuée, et Toutankhamon et Ankhesenamon auraient pu vivre vieux. Cela aurait totalement changé le cours de l'histoire égyptienne.

Le plus grand des deux fœtus était encore emmailloté lorsqu'en 1932 le Dr Derry le reçut pour l'examiner au département d'Anatomie de l'hôpital de Kasr el-Einy au Caire (ill. 13A, 13B et 13C). Il défit la momie et estima son âge à environ sept mois. Alors que sa sœur, plus petite de quelques centimètres, ne portait pas de traces de momification, celle-ci était assez grande pour être embaumée. Sur le côté gauche du thorax, avait été pratiquée une incision de deux centimètre cinquante. La cavité abdominale était remplie de lin. Dans son rapport, Derry ne fait aucune mention des viscères qui se trouvaient probablement à l'intérieur, compte tenu de l'absence de vases canopes. L'anatomiste constata qu'en dépit de la petite taille du fœtus, les embaumeurs avaient extrait le cerveau. Toujours aussi peu soucieux de préserver une momie, il brisa le crâne pour en retirer les linges qu'on avait introduits à l'intérieur et trouva le fil de fer utilisé pour les y insérer. C'est le seul outil d'embaumeur jamais découvert à l'intérieur d'un cadavre. Derry le jeta.

Il est indéniable que la manipulation effectuée sur les trois dépouilles de la tombe de Toutankhamon est un acte irresponsable, ayant entraîné des dommages irréversibles et qu'une grande quantité de précieuses informations fut irrémédiablement perdue. Mais Derry travaillait à une époque où l'étude des vestiges humains en était encore à ses balbutiements et il partageait la même conception que ses prédécesseurs qui croyaient que les momies elles-mêmes n'avaient que peu de valeur[28]. Les dégâts qu'il avait causés laisseraient-ils aux scientifiques actuels la possibilité de découvrir des informations nouvelles et pertinentes concernant la mort de Toutankhamon ?

8

LES ENSEIGNEMENTS DES MORTS

La momie de Toutankhamon

« Il n'est pas d'homme qui ne meure. »
Proverbe d'Ankhshéchonq
(Env. 300 av. J.-C.).

Aujourd'hui, nous disposons de méthodes inoffensives pour l'étude des momies. Si l'on venait de découvrir Toutankhamon, son cadavre pourrait être examiné au moyen de divers procédés *high-tech* tels que le scanner, sans que l'on ait besoin de le dépouiller de ses bandages. Lors de son expertise, essentiellement centrée sur le squelette qui fut l'objet de manipulations violentes, Derry accorda peu d'attention, sinon aucune, aux tissus, car personne à l'époque n'avait conscience de toutes les informations contenues dans les muscles et dans les viscères. On ne connaissait pas l'ADN ; les appareils électroniques et les analyses chimiques sophistiquées n'existaient pas. On commençait seulement à utiliser les microscopes pour explorer les cellules, mais visiblement Derry se souciait peu de ces nouveaux procédés.

Les experts médicaux actuels ont recours à différentes

techniques pour étudier les tissus et le squelette afin de déterminer les circonstances d'une mort. D'abord, on procède à l'autopsie du corps pour détecter l'éventuelle présence de substances révélatrices dans les organes et déterminer les aliments absorbés par le sujet peu avant son décès. Puis au moyen d'une radiographie ou d'équivalents plus sophistiqués, tels que le scanner, on étudie les os, ce qui permet, entre autres, de déterminer l'âge du défunt et les maladies dont il souffrait. En outre, cet examen peut révéler la possibilité d'un traumatisme, tel qu'un coup porté au moyen d'un objet lourd, qui aurait causé la mort. Chacun de ces procédés apporte de précieuses informations qui se complètent les unes les autres.

Cependant, les cadavres datant de l'Antiquité posent un problème particulier aux scientifiques modernes. Leurs tissus sont tellement friables qu'ils se désagrègent si on les sectionne trop finement pour les observer au microscope. Dans une note du *British Medical Journal* en 1909, Marc Armand Ruffer, médecin français travaillant à la faculté de médecine du Caire, traite des difficultés qu'il a rencontrées lors de ses premières tentatives de découper des échantillons cellulaires de momies [1]. Persévérant, il en vint à élaborer une technique visant à ramollir les tissus en les trempant dans une solution alcoolique de bicarbonate de soude à cinq pour cent, procédé qui permettait la segmentation et l'examen au microscope. Naturellement, Ruffer était un pathologiste, uniquement formé à l'étude des maladies et des causes de la mort, alors que Derry, anatomiste, s'intéressait peu aux microscopes et aux analyses chimiques. S'ils avaient uni leurs compétences, ils auraient mis en évidence davantage d'éléments concernant Toutankhamon et les fœtus trouvés dans sa tombe. Ces derniers étaient-ils en bonne santé au moment des fausses couches ? Ankhesenamon souffrait-elle d'une affection pendant ses grossesses ? Et surtout, peut-on déceler des signes d'une pathologie quelconque dans le corps du jeune pharaon lors de sa mort ?

Pour répondre à ces questions, il aurait fallu reconsidérer toutes les preuves disponibles mais curieusement, certaines avaient disparu. En 1971, F. Filce Leek, un dentiste anglais, reçut l'autorisation du Département des Antiquités de l'Egypte, d'examiner et de radiographier les fœtus de Toutankhamon, mais lorsqu'il ouvrit leurs cercueils au Musée égyptien, les momies n'y étaient plus[2].

Là encore, la faute doit être imputée à Derry. Au cours de sa longue carrière, on lui avait confié de nombreux corps ou fragments embaumés qu'il emportait dans son laboratoire et qu'il prenait rarement la peine de rendre. En fait, il les entassait tout simplement dans une réserve de l'hôpital de Kasr El-Einy, où il travaillait. Après sa mort, ces restes humains restèrent là où il les avait oubliés. Puis, en juin 1992, des journaux rapportèrent la réapparition, au Caire, de cinq cent vingt-huit momies, entières ou incomplètes : la cachette de Derry avait été découverte. Et c'est là, à côté du pied du roi Djoser, que l'on retrouva les deux fœtus. Avant cette annonce, seules quelques personnes avaient entendu parler de ce stock précieux, parmi lesquelles R.G. Harrison. Il se rendit donc dans la réserve où il emprunta le plus grand des deux fœtus pour le radiographier, ainsi qu'il l'avait fait en 1978 pour Toutankhamon[3]. Il constata que la clavicule droite du bébé était anormalement surélevée et remarqua d'autres signes de scoliose et de spina-bifida (défaut de jonction au niveau de la colonne vertébrale).

Derry avait dit au sujet du plus petit fœtus : « Il ne présente pas d'incision abdominale et nous ne possédons aucune indication sur la façon dont le corps a été préservé. » Je m'interroge sur ce point. Pourquoi aurait-on momifié un fœtus et pas l'autre ? Tous deux étaient enveloppés de façon similaire, tous deux étaient placés dans des cercueils. Peut-être les embaumeurs royaux n'avaient-ils pas pu manipuler le plus petit fœtus en raison de sa taille. Dans l'espoir de répondre à cette question, je contactai le Dr Fawzi Gabella, chef du Département d'anatomie de Kasr El-Einy et lui demandai s'il pouvait retrouver le fœtus. L'établissement avait récemment reçu une bourse d'un anthropologue américain pour répertorier et stocker correctement les momies et par conséquent, tout avait été inventorié, rangé dans des boîtes et étiqueté. Sans hésitation, le Dr Gabella accéda à ma requête. Il me dit qu'il avait localisé l'objet et je fus invité à l'hôpital pour l'examiner.

Lorsque j'arrivai, je fus accueilli non par monsieur mais par madame le Dr Gabella, anatomiste et enseignante dans ce centre. Elle comme son mari étaient impatients de découvrir ce que nous pourrions apprendre sur les fœtus. Ils me conduisirent dans une réserve où s'empilaient de petits casiers en bois aux étiquettes étranges : « Princesse du Moyen Empire ? », « Ancien Empire, tête seulement ». Cela faisait longtemps que je travaillais sur les momies mais je n'avais jamais rien vu de tel. Mon rêve aurait été de rester enfermé dans cette pièce durant des années pour pouvoir étudier de près tous ces échantillons un à un (en me faisant livrer le succulent poulet servi par l'excellent restaurant voisin !).

Le Dr Fawzi Gabella sortit deux petites boîtes en bois à peine plus grandes qu'un carton à chaussures. En les ouvrant, je me retrouvai face aux enfants de Toutankhamon et d'Ankhesenamon. Depuis plus d'un an, j'essayais de reconstituer la vie fragmentée du célèbre pharaon. Pour moi, ces fœtus représentaient bien davantage que des spécimens momifiés : ils étaient le reflet d'une tragédie familiale. Ils constituaient le lien le plus intime avec leur père, pour l'heure inaccessible, enfermé dans son sarcophage.

J'avais apporté les photos des fœtus prises par Harry Burton lorsqu'ils furent découverts. Au cours des soixante-dix années écoulées depuis ces clichés, ils s'étaient quelque peu détériorés, mais paradoxalement, c'est cette dégradation même qui me fournit la réponse que je cherchais. La boîte crânienne du plus petit corps s'était fêlée et l'on apercevait, comme dans le plus grand fœtus, le linge dont elle avait été rembourrée. De la peau de l'abdomen, fendue elle aussi, émergeait également un morceau de tissu. Le plus petit fœtus avait donc effectivement été embaumé. Conscient des graves dommages causés par Derry sur la momie de Toutankhamon, je ne me risquai même pas à toucher les fœtus : je me bornai à les observer (ill. 15).

A présent, le temps était venu de me pencher une nouvelle fois sur les travaux de Derry. Son autopsie de Toutankhamon en 1925 avait permis de déterminer l'âge du roi au moment de sa mort, mais n'avait pas révélé grand-chose d'autre. Cela ouvrait la voie à toutes sortes de spéculations concernant la cause du décès. En raison de sa maigreur et de sa disparition précoce, on suggéra l'éventualité d'une tuberculose mais il n'existait alors aucun moyen de vérifier cette hypothèse. On n'avait pas pu procéder à un examen direct supplémentaire de la momie, confinée dans sa tombe conformément à la décision du Service des Antiquités. Seule l'autorisation de la transporter au Caire aurait rendu sa radiographie possible[4].

Mais pour Derry, un tel examen, alors que les os étaient déjà à découvert, présentait sans doute peu d'intérêt. Or en fait, les rayons x montrent, de manière précise, la densité osseuse, dont on peut déduire de nombreuses informations sur l'alimentation et les maladies au cours d'une existence. Par exemple, une affection grave avant la puberté provoque une interruption de croissance dans les os longs, identifiable sur une radio par une ligne blanche visible en travers de l'os. Comme, en 1925, il n'y avait pas, en Egypte, d'appareil portable que l'on aurait pu utiliser dans la Vallée des Rois, le plus célèbre pharaon de l'Histoire dut attendre quarante ans pour être radiographié.

Dans les années soixante seulement, les savants prirent conscience de la valeur scientifique des momies. Dotés de nouvelles techniques pour analyser des échantillons de tissus, les médecins et chercheurs se rendirent compte que ces vestiges humains recelaient de précieux renseignements, exploitables dans l'étude des affections modernes. C'est ainsi que naquit la paléopathologie, terme créé en 1892 par R.W. Schufeldt, un médecin allemand, à partir de deux racines grecques (*palaios* « ancien » et *pathos* « souffrance »). Cette science couvre l'étude des pathologies chez les peuples de l'Antiquité et a pour but, entre autres, de mieux comprendre une maladie contemporaine et prédire son évolution, en observant ses manifestations au cours de l'histoire. Si l'on compare la fréquence de certains symptômes chez les momies égyptiennes d'une part et chez l'homme moderne d'autre part, on peut savoir si une affection donnée est causée par notre mode de vie actuel ou si elle existe depuis des siècles. Par exemple, les maladies artérielles, associées à nos régimes à haute teneur en graisses, sont fréquemment attribuées au stress et aux tensions engendrés par la société contemporaine. Si les anciens Egyptiens en étaient également atteints, cela remettrait en question cette théorie.

Dans les années soixante, donc, les progrès fantastiques et rapides de la connaissance scientifique rendirent la spécialisation indispensable. Un médecin ne pouvait, à lui seul, se tenir informé de toutes les parutions relatives aux divers domaines de la science ; le praticien généraliste devenait dépassé ; on prit donc l'habitude d'avoir recours à des équipes de spécialistes. Une tendance similaire se manifesta dans l'étude des momies. Aucun clinicien ne possède toutes les compétences nécessaires à l'autopsie d'un cadavre antique et à l'analyse des divers tissus, ni l'expertise requise en botanique, chimie et biologie pour extraire toutes les informations fournies par un corps. Aujourd'hui, les chercheurs en paléopathologie traitent les fossiles humains comme de véritables patients, prenant soin de les manipuler avec précaution, de les endommager le moins possible, et font appel à des spécialistes si nécessaire pour étudier des problèmes particuliers : hématologues pour le sang, dentistes pour la chirurgie faciale, etc. Travaillant virtuellement seul, Derry ne pouvait collecter tous les renseignements que pouvait offrir la dépouille de Toutankhamon.

L'engouement pour la paléopathologie, toujours dans les années soixante, amena R.G. Harrison, anatomiste de l'Université de Liverpool, à penser que l'étude des momies royales égyptiennes pouvait apporter un nouvel éclairage sur des énigmes anciennes. Son premier sujet fut le mystérieux corps de la tombe 55, dont nous savons aujourd'hui qu'il s'agit de Smenkhkarê, le frère de Toutankhamon. Harrison examina, mesura et radiographia les os pour déterminer son âge au moment de la mort. Le sternum en constitue un bon indicateur. Au cours de la croissance, les cartilages à la jonction des côtes s'ossifient, diminuant la souplesse de l'individu. Or les radios montraient que les quatrième et cinquième côtes de la momie de la tombe 55 venaient de se souder, même s'il subsistait encore un léger intervalle au niveau des faces de la quatrième côte. Cela indiquait un décès à l'âge de dix-neuf ou vingt ans, comme pour Toutankhamon. Un processus similaire d'ossification se produit dans les vertèbres, mais il s'achève autour de vingt-quatre ans. Ainsi, en observant les jonctions incomplètes du thorax et des vertèbres, on pouvait déduire que Smenkhkarê avait certainement moins de vingt-quatre ans lors de son embaumement.

Les radiographies et mesures de la momie faites par

R.G. Harrison révélèrent d'importantes informations. Il conclut son rapport ainsi : « Un réexamen des caractéristiques anatomiques et radiologiques de Toutankhamon est nécessaire de toute urgence ; on peut d'ailleurs espérer qu'une telle investigation sera rendue possible dans un futur assez proche[5]. » En effet, Harrison eut bientôt cette opportunité.

En 1969, le Service des Antiquités de l'Egypte l'autorisa à se rendre dans la tombe de Toutankhamon, muni d'un appareil radiographique portable. C'était la première fois que quiconque avait l'opportunité de voir le jeune roi depuis que Carter et Derry avaient replacé la momie dans son cercueil. Conscient de la nécessité d'un travail en équipe, Harrison, anatomiste, fit appel à des radiologues, dentistes, médecins et égyptologues, pour l'accompagner dans son expérience. Leur accès à la tombe, toujours ouverte aux touristes, étant limité aux heures ouvrables, ces savants opéraient sous les regards incrédules des badauds. Mais ces derniers ne furent pas les seuls à être étonnés : l'examen du pharaon réservait aussi quelques surprises aux chercheurs.

Tout d'abord, l'état de la momie se révéla bien pire qu'ils ne s'y attendaient. Ni Carter ni Derry n'avaient précisé, dans leurs publications, que Toutankhamon avait été scié en deux pour le libérer de son cercueil. Il fallut donc radiographier la momie étape par étape, en commençant par la tête, puis en poursuivant par les membres, et ainsi de suite. Chaque fois, les spécialistes durent transporter les diverses parties jusqu'à la machine et les remettre en place, jusqu'à obtenir un ensemble complet de clichés. L'équipe avait une permission de travail de deux jours seulement. Les savants firent une série d'épreuves tests qu'ils développèrent le soir même dans leur chambre d'hôtel. Heureusement, le grandiose Winter Palace, où ils séjournaient à Louqsor, étant doté de salles de bains confortables, ils purent donc développer les radios dans un lavabo puis les rincer dans la baignoire[6]. Le résultat se révéla satisfaisant.

La première image qui les dérouta fut la radio du torse. Il y manquait le sternum et une partie des côtes ! Derry ne l'avait pas remarqué en raison de la résine noire qui recouvrait la poitrine de Toutankhamon. Peut-être le roi avait-il été rudoyé dans l'atelier des embaumeurs, qui avaient masqué le dommage par une couche de résine. Certains suggèrent aussi que les parties manquantes résultent d'un accident ou d'un acte intentionnel qui aurait causé la mort du souverain[7]. On avait observé une mutilation identique chez Smenkhkarê. Je n'ai aucune explication pour cette étrange similitude, à moins de supposer l'utilisation d'une même technique particulière pour les deux momies. Mais cette théorie est tout à fait contestable, Smenkhkarê ayant probablement été embaumé à Amarna, où il mourut, tandis que Toutankhamon le fut plus vraisemblablement à Thèbes ou à Memphis. Quoi qu'il en soit, Harrison ne formula aucune hypothèse à ce sujet. Il se concentra sur d'autres questions telles que la détermination de l'âge au moment du décès.

Utilisant les mêmes critères qu'il avait appliqués à la momie de Smenkhkarê, il en arriva à la conclusion que Toutankhamon devait avoir environ dix-neuf ans au moment de sa disparition, ainsi que Derry l'avait suggéré près d'un demi-siècle auparavant. En outre, les radios de la colonne vertébrale réfutaient toute éventualité de tuberculose fatale : cette maladie cause généralement des dommages aux disques intervertébraux et ceux du jeune pharaon étaient en parfait état.

Puis on examina la radio du crâne, celle même qui me conduisit pour la première fois à suspecter que Toutankhamon ait pu être assassiné. Ultérieurement, lors d'un documentaire pour la BBC au sujet de ses trouvailles,

Harrison, comme on l'a vu, désignant une tache sombre à la base du crâne, expliquait :

> [Cette opacité] est dans les limites du normal mais en fait, elle pourrait provenir d'une hémorragie sous les membranes recouvrant le cerveau dans cette région. Et cela aurait pu être causé par un coup porté à l'arrière de la tête, qui, à son tour, aurait pu entraîner la mort.

Harrison prit soin de se montrer extrêmement prudent, en ne mentionnant jamais l'éventualité d'un crime, mais seulement la possibilité d'un coup sur la nuque.

L'une des raisons pour lesquelles personne ne s'est penché de manière approfondie sur le meurtre de Toutankhamon est que Harrison n'a jamais publié de compte rendu complet et scientifique sur la radiographie du crâne, se bornant à des présentations destinées au grand public[8]. Ses allusions, lourdes de sens, faites lors de son émission télévisée, ne furent jamais clarifiées dans un rapport écrit complet et détaillé. En conséquence, le cliché fut mal interprété par les experts.

Nous devons nous rappeler que nous n'avons pas affaire, là, à une image normale mais à celle d'un crâne momifié, nécessitant une lecture scrupuleuse ainsi qu'une connaissance de la procédure d'embaumement. La radio montre clairement deux opacités apparemment anormales à l'intérieur du crâne, l'une au sommet et l'autre à l'arrière de la tête (ill. 25). Mais leur nature n'est pas osseuse. En fait, il s'agit de la résine chaude introduite durant la momification, afin de cautériser un éventuel reliquat de substance cérébrale, une fois le cerveau évacué par le passage nasal. Cette résine, en se solidifiant, devient radio-opaque, comme l'os. Ainsi le crâne de Toutankhamon révèle deux niveaux de fluides indiquant que la résine a dû y être injectée à deux moments distincts et dans deux positions différentes de la momie. Reconstituons, ici, ce qui s'est passé il y a trois mille trois cents ans dans l'atelier des embaumeurs.

Imaginons Toutankhamon couché à plat sur le dos, sur la table de momification. Un crochet, inséré par la narine, brise l'os ethmoïde derrière les cloisons nasales, puis pénètre dans le crâne où, par un mouvement rotatif, il transforme le cerveau en une substance semi-liquide. Ensuite, le corps est installé sur le ventre, la tête dépassant de la table. Le cerveau peut alors s'écouler naturellement de haut en bas par le nez. Le crâne vidé est maintenant prêt à recevoir la résine. On place de nouveau le cadavre sur le dos, la tête reposant à l'horizontale. On remplit de résine chaude un bol de céramique doté de deux orifices tubulaires, en forme de pipettes, que l'on introduit dans les narines pour verser le liquide à l'intérieur du crâne. Son acheminement résulte uniquement de la force de gravité. Comme Toutankhamon est allongé sur le dos, la résine se dépose automatiquement à l'arrière de la tête : c'est le premier niveau de fluide. Puis on déplace le corps, de sorte que la tête pende à l'extrémité de la table, le menton tourné vers le haut. On renouvelle alors l'opération et la résine se répartit cette fois au sommet du crâne, ce qui crée le second niveau de fluide que l'on voit sur la radio. A présent toute la substance cérébrale résiduelle est brûlée. C'est ainsi que l'on peut expliquer cette manipulation datant d'il y a trente-trois siècles.

Mais la radiographie révèle une anomalie bien plus évocatrice de la cause de la mort. Un fragment osseux est nettement visible à l'intérieur du crâne. Pourrait-il être secondaire à une fracture causée par un coup brutal assené sur la tête du pharaon dans l'intention de le tuer, un coup peut-être mortel ?

La réponse est non. En réalité, ce petit morceau d'os n'est qu'une fausse piste, génératrice de confusion et qui a détourné les chercheurs de la piste de la véritable logique du meurtre. Harrison n'ayant jamais publié sa théorie dans un journal scientifique, et la plupart des savants ayant seulement entendu dire qu'il mentionnait un coup à la tête, ils supposèrent que la clé de sa théorie résidait dans le fragment, qui aurait été délogé par le choc violent. Or Harrison n'a jamais rien dit de tel. En fait, pour lui, il s'agissait vraisemblablement d'un morceau de l'os ethmoïde brisé lors de l'insertion du crochet dans le crâne par les embaumeurs. Mais là encore, cette explication n'est pas plausible. L'ethmoïde (mot dérivé de la racine grecque signifiant « tamis ») est un os poreux, qui s'effrite en se brisant. Et le fragment trouvé dans le crâne est bien plus important qu'un simple éclat. Il ne peut donc provenir de l'ethmoïde.

A ce point de notre enquête, il ne paraît pas essentiel d'identifier son origine exacte. L'important est de constater que Harrison avait raison en présumant que l'os avait été brisé *après* le décès. Cette fracture ne pouvait donc pas avoir causé la mort. Pour pousser un peu plus loin notre argumentation, imaginons que le fragment ait été délogé par un coup à la tête alors que Toutankhamon était encore vivant et reprenons le processus d'embaumement. Le cerveau est extrait du crâne mais le fragment demeure à l'intérieur. Au moment de verser la résine, alors que le corps est couché sur le dos, le fragment osseux devrait tomber au point le plus bas, à savoir à l'arrière de la tête et se retrouver incrusté dans le liquide solidifié. Dans l'éventualité où il aurait adhéré à une autre partie du crâne, échappant à cette première injection, la seconde, au sommet du crâne, aurait certainement emprisonné ce fragment dans la résine. Par conséquent, si ce morceau d'os avait résulté d'un geste criminel, il se serait confondu avec la résine radio-opaque et ne serait jamais apparu sur la radiographie — ce qui, naturellement, n'est pas le cas. La seule conclusion possible est donc que l'os a été délogé après la mort, et qui plus est, après l'introduction de la résine dans le crâne.

Nombreuses sont les circonstances qui auraient pu permettre cette fracture. Lors de la phase de déshydratation dans le natron, le corps est resté dans l'atelier des embaumeurs pendant plus d'un mois, laps de temps largement suffisant pour que d'éventuels dommages lui soient infligés. Cela se produisait souvent à l'époque. Les études récentes sur les radios prises par Roy Moddie en 1926, au musée d'Histoire naturelle de Chicago, furent les premières à révéler une désinvolture déconcertante dans le travail des embaumeurs. On s'est aperçu, par exemple, que pour faire tenir un garçon de sept ans dans un cercueil beaucoup trop petit, on lui avait retiré les bras, sectionné les jambes à mi-cuisses et jeté les parties inférieures[9]. L'illustration la plus sidérante de ce type d'exaction est celui de la momie de Teshat, exposée à l'Institut des arts de Minneapolis. Un scanner montre que ce cadavre d'adolescente fut manipulé avec brutalité, ce qui provoqua plusieurs fractures osseuses. Et, comble de l'horreur, entre ses jambes avait été placé un deuxième crâne adulte ! Personne n'a jamais su ce qu'il faisait là, mais il est possible que, dans l'atelier des embaumeurs, la tête d'un autre cadavre se soit détachée et ait été momentanément égarée. Ce corps décapité fut emmailloté et rendu à la famille en apparence intact. Par la suite, on retrouva le crâne et ne sachant pas quoi en faire, on le dissimula dans la dépouille de Teshat.

Si les spécimens à deux têtes constituent un phénomène rare, les momies amputées sont monnaie courante. Sir Marc Armand Ruffer, ancien président du Conseil sanitaire d'Egypte, désenveloppa deux momies datant de la période perse. Son compte rendu, commençant par une description des bandages (dont l'un mesurait plus de cinq mètres cinquante de long), évoque l'état de délabrement des cadavres[10]. Une fois momifié, un corps devient si friable que le moindre geste un peu brusque peut le briser. Dans le cas d'une des momies de Ruffer, les embaumeurs, ayant fracturé la colonne vertébrale, avaient fait passer une tige le long du tronc, sorte de tuteur destiné à lui restituer sa rectitude. De manière générale, si cet artifice ne suffisait pas, on dissimulait ce défaut au moyen de résine chaude versée à l'intérieur et à l'extérieur du corps (c'est peut-être cette technique qui fut employée sur Toutankhamon pour masquer les dommages causés à sa cage thoracique). La seconde momie examinée par Ruffer témoigne, une fois de plus, de l'absence totale de scrupules des embaumeurs. Ils avaient placé les os des pieds dans la région abdominale, ceux des bras au niveau des cuisses ; l'atlas (la première vertèbre de la colonne, supportant la tête) avait été relié au crâne au moyen d'une tige passant par le trou occipital. Donc si les bandages laissaient voir un corps intact et entier, à l'intérieur se trouvait un amas d'os désarticulés. Compte tenu d'un tel manque d'égards envers les momies, on peut très bien imaginer qu'un fragment du crâne de Toutankhamon ait été brisé au cours de l'embaumement. Nous savons, du reste, que ce n'est pas l'unique occasion où sa dépouille fut maltraitée.

Les saccages infligés au corps par Derry et Carter lors de leurs tentatives de libérer Toutankhamon de son cercueil sont relatés dans leurs comptes rendus. Même si aucun d'eux n'en publia les détails, leurs notes manuscrites sont révélatrices. A la page du 16 novembre 1925 du journal de Carter, on peut lire :

Tout le travail de la journée s'est concentré sur la tête de la momie. Elle était comme le corps du roi. L'arrière de la tête était collé (dans ce cas) au masque, si fermement qu'il fallut un marteau et un ciseau pour le libérer. Finalement, nous eûmes recours à des couteaux chauffés pour atteindre notre but[11].

Ce type de manipulation a pu endommager la boîte crânienne. Ainsi, il semble extrêmement probable que, d'une façon ou d'une autre, le fragment d'os soit postérieur à la mort et n'ait rien à voir avec le décès à proprement parler. D'ailleurs cette hypothèse est, d'après moi, confirmée par un autre cliché, pris dix ans après celui de Harrison. Le Dr James Harris, professeur d'orthodontie à l'Université du Michigan, reçut l'autorisation d'examiner le crâne de Toutankhamon aux rayons X. Il avait déjà dirigé des travaux novateurs sur la radiographie des momies royales au Musée égyptien du Caire[12], utilisant ce procédé pour déterminer les liens de parenté entre les momies, en identifiant des similitudes dans les traits du visage, des ressemblances de famille. De par sa profession, il s'intéressait particulièrement à la dentition. Or la radio prise par Harrison ne le satisfaisait pas car les dents n'apparaissaient pas aussi nettement qu'il l'aurait souhaité. Il réalisa donc un nouveau cliché qui semblerait confirmer que le fragment, à présent célèbre, est effectivement mobile et non pas inclus dans la résine. En effet, sur cette image, il se trouve à un endroit différent par rapport à la radio de Harrison. Du moins, c'est mon impression. En fait, Harris n'a jamais publié les détails de cette procédure et ne mentionne même pas l'avoir effectuée. Dans l'index de son ouvrage *An X-Ray Atlas of the Royal Mummies*[13], figure certes la référence aux radios de Toutankhamon mais en se reportant à la page indiquée, on n'y retrouve aucune allusion. Seule une microfiche, figurant en annexe du livre, en fait état, mais celle-ci est difficilement lisible. Cherchant à disposer d'un élément plus tangible, j'ai demandé une copie du cliché à Harris, qui ne put me la fournir. Je dois donc me contenter d'une interprétation hypothétique de ce document approximatif.

Si les experts ont négligé la possibilité que Toutankhamon ait été assassiné, c'est parce que les égyptologues et chercheurs en paléopathologie ont cru, à tort, que le fragment d'os visible constituait la soi-disant preuve du coup à l'arrière de la tête. Après examen de la radio, ils déduisirent, avec raison, qu'il était postérieur à la mort et donc qu'il n'impliquait aucun traumatisme à la nuque. Toute cette excitation autour du fragment d'os leur fit oublier l'élément clé de la démonstration de Harrison, à savoir la tache sombre à la base du crâne.

Lors de mon émission télévisée sur la théorie du meurtre, je n'ai jamais évoqué le fragment d'os parce qu'il ne s'agissait pas d'un détail pertinent. Suite à la diffusion de ce documentaire, le *Los Angeles Times* publia un article, présentant l'opinion du Dr James Harris à ce sujet. Là encore, le fameux fragment fut associé à l'hypothèse du coup porté à la tête : « Harris confirme la présence d'un éclat d'os, mais remarque qu'il aurait pu résulter de la momification[14]... » Toujours sur le même point, le Dr Nicholas Reeves, un des grands spécialistes de Toutankhamon, fit le commentaire suivant : « Malheureusement, Harrison (l'anatomiste) ne vécut pas assez longtemps pour publier ses déductions concernant cet élément et on ne sait pas avec certitude s'il pensait que ce dommage avait été causé avant la mort, de manière accidentelle ou intentionnelle[15]. »

En dehors de Harrison et Harris, une troisième personne aurait également pu soulever cette question du traumatisme à la nuque mais curieusement, lui aussi, fait totalement l'impasse dessus. F. Filce Leek, le dentiste de l'équipe de Harrison, consacra tout un ouvrage aux vestiges humains de la tombe de Toutankhamon, mentionnant à peine qu'il faisait partie de l'équipe[16]. Aussi incroyable que cela puisse paraître, il n'aborde jamais les résultats de la radiographie. Son analyse de la momie se base presque entièrement sur l'autopsie de Derry effectuée un demi-siècle auparavant !

L'absence de publication scientifique traitant des deux séries de clichés du pharaon a engendré de considérables malentendus concernant la preuve d'un coup porté à l'arrière de la tête, particulièrement parmi les chercheurs extérieurs au domaine médical et peu formés à l'interprétation des radios. Par exemple, le grand spécialiste de la période amarnienne, Cyril Aldred, déclare, dans son ouvrage très documenté : « Le récent réexamen de la momie de Toutankhamon montre qu'il a subi une blessure. Probablement par une flèche, qui a pénétré dans son crâne dans la région de l'oreille gauche [17]. » On ne sait pas précisément sur quelle preuve s'appuie cet égyptologue pour parler d'une flèche, car c'est l'une des rares fois où il ne cite pas ses sources.

Etant donné les négligences, omissions et confusions relatives aux radios de Toutankhamon, il était clair qu'un examen plus scrupuleux du matériel ayant trait à la mort du pharaon devenait nécessaire. Ma première démarche fut d'obtenir une reproduction du cliché de Harrison, malheureusement décédé en 1979. Son collègue, R.C. Connolly, travaillait toujours à l'Université de Liverpool et il m'envoya aimablement des copies de la radio, accompagnées de quelques lignes qui étaient loin d'être encourageantes :

J'ai bien peur qu'il n'y ait rien, en dehors de notre publication originale sur le sujet, que je puisse ajouter à propos de ces clichés... Hormis les preuves évidentes mentionnées dans de précédentes parutions, ils ne révèlent rien de particulièrement significatif ni sur les procédés de momification sous la XVIIIe dynastie, ni surtout sur la cause de la mort [18].

Connolly, maître de conférence en anthropologie physique, est un fin connaisseur de l'anatomie mais je voulais voir par moi-même. J'apportai donc le cliché au Département de technologie radiologique de mon université, pour solliciter l'avis de spécialistes en la matière. Si ces radios fascinèrent mes collègues, elles n'entraient pas dans le cadre de leurs compétences. Pour eux, mon seul espoir d'obtenir une quelconque information nouvelle était de les montrer à notre conseiller médical, le Dr Gerald Irwin, chef du Service de radiologie à l'hôpital universitaire de Winthrop. Ce scientifique possède une expérience considérable dans l'interprétation des images et ses connaissances en traumatologie lui permettraient peut-être de découvrir quelque chose d'intéressant.

Je lui montrai tout d'abord la vidéo de l'émission où Harrison nous donne son explication. Puis il étudia le cliché du crâne de Toutankhamon. Il était d'accord avec cette théorie : on pouvait effectivement supposer un traumatisme à la nuque; la radio montrait bien un hématome, c'est-à-dire une accumulation de sang sous la peau. Mais le Dr Irwin remarqua autre chose. A l'intérieur du crâne, près de la possible masse sanguine, apparaissait une zone de plus forte densité. C'est l'image que pourrait donner une membrane calcifiée formée autour d'un caillot. Les médecins appellent cela un hématome chronique sous-dural, qui met un certain temps à se constituer.

Le Dr Irwin observa également que la région du crâne où aurait été asséné le prétendu coup est inhabituelle pour un traumatisme. Situé à la jonction du cou et du crâne, il s'agit d'un point très protégé. Un tel choc n'a pu se produire que si Toutankhamon a été frappé par derrière, peut-être dans son sommeil, alors qu'il reposait sur le côté ou sur le ventre.

Que signifie tout cela ? Tout d'abord, que ce soit bien clair, la radio de Toutankhamon ne prouve pas qu'il ait été assassiné. En effet, si un cliché peut montrer qu'un patient a reçu un coup à la tête, voire que ce coup a probablement été fatal, il ne constitue en aucun cas la preuve d'une intention malfaisante. Il existera toujours d'autres théories que la radio en elle-même ne pourra réfuter. En outre, le décryptage radiologique est un art dans lequel certains sont experts et d'autres non. Les images révèlent des zones claires et blanches — les os — et d'autres plus floues dont l'interprétation requiert des compétences très pointues. Et même parmi les spécialistes, il peut y avoir désaccord : là où certains évoqueront une grosseur, d'autres verront simplement un défaut technique.

Dans le cas de Toutankhamon, deux experts renommés ont vu un hématome dans le crâne. Se pourrait-il que le pharaon se soit cogné la tête en trébuchant ? Etant donné la place de ce caillot, c'est peu probable. Mais en soi, la preuve d'un coup fatal asséné en un point peu propice à un traumatisme accidentel ne convaincrait jamais un jury de la culpabilité d'un accusé. En revanche, cela suffirait certainement à déclencher une enquête judiciaire approfondie pour rechercher des preuves supplémentaires éventuelles. La radio serait alors considérée comme une indication de circonstances suspectes.

Jusque-là, tout se tient. Cependant, une chose est moins sûre : la formation d'une éventuelle calcification autour de l'hématome.

Le Dr Irwin s'empressa de préciser que la radio n'établit pas ce fait avec certitude parce que la zone critique est trop floue pour tirer des conclusions formelles. Le cliché évoque néanmoins la possibilité que Toutankhamon ne soit pas mort sur le coup, ce qui soulève certaines questions difficiles. Si le jeune souverain a survécu les deux mois minimum nécessaires à la formation de calcification, quel était son état de conscience ? N'oublions pas qu'à l'époque, il n'y avait pas de perfusions intraveineuses et il ne subsiste aujourd'hui aucune trace de l'existence de sondes alimentaires chez les Egyptiens. Dans le coma et sans apport nutritif, le pharaon n'aurait pas pu rester en vie durant deux mois. Si ce que l'on voit sur la radio correspond à un épaississement de la membrane, c'est que le roi a dû rester conscient, de façon continue ou par intermittence, au moins assez longtemps pour pouvoir se nourrir. Il aurait, dans ce cas, survécu jusqu'à ce que la pression sur le cerveau causée par l'hématome devienne trop forte puis aurait définitivement perdu connaissance et serait mort de déshydratation ou de pneumonie[19].

La suggestion que Toutankhamon ait pu subir une longue agonie est très tentante mais elle n'affecte en rien la thèse du meurtre. Je la mentionne seulement parce qu'elle constitue un élément de l'énigme qui pourrait avoir son importance ultérieurement. Quoi qu'il en soit, une preuve d'ordre physique n'implique pas en elle-même un meurtre. Une balle dans le cerveau ne révèle pas l'intention de tuer, ni les raisons ou les moyens employés. La radio du crâne de Toutankhamon suggère un coup asséné à l'arrière de la tête. C'est tout ce qu'elle peut nous apporter. Pour soutenir une accusation, il est crucial d'entreprendre une enquête sur les circonstances du crime. Sommes-nous en mesure de prouver que quelqu'un a eu à la fois le mobile et l'opportunité de commettre un tel méfait ? C'est seulement en répondant à cette question que nous pourrons élucider notre affaire.

9

LA SUPPLIQUE D'UNE VEUVE

> « Ne t'inquiète pas de lui,
> L'Asiate est un crocodile sur la rive,
> Il chasse dans les chemins isolés,
> Il ne peut attraper (sa proie) dans une ville peuplée. »
> Le roi Kheti III Nebkaourê
> (Env. 2150 av. J.-C.).

Dans la plupart des meurtres, ce sont les circonstances autour de la mort qui éveillent les premiers soupçons. Les sinistres événements qui ont suivi le décès de Toutankhamon conduiraient tout détective moderne à penser à un acte criminel. Le premier de ces indices est la lettre de la reine veuve adressée au roi des Hittites, habitants du Hatti, qui exerçaient depuis toujours sur l'Egypte de fortes pressions pour s'emparer de ses territoires.

Nous avons connaissance de cette missive parce que les Hittites avaient pris l'habitude de tenir des registres méticuleux. Des fouilles en Turquie ont permis de découvrir des milliers de tablettes d'argile issues de leurs archives, sur lesquelles tout était scrupuleusement consigné, des actes de propriété aux exploits militaires. Au début de ce siècle, on trouva notamment, à Bogazkoy, l'ancienne capitale, une série de chroniques relatives au règne d'un souverain, écrites par son successeur. Elles ont été rassemblées et publiées sous un titre peu racoleur : *Les actions de Souppilouliouma relatées par son fils Moursili II.* Parmi les dizaines de fragments qui constituent ces textes, celui qui rapporte le message fébrile d'Ankhesenamon est nommé la « Septième Tablette » [1].

Son contenu est extraordinaire : la reine d'Egypte s'adresse à l'ennemi traditionnel de son pays, le roi hittite, pour lui dire qu'elle a peur et qu'elle veut épouser un de ses princes et ainsi faire de lui un pharaon. Rien de tel ne s'était jamais produit en Egypte. Il convient donc d'examiner cette lettre très soigneusement :

Pendant que mon père était au pays de Karkemish, il envoya Loupakkish et Tarhounta [?]-zalma au pays d'Amqa [région d'Antioche]. Ils partirent ; ils ravagèrent le pays d'Amqa et ramenèrent à mon père des prisonniers, du gros et du petit bétail. Lorsque les gens d'Egypte apprirent la destruction d'Amqa, ils prirent peur. En effet, pour aggraver la situation, leur maître, Nibhourouriya, venait de mourir et la reine d'Egypte, qui était Dahamansou, envoya à mon père un ambassadeur et lui écrivit en ces termes : « Mon mari est mort et je n'ai pas de fils. Les gens disent que tu as de nombreux fils. Si tu m'envoies un de tes fils, il deviendra mon époux, car je répugne à prendre un de mes serviteurs pour en faire mon époux !... J'ai peur [2] ! »

Dans cette correspondance, la reine d'Egypte est appelée Dahamansou et son mari (« leur maître ») Nibhourouriya. Qui étaient donc ces figures royales ? En réalité, ces termes correspondent non pas à des traductions mais à des transcriptions phonétiques de patronymes égyptiens dans la langue hittite. On est pratiquement certain qu'il s'agit du roi Toutankhamon, dont l'un des deux noms figurant sur ses cartouches est Nebkheperourê[3], aux sonorités assez proches de « Nibhourouriya ». Si tel est le cas, alors la reine veuve doit être sa seule épouse, Ankhesenamon. En effet, « Dahamansou » qui, à l'oreille, n'évoque absolument pas le nom de cette dernière, provient probablement de l'expression *Ta Hemet Nesout* — « l'Epouse du roi » —, qu'elle apposa en guise de signature à sa lettre[4].

Ankhesenamon confessait qu'elle avait peur, laissant entendre par là qu'elle se sentait menacée. Qu'est-ce qui effrayait tant la Première Dame d'Egypte ? A l'époque, son pays était stable et en sécurité, grâce à la redoutable armée de Horemheb. Les administrateurs Ay et Maya avaient rendu à l'Egypte toute sa prospérité. Après la mort de son mari, la reine était devenue le personnage le plus éminent et le plus puissant de l'empire. Mais l'était-elle vraiment ? Le récit des Hittites fait référence à leur attaque sur la région d'Amqa, impliquant que cet événement provoqua la panique d'Ankhesenamon, même s'il se déroulait loin des frontières du pays. A l'évidence, cette explication relève davantage d'une forme de vantardise patriote de la part de l'auteur, qui préféra justifier l'inquiétude de la reine par les qualités guerrières de son peuple plutôt que de se pencher sur les raisons réelles de ce tourment.

La vérité est que, sans Toutankhamon, Ankhesenamon se retrouvait totalement isolée. Sa vie auparavant avait été agitée de changements et de tumultes mais au moins son mari était là, à son côté, pour partager le fardeau et prendre les décisions. En outre, son veuvage la laissait dans une situation encore plus angoissante. En effet, l'expression de sa crainte culmine dans une affirmation très inhabituelle : « Je répugne à prendre un de mes serviteurs pour en faire mon époux. » Bien sûr, il était inconcevable pour une reine égyptienne de devenir la femme d'un subalterne. Comment aurait-on pu l'obliger à se marier contre sa volonté ? Se retrouvait-elle la proie d'une force assez influente pour provoquer une telle terreur ?

Ankhesenamon dut écrire cette lettre peu après la mort de Toutankhamon car l'Egypte ne pouvait rester sans roi trop longtemps. Or la succession au trône posait un sérieux problème : le jeune couple n'avait pas eu d'enfants et Ankhesenamon était la dernière survivante de la famille impériale. Quiconque l'épouserait deviendrait souverain d'Egypte. Sa lettre sous-entend qu'on cherchait à lui imposer un mariage avec un roturier, un « serviteur ». Quel fantastique acte de désespoir que d'écrire à un ennemi pour l'implorer de lui envoyer un de ses princes qui, grâce à elle, deviendrait pharaon ! Jamais dans l'histoire de cette civilisation, pareille chose ne s'était produite. Pourtant pareille résolution devait représenter le moindre de deux maux.

La tombe de Horemheb illustre bien le caractère extraordinaire de la démarche d'Ankhesenamon[5]. Le général des armées de Toutankhamon était fier d'exhiber sur les murs de son sépulcre de nombreuses scènes témoignant de tous les captifs hittites qu'il avait vaincus et qui défilaient, humiliés et enchaînés, devant le pharaon. Quelles circonstances exceptionnelles auraient poussé Ankhesenamon à quémander un mari issu de ce peuple ?

On imagine son affolement lorsqu'elle rédigea cette missive au roi hittite. Les scribes de la cour connaissaient l'akkadien, la langue internationale de l'époque, mais une lettre calligraphiée par l'un d'eux aurait été automatiquement classée dans les archives officielles et divulguée dans le palais. Ankhesenamon ne voulait en aucun cas que sa requête fût rendue publique. Assurément Ay, principal conseiller de Toutankhamon, ne lui pardonnerait jamais de mettre un étranger à la tête du pays, d'autant que cela menacerait sa propre position à la cour ; en effet, il est fort probable qu'un roi hittite nommerait de nouveaux fonctionnaires. Le général Horemheb n'approuverait pas non plus une telle lettre : il ne servirait jamais sous les ordres d'un ennemi mortel qu'il avait passé sa vie à combattre. Il ne pouvait donc s'agir, de la part d'Ankhesenamon, que d'une supplique personnelle adressée officieusement au seul être, dans son esprit, assez puissant pour l'aider, le roi hittite. Elle écrivit sans doute cette lettre elle-même sur un rouleau de papyrus et en hiéroglyphes, qui pourraient être ultérieurement traduits par des scribes du palais hittite. Tout ce dont elle avait besoin, c'était d'un messager de confiance qui pourrait délivrer son appel au secours.

Cet acte révèle un des aspects de la personnalité d'Ankhesenamon : elle était craintive et naïve. Ayant grandi dans la paisible ville d'Amarna, elle n'avait jamais entendu parler des batailles sanglantes contre ces cruels soldats ni des atrocités qu'ils commettaient. Elle dut penser que seule une intervention militaire radicale pouvait la sauver. Ainsi, en promettant le trône à un prince hittite, elle était sans doute convaincue que le roi lancerait ses forces à sa rescousse. Or qui, en Egypte, avait un tel pouvoir qu'il faille avoir recours à une armée pour l'évincer de son chemin ?

La requête d'Ankhesenamon était tellement invraisemblable que le roi hittite lui-même n'y crut pas :

Lorsque mon père apprit ceci, il convoqua les Grands en conseil [et leur dit] : « Depuis les temps anciens, pareille chose ne s'est jamais produite devant moi. » Il décida d'envoyer Hattou-zitish, le chambellan [et lui dit] : « Va. Rapporte-moi une information digne de foi. Ils peuvent essayer de me tromper. Peut-être ont-ils un prince. Rapporte-moi une information digne de foi[6] ! »

Le voyage du chambellan fut long. Il fallait franchir les montagnes de l'Anti-Taurus, puis se diriger vers l'est pour rejoindre la plaine d'Alep en Syrie, traverser le fleuve Oronte près de Kadech et continuer vers le sud jusqu'à la frontière égyptienne. C'est sans doute là que l'émissaire fut accueilli, mais par qui ? Il existait à l'évidence deux factions opposées à la cour d'Egypte : Ankhesenamon qui désirait épouser le prince et tous ceux qui voulaient la contraindre à une union avec le mystérieux « serviteur ». Malheureusement, les Hittites ne nous disent pas ce que Hattou-zitish apprit en Egypte. Nous savons en revanche qu'il ne retourna pas seul dans son pays :

Mais au printemps, Hattou-zitish [rentra] d'Egypte, et le messager d'Egypte, le seigneur Hani, vint avec lui[7].

Une question se pose : la date approximative de l'arrivée de l'ambassadeur hittite, indiquée dans le passage ci-dessus, est-elle compatible avec le moment de la disparition de Toutankhamon ? Les fleurs de ses couronnes funéraires nous informent sur la période à laquelle il est mort. L'une d'elles était constituée de bleuets, qui fleurissent en Egypte entre la mi-mars et la fin avril. De plus, l'un des pectoraux comprend une mandragore et une douce-amère, dont l'éclosion se produit durant ces deux mêmes mois[8]. Par conséquent, si les funérailles se déroulèrent à cette époque de l'année et compte tenu des soixante-dix jours nécessaires à la momification, cela signifie que le décès remonte à décembre ou janvier[9]. Admettons qu'Ankhesenamon ait écrit sa lettre en janvier, elle serait alors parvenue à la capitale hittite avant février. L'aller-retour du chambellan, pressé par un sentiment d'urgence, dut se faire le plus rapidement possible et prit sans doute un peu moins de deux mois. On peut en conclure que, selon toute probabilité, Hattou-zitish rentra chez lui en avril, c'est-à-dire, précisément, au printemps. Tout cela paraît absolument cohérent et semble correspondre à la réalité des faits.

Durant toute cette période de négociations, le corps de Toutankhamon avait été momifié, son cercueil achevé, son mobilier funéraire confectionné, en préparation des funérailles qui approchaient. Combien de temps l'Egypte pouvait-elle continuer sans roi ? En d'autres termes, combien de temps Ankhesenamon pouvait-elle tenir ?

Lorsqu'elle reçut la nouvelle de l'arrivée d'un Hittite en réponse à sa lettre, elle dut penser qu'il s'agissait du prince. Quelle déception de découvrir que ce n'était qu'un vieux chambellan venu pour vérifier la sincérité de sa requête ! Nous ne possédons aucun détail sur le séjour d'Hattou-zitish à la cour égyptienne, mais nous pouvons imaginer l'accablement de la reine, consciente que le temps pressait. Peut-être n'était-il pas encore trop tard. Elle envoya donc une deuxième lettre :

« Pourquoi as-tu dit de la sorte : "ils me trompent" ? Si j'avais eu un fils, aurais-je écrit — à ma honte et à celle de mon pays — à une nation étrangère ? Tu ne m'as pas crue et m'as même parlé de la sorte ! Celui qui était mon mari est mort. Je n'ai pas de fils ! Jamais je ne prendrai un de mes serviteurs pour en faire mon mari ! Je n'ai écrit à aucune autre nation, je n'ai écrit qu'à toi ! On a dit que tes fils étaient nombreux ; donne-moi donc un de tes fils ! Pour moi, il sera un mari, mais en Egypte, il sera roi ! » Alors, comme mon père avait bon cœur, il accéda à la demande de la femme et se chargea lui-même de [résoudre] le problème d'un fils [10].

Hani, l'émissaire égyptien qui accompagnait le chambellan lors de son retour, dut confirmer le contenu des lettres d'Ankhesenamon. Souppilouliouma lui exprima ses craintes : si un prince était envoyé en Egypte, il pourrait être retenu en otage au lieu d'être couronné pharaon. Et c'est sans doute d'une voix implorante que le messager assura le roi hittite que tout se passerait bien :

Oh mon Seigneur ! C'est... la honte de notre pays ! Si nous avions [un fils du roi], serions-nous venus dans un territoire étranger pour continuer de quémander un souverain pour [notre pays] ? Nibhourouriya, qui était notre souverain, est mort ; il n'a pas de fils. L'épouse de notre souverain est seule. Nous cherchons un fils de notre seigneur pour en faire le roi en Egypte et pour la femme, notre Dame, nous cherchons un mari ! En outre, nous ne sommes allés dans aucun autre pays, nous sommes seulement venus ici. A présent, oh, notre Seigneur, donnez-nous un de vos fils [11] !

Tel est le récit hittite du plaidoyer de Hani en faveur de sa maîtresse. Souppilouliouma demanda alors que fût lu à haute voix un ancien traité de paix entre l'Egypte et le Hatti, sorti des archives, puis il déclara :

Il y a longtemps, Hattousa [I] et l'Egypte étaient amis et

I. Capitale du Hatti *(N.d.T.)*.

à présent, par nos soins, une telle chose s'est également produite entre eux ! Ainsi le Hatti et l'Egypte seront en permanence amis [12] !

Les soixante-dix jours de la momification et des rituels précédant les funérailles de Toutankhamon s'étaient écoulés et son corps reposait, avec tous ses trésors, dans sa tombe depuis près de quatre semaines. Environ trois mois avaient passé depuis la première lettre d'Ankhesenamon, lorsque le prince hittite, envoyé par Souppilouliouma, entreprit son voyage vers l'Egypte pour prendre femme et devenir roi. Les tablettes d'archives s'interrompent à ce moment-là, mais la fin de l'histoire est relatée dans un autre texte hittite, *Les Prières de Moursili contre la Peste* :

Mais lorsque mon père leur donna un de ses fils, ils le tuèrent lorsqu'ils l'eurent conduit là-bas. Mon père laissa déferler sa colère, il partit en guerre contre l'Egypte et attaqua l'Egypte. Il frappa les soldats d'infanterie et les chars du pays d'Egypte. Mais lorsqu'ils ramenèrent au pays Hatti les prisonniers qu'ils avaient pris, la peste se déclara parmi les captifs et ils se mirent à mourir. Lorsqu'ils introduisirent les prisonniers en terre Hatti, ceux-ci apportèrent la peste dans le pays. Depuis ce jour, les gens meurent au Hatti [13].

Le prince hittite fut assassiné à la frontière de l'Egypte. Mais par qui ? Il voyageait certainement avec un convoi de gardes, de domestiques et de cadeaux. En outre, il devait y avoir une délégation de dignitaires égyptiens pour accueillir puis escorter le prince jusqu'à Ankhesenamon. Il est peu probable que tant de personnes aient été massacrées par une bande de brigands. Les Hittites, sur le point de nouer un lien aussi inespéré qu'avantageux avec l'Egypte, n'avaient rien à gagner en éliminant leur propre prince. Les soupçons se portent davantage sur un Egyptien, jouissant de l'autorité nécessaire pour ordonner à une troupe de cavaliers de supprimer un émissaire étranger voyageant sous la bannière de la paix. Celui qui avait le plus à perdre si le prince et Ankhesenamon se mariaient était, bien sûr, le fameux « serviteur », qui n'aurait plus aucune chance d'accéder au trône d'Egypte. Pour démasquer l'assassin du prince hittite et le suspect impliqué dans la mort de Toutankhamon, il nous reste à découvrir l'identité de ce mystérieux « serviteur ».

Le premier indice se trouve sur les murs de la tombe de Toutankhamon.

L'homme représenté sur le mur

Comme nous le savons, les Egyptiens nobles qui n'étaient pas de souche royale décoraient leurs sépulcres de scènes quotidiennes pour montrer aux dieux comment ils voulaient vivre dans l'Autre Monde. Parfois, étaient représentés les préparatifs des funérailles, avec les charpentiers et artisans confectionnant le cercueil et la chapelle destinée à abriter les vases canopes. Il arrivait même d'y voir une reconstitution de l'enterrement. Dans la tombe de Ramose, maire de Thèbes sous le règne du père de Toutankhamon, tout le cortège funèbre était ainsi dépeint, ainsi que les effets placés dans la tombe — coiffe, sandales et vêtements — et tous les objets dont il aurait besoin dans l'Au-delà. Les pleureuses professionnelles, payées pour accompagner la momie de Ramose jusqu'à sa dernière demeure, se lamentaient et jetaient de la poussière sur leur tête.

Les tombes des rois comportaient un caractère absolument différent. Au lieu de présenter de charmants tableaux de la vie courante, elles étaient recouvertes de textes religieux : le *Livre des Morts*, le *Livre des Portes*, le *Livre de ce qui est dans l'Au-delà*. Dans celle de Toutankhamon figure un seul épisode réaliste : les obsèques du pharaon.

L'intérêt pour le sépulcre désormais célèbre s'est concentré sur les trésors, le mobilier funéraire et la momie, mais les peintures murales n'ont reçu que peu d'attention. Même aujourd'hui, malgré leur différence d'avec toutes les autres fresques du même type, elles n'ont pas été étudiées de façon approfondie. Les tombes royales sont des structures importantes et complexes, dont virtuellement chaque mur est superbement décoré de scènes religieuses et de textes, censés garantir l'immortalité du souverain et basés sur un même principe : « La parole est l'acte. » Si l'on prononce, écrit ou représente une chose, elle se produira. Ainsi, si l'on dit : « Le pharaon est accueilli par les dieux », ou si on le montre arrivant dans l'Autre Monde et reçu par Osiris, le dieu des morts, l'événement adviendra réellement. Les Egyptiens semblent avoir été insatiables dès qu'il s'agissait de formules magiques : plus il y en avait, mieux c'était.

En cela, la tombe de Toutankhamon se distingue de toutes les autres. En effet, seule la chambre funéraire est décorée, presque certainement en raison de l'urgence dans laquelle on dut préparer les funérailles. Sur l'un des murs de cette unique pièce peinte, douze babouins, gardiens des douze heures de la nuit, sont représentés assis sur un mur, attendant patiemment le moment d'aider le roi afin de garantir qu'il fera un bon voyage à travers la nuit avant de renaître dans l'Autre Monde. Sur la cloison destinée à sceller la chambre funéraire, une fois le cercueil refermé sur le défunt, figure également un épisode purement religieux. Le pharaon reçoit la vie, qui lui est rendue par Hathor, la déesse de l'Occident. Derrière lui se tient Anubis, le dieu-chacal de l'embaumement, qui a bien accompli sa tâche et tient un *ankh*, symbole de la vie, dans les mains. Ces deux murs nous disent bien peu sur Toutankhamon. Ce sont les deux autres qui nous éclairent sur son existence et fournissent des indices concernant le meurtrier de l'enfant-roi.

Sur le mur occidental, on voit le cortège funèbre qui conduit le souverain à sa tombe. La momie repose sous un dais monté sur un traîneau que tirent douze porteurs, coiffés de bandeaux de lin blanc. Parmi eux, vêtus des robes des grands dignitaires, se trouvent Pentou et Ousermontou, les hauts fonctionnaires de Haute et de Basse Egypte[14].

Cela ne nous est pas d'une grande aide dans l'affaire qui nous intéresse. En revanche, le mur septentrional, admiré par tous les touristes et reproduit dans de nombreuses publications, nous livre une information capitale au sujet du décès de Toutankhamon, bien qu'elle échappe à la plupart des gens.

La cérémonie d'ouverture de la bouche y est représentée. Or, si les nobles thébains avaient l'habitude de faire figurer ce rituel dans leurs sépulcres, on ne l'avait jamais trouvé dans une tombe royale avant de découvrir celle de Toutankhamon. Et l'on peut s'étonner que cette entorse aux usages habituels soit associée à un monarque qui, paradoxalement, avait rendu l'Egypte à son ancienne religion. Celui qui supervisait la décoration mortuaire devait être motivé par une raison bien précise pour changer ainsi l'iconographie traditionnelle.

Sur cette fresque, le défunt a la forme du dieu Osiris momifié, mais les hiéroglyphes au-dessus de sa tête confirment qu'il s'agit de Toutankhamon, roi de Haute et de Basse Egypte et non du dieu des morts. Il se tient debout, bien droit, devant une table basse sur laquelle a été placée la plume rituelle ainsi qu'une offrande, la patte d'un veau. De l'autre côté, un officiant lève l'instrument par lequel il redonnera au roi le souffle de vie dans l'Autre Monde. On peut l'identifier comme étant le grand prêtre car il porte la peau de léopard caractéristique de sa fonction. Jusque-là, rien ne semble anormal. Cependant, un détail rend cette scène unique dans toutes les annales de l'histoire de l'Egypte : le grand prêtre arbore une couronne de pharaon. Le successeur même de Toutankhamon effectue donc ce rituel. L'inscription qui le désigne révèle son nom : c'est Ay, le vieux vizir.

Si nous reconstituons les événements qui suivirent immédiatement la mort de Toutankhamon, il paraît d'une part évident qu'Ay était à l'origine de cette reproduction de sa propre image sur les murs de la tombe et, d'autre part, probable qu'il fût le fameux serviteur qu'Ankhesenamon répugnait tant à épouser.

En effet :

1. Les préparatifs de l'enterrement et la décoration de la tombe commencèrent non pas avant, mais tout de suite après le décès de Toutankhamon. Leur organisation fut certainement confiée au vizir. C'est donc lui qui ordonna d'être représenté en pharaon.
2. Pendant ce temps, Ankhesenamon écrivait au roi hittite, lui demandant d'envoyer l'un de ses fils qu'elle épouserait, pour ne pas être obligée de se marier à un « serviteur ».
3. Le prince hittite, destiné à devenir roi d'Egypte, fut assassiné à la frontière, acte probablement provoqué par quelqu'un qui avait beaucoup à perdre avec ce mariage.
4. Ay devint pharaon.

La peinture murale et la chronologie des faits

désignent toutes deux Ay comme le principal suspect dans le meurtre du prince hittite et — j'en suis convaincu — de Toutankhamon. C'était lui qui dirigeait le gouvernement. Dans la période séparant la disparition du souverain du couronnement de son successeur, Ay, en tant que vizir, était l'homme le plus puissant du pays, surpassant même la veuve du roi. Ayant le contrôle total de la garde du palais et même de l'armée, il pouvait en effet forcer Ankhesenamon à l'épouser. Si, comme le suggère la radiographie, un acte criminel a causé la mort du jeune pharaon, il faut se demander à qui profitait cet assassinat. La réponse est claire. L'élimination de Toutankhamon permettait à Ay d'accéder au trône.

Cependant restent deux grandes questions : comment Ay, citoyen ordinaire, put-il devenir roi d'Egypte ? Et qu'advint-il d'Ankhesenamon ?

L'anneau de Newberry

La réponse à la première interrogation fut découverte dans un magasin d'antiquités du Caire au printemps 1931. A l'époque, les égyptologues visitaient souvent ce type de boutiques pour savoir si de nouveaux objets circulaient et ce, dans l'espoir de trouver des inscriptions et des images intéressantes. C'était notamment le cas de Percy Newberry. Celui-ci s'était spécialisé dans l'étude des scarabées [15] et avait publié, au début de sa carrière, tout un catalogue sur les milliers de pièces de ce genre que contenait la collection du Musée égyptien du Caire [16]. Toujours à la recherche de telles amulettes, il fréquentait assidûment les magasins d'antiquités et c'est dans celui de Robert Blanchard qu'il trouva, au milieu de divers objets, un anneau en faïence bleue, constitué de deux cartouches, ceux d'Ay et d'Ankhesenamon. Une telle combinaison ne pouvait signifier qu'une chose : ces deux personnages étaient devenus mari et femme, donc roi et reine.

L'égyptologue écrivit immédiatement à Howard Carter :

Maison Mitarchi
Sharia Bayuni, Zamalek
Gezira
Le Caire

Mon cher Carter,

Cela vous intéressera sans doute d'apprendre que je viens de voir, chez Blanchard, une bague qui porte le cartouche d'Ankhesenamon ainsi que le deuxième nom du roi Ay. On ne peut interpréter cela que d'une façon : le roi Ay a épousé Ankhesenamon, la veuve de Toutankhamon. L'anneau est de couleur bleue et fut trouvé quelque part à l'est du delta[17].

L'article publié par Newberry au sujet de cette bague[18] répondait à la première question : Ay était devenu pharaon au travers d'une union royale. Mais, comme dans toute bonne histoire policière, survint un problème : le bijou disparut. En effet, le savant s'était contenté d'en faire le dessin sans l'acheter. Ultérieurement, il fut donc sans doute vendu à un quelconque touriste, inconscient de sa valeur historique et l'on en perdit la trace. A mesure que les décennies passaient, certains égyptologues se mirent à douter de l'existence véritable du précieux objet. Heureusement, au début des années soixante-dix, un anneau presque identique à celui de Newberry fut acquis par le Musée égyptien de Berlin. Il n'avait jamais été exposé au public et je désirais en vérifier la signification par moi-même. Je contactai donc une spécialiste de ce musée qui, visiblement, n'avait jamais entendu parler d'une telle bague. Après mon choc initial, nous comprîmes tous deux ce qui s'était passé. Les deux collections égyptiennes de Berlin-Est et Berlin-Ouest venaient de fusionner et les conservateurs ne connaissaient pas encore à fond l'ensemble des pièces regroupées dans l'établissement. On finit tout de même par localiser le bijou et un mois plus tard, je tenais la fragile preuve dans ma main[19].

Ses hiéroglyphes correspondaient exactement à la copie qu'en avait faite Newberry en 1931 même si je ne pense pas qu'il s'agisse de l'exemplaire qu'il avait vu. Sa description mentionnait que l'anneau était de couleur bleue ; or celui que je contemplais était blanc. Il y subsistait de pâles vestiges du bleu d'origine, mais sa teinte s'était estompée avec le temps. Après tout, cette bague avait été commandée pour célébrer un mariage datant de trois mille ans. On en avait sans doute confectionné plusieurs modèles. En tout cas, celui de Berlin confirmait mon hypothèse de départ : Ay avait effectivement épousé Ankhesenamon.

C'est dans ce même musée que je me suis véritablement retrouvé face à face avec mon principal suspect. Derrière une vitre de Plexiglas, était exposé un masque d'Ay en plâtre, réalisé comme travail préparatoire à la sculpture de son buste en pierre. Ce visage d'homme mûr, à la mâchoire imposante et au cou musclé, avait été identifié comme étant celui de l'ancien vizir en raison de sa ressemblance avec ses portraits dans sa tombe d'Amarna[20]. En examinant cette figure indéniablement sinistre, je remarquai un trait de peinture rouge sur la lèvre supérieure. Je ne pus m'empêcher de penser à du sang. Peut-être ma vision de cet homme lui conférait-elle une telle apparence ; cela étant, je doute que quiconque ait jamais eu envie de passer une soirée avec un personnage à l'aspect si peu sympathique. Si Ankhesenamon se maria réellement avec lui, quel fut alors son destin ?

Dans sa lettre à Howard Carter, Newberry s'interroge également sur son sort et suggère un moyen de retrouver la jeune reine :

Auriez-vous, par hasard, l'intention de vous rendre dans la Vallée de l'Ouest pour voir la tombe d'Ay ? Si tel est le cas, il y a une question à laquelle il serait très intéressant de répondre. Sur l'un des murs de la chambre du sarcophage figure un portrait du roi Ay avec la reine Tiy se tenant derrière lui...

Peut-on distinguer une trace quelconque d'un personnage sous l'image de cette dernière ? Et le cartouche est-il assez grand pour contenir le nom d'Ankhesenamon ? Mes notes sur la tombe, prises il y a quelques années, ne me sont d'aucune aide sur ce point et il serait très intéressant de le résoudre. Si vous aviez l'occasion de vous déplacer jusque-là, cela ne vous prendrait pas beaucoup de temps de le vérifier. Si j'avais moi-même le loisir d'aller à Louqsor, je le ferais mais je ne serai pas libre avant la fin mai. Quand pensez-vous venir au Caire ? Avec toute mon affection et mes bons vœux,

Sincèrement,
Percy E. Newberry.

Nous ne savons pas si Carter se rendit dans la Vallée de l'Ouest pour voir la tombe d'Ay, ainsi que Newberry l'avait suggéré. Peu de gens y vont parce que c'est un endroit assez excentré. Dès que le vizir devint pharaon, il s'appropria l'hypogée éloigné, initialement commencé pour Toutankhamon. En tant que souverain, il avait droit à une tombe dans la Vallée des Rois mais choisit pourtant ce site moins prestigieux. Cela ne lui suffisait pas d'avoir pris la femme et le trône du jeune monarque, il lui fallait aussi s'approprier sa tombe.

En raison de son isolement géographique, la Vallée de l'Ouest a longtemps été négligée par les premiers explorateurs. Les savants qui accompagnaient l'expédition égyptienne de Napoléon en 1798 inspectèrent les lieux et découvrirent la tombe voisine d'Aménophis III. Celle d'Ay devait alors être masquée par des gravats, car elle demeura ignorée jusqu'en 1818, lorsque Belzoni, à la recherche d'un trésor, tomba dessus :

C'est dans la Vallée de l'Ouest qu'un des savants français repéra une grande tombe qu'il trouva ouverte, mais qui était tout à fait inconnue auparavant. J'allai la visiter et vis qu'elle était très vaste et assez bien conservée. Mais ma curiosité ne s'arrêta pas là. J'avançai plus loin dans la vallée et dans l'un des endroits les plus éloignés, j'aperçus un monceau de pierres qui semblait se détacher des gravats. Or, j'avais sur moi un bâton que j'introduisis entre les décombres et constatai qu'il s'y enfonçait très profondément. Je retournai immédiatement à Gourna et me procurai quelques hommes pour ouvrir le site. Malheureusement, Mme Belzoni et moi-même étions tous deux atteints depuis un certain temps d'une ophtalmie, si aiguë à ce moment-là que je pouvais à peine voir devant moi.

J'emmenai mon équipe dans la même vallée le matin suivant, mais en raison de l'état déplorable de ma vision, il me fallut un certain temps avant de retrouver le lieu exact. J'observai, pendant qu'on écartait quelques pierres, que le sable des interstices disparaissait en coulant dans l'intérieur. Nous nous trouvions près d'une entrée où nous pûmes pénétrer après deux heures de travail. J'avais fait apporter des chandelles ; suivi de quelques Arabes, je descendis dans ces catacombes. Je ne peux me vanter d'avoir fait une grande trouvaille dans la tombe, bien qu'elle contînt plusieurs personnages curieux et singuliers peints sur les murs, et que, compte tenu de sa taille et d'une partie de sarcophage subsistant au centre d'une grande chambre, j'eusse des raisons de supposer qu'il s'agissait du sépulcre d'une personne de haut rang[21].

Sans le savoir, Belzoni venait de découvrir la tombe du roi Ay. Pillée dans l'Antiquité, elle offrait peu d'intérêt pour l'explorateur, mais Newberry, connaissant les suites de la mort de Toutankhamon, comprit que ses peintures murales pouvaient fournir certaines informations concernant le destin d'Ankhesenamon.

Tous les épisodes traditionnels de l'accueil du pharaon par les dieux dans l'Autre Monde y étaient soigneusement représentés, mais un mur réservait une surprise totale. Il y figurait la reproduction exacte d'une scène de la tombe de Toutankhamon — les douze babouins gardiens des heures de la nuit. Pour une raison qui lui était propre, Ay s'identifiait à son défunt prédécesseur. Sur une autre fresque, on le voyait chasser dans les marais, en compagnie de son épouse, la reine.

Les pharaons incorporent souvent dans leurs dernières demeures des portraits de leurs femmes pour qu'elles puissent rester à leurs côtés dans l'éternité. Nous n'en attendrions pas moins de Toutankhamon, d'autant plus qu'Ankhesenamon était à la fois son amie d'enfance et son épouse dévouée. J'ai emmené mes étudiants probablement plus de vingt fois dans la tombe du célèbre pharaon pour leur expliquer en détails la signification des peintures murales. Mais avant de méditer la théorie du meurtre, je n'avais jamais remarqué un fait pourtant lourd de sens : l'absence flagrante d'Ankhesenamon. Etant donné l'affection mutuelle de ces jeunes époux et le fait que la veuve était encore vivante durant la réalisation de ce décor, il s'agissait d'une grossière omission. C'est seulement en se rappelant qu'Ay supervisait les préparatifs funéraires, y compris les fresques, que cet oubli prend toute sa signification. A peine le pharaon décédé, Ay avait déjà prévu d'épouser Ankhesenamon : il était hors de question qu'elle passe l'éternité avec son premier mari.

Elle devrait, en conséquence, apparaître sur les murs du sépulcre de l'ancien vizir. Dans des circonstances habituelles, ce serait tout à fait logique : si Ay était devenu roi en s'unissant à elle, elle était, du même coup, confirmée comme la reine d'Egypte, la « grande épouse ».

Nous ne savons pas si Carter ou quiconque a recherché le portrait d'Ankhesenamon dans la tombe de son second conjoint. Comme Newberry et tous ceux qui se passionnent pour les imbroglios de la fin de la XVIIIe Dynastie, je m'interrogeais sur son destin. Je fis donc le trajet jusqu'à la tombe d'Ay.

Alors que je traversais à pied l'oued désolé de la Vallée de l'Ouest, je ne pouvais m'empêcher d'espérer que je découvrirais une trace quelconque de la jeune reine. Une fois dans l'hypogée, je trouvai rapidement la scène où Ay est représenté en compagnie de sa femme. Elle se tient royalement derrière lui et les hiéroglyphes la proclament « grande épouse royale ». Mais qui est-elle ? Le nom dans le cartouche a été martelé. Il n'y a que deux réponses plausibles ; ce peut être : 1. Tiy, la première compagne d'Ay, qui vivait avec lui à Amarna, ou 2. Ankhesenamon, déjà reine d'Egypte lorsqu'il l'épousa. En dépit de l'inscription tronquée, son identité ne fait aucun doute : le cartouche, beaucoup trop court pour contenir le nom de la jeune veuve, correspond juste à la taille du mot « Tiy ». On ne voit aucune autre reine sur cette image : Ankhesenamon a disparu de l'histoire. La première conjointe du vizir jouissait personnellement d'un statut prestigieux ; c'était la seule femme d'Amarna à avoir jamais reçu de collier d'or d'Akhenaton. Jadis « nourrice » ou confidente de Néfertiti, elle connaissait bien Ankhesenamon et avait même peut-être été au service de cette dernière à Thèbes. Une fois Ay devenu roi, Tiy accédait à un échelon encore plus élevé mais ne pouvait pas prétendre au titre de « grande épouse royale », du moins pas tant qu'Ankhesenamon était vivante.

Le témoin manquant

La dernière trace d'Ankhesenamon est sa deuxième lettre désespérée au roi hittite, affirmant qu'elle dit bien la vérité et qu'elle désire réellement épouser un prince hittite. L'anneau du musée de Berlin indique qu'elle vécut après cela, du moins assez longtemps pour se marier avec Ay. Puis elle disparaît totalement de l'histoire. Ce ne sont certainement pas les trois mille ans écoulés depuis qui ont effacé sa mémoire. Elle aurait dû figurer dans le sépulcre de Toutankhamon ou dans celui d'Ay, même si elle était morte peu après son second mariage.

Où se trouve d'ailleurs sa dernière demeure ? On n'a jamais retrouvé sa tombe. Dans l'éventualité où elle aurait existé et aurait été vidée par des pillards durant l'Antiquité, il devrait en rester des traces. Si Ankhesenamon avait été enterrée en tant que reine d'Egypte, son caveau aurait contenu des meubles, des vêtements, des parures et un cercueil. Les voleurs de l'Antiquité emportaient tout ce qui avait de la valeur, brisaient le mobilier pour le dépouiller de ses feuilles d'or, s'emparaient des bijoux pour les faire fondre, laissant derrière eux un lieu totalement saccagé, jonché des objets qu'ils ne jugeaient pas monnayables. Il subsisterait alors, après leur passage, des indices témoignant des funérailles et du décès d'Ankhesenamon : vases canopes brisés ou fragments de coffres en bois destinés au linge ou au nécessaire de toilette, dont certains porteraient son nom, parfois même suivi des hiéroglyphes signifiant « juste de voix », synonyme de « mort ». Apposée à un nom propre, cette expression correspond au mot « feu », dans la langue française.

Même le pillage le plus méthodique et acharné d'une tombe n'élimine pas toute trace de son occupant. On retrouve des objets ou des fragments lors de fouilles ou dans des magasins d'antiquités. Mais d'Ankhesenamon, mariée à deux rois d'Egypte, il ne reste rien. Deux hypothèses sont possibles : ou bien on n'a pas encore découvert sa tombe, ou bien elle n'a pas été enterrée de façon appropriée et son nom a été effacé de l'histoire. Si j'espère que la première de ces suppositions est la bonne, je crains bien que la seconde ne corresponde davantage au sort réel de la jeune reine.

Examen des suspects

A ce point de notre investigation, les indices dont nous disposons sont : une radio du crâne de Toutankhamon indiquant un coup porté à l'arrière de la tête ; les lettres d'Ankhesenamon où elle fait part de sa peur et de son refus d'épouser un serviteur ; le meurtre du prince hittite ; et enfin le mariage d'Ankhesenamon avec un roturier (un serviteur), suivi presque immédiatement de sa disparition de l'histoire. Tout porte à croire à un acte criminel. Nous sommes partis d'une seule mort, celle de Toutankhamon, à la suite de laquelle nous découvrons un prince hittite assassiné, puis la mystérieuse disparition de l'héritière royale. Ces trois faits sont peut-être reliés. Si tel est le cas, qui sont les principaux suspects ? Dans toute affaire de meurtre, les événements suivant le forfait doivent être examinés de près pour détecter le moindre faux pas qui trahirait le coupable.

Ay

Immédiatement après la mort de Toutankhamon, Ay fit peindre son image de façon proéminente dans la tombe du jeune roi qu'il avait servi. Nous pourrions supposer que, s'il était le meurtrier, il ferait tout pour se distancer de sa victime. Or il adopta l'attitude radicalement inverse et ce pour une raison simple : même s'il avait assassiné Toutankhamon, Ay voulait apparaître comme un roi effectuant les derniers rituels pour son prédécesseur, afin de légitimer son propre droit à la couronne. Autre fait significatif : alors qu'il s'empressa de se faire représenter, il omit soigneusement tout portrait d'Ankhesenamon, comme s'il avait déjà d'autres projets pour elle. Ay s'appropria ensuite la tombe commencée par Toutankhamon dans la Vallée de l'Ouest et y copia les décorations funéraires de ce dernier, rappelant une fois de plus son lien avec l'enfant-roi. Lien qu'il confirma encore plus clairement en ajoutant à ses titres pharaoniques celui de « Père Divin ».

Ay accéda au trône alors qu'il avait la soixantaine. Il vécut moins de quatre ans après cela laissant à la postérité encore moins de traces de son règne que Toutankhamon lui-même. Sa tombe fut vandalisée par des pillards, mais fit auparavant l'objet d'une profanation officielle[22] : son nom fut martelé partout où il apparaissait sur les murs. Ce procédé visant à effacer la mémoire d'une personne n'était pas rare dans l'Egypte ancienne. Pour ce peuple, le nom possédait un pouvoir magique considérable et si on le faisait disparaître des monuments associés à un individu donné, ce dernier cessait d'exister. Toute trace de lui anéantie, il était damné à jamais. En outre, pour s'assurer définitivement qu'Ay ne jouirait pas des plaisirs de l'autre monde, on s'en prit même à ses *ouchebtis*. Or, ces figurines de serviteurs n'ayant pas de valeur marchande, elles n'offraient aucun intérêt pour des voleurs. Pourtant, dans la tombe d'Ay, on les détruisit si minutieusement qu'aucune d'elles ne put être retrouvée [23]. Quelqu'un tenait vraiment à ce qu'Ay ne fasse pas un bon voyage vers l'Au-delà [24].

Horemheb

Comme Horemheb succéda à Ay en tant que pharaon, il était à la meilleure place pour ordonner la profanation de la tombe de ce dernier. Afin de comprendre ses motivations, il convient de nous pencher sur sa carrière. Il a sans doute commencé dans l'armée durant le règne d'Akhenaton, mais il ne participa pas à l'exode religieux vers Amarna [25]. En revanche, il atteignit une place prépondérante sous Toutankhamon, devenant « grand commandant des Armées », « député du roi », « surintendant des travaux du roi » et arborant une douzaine d'autres titres tout aussi prestigieux [26]. Apparemment issu d'un milieu modeste, il connut une ascension fulgurante sous les ordres du jeune souverain. Sa tombe monumentale, à Saqqara, est la plus grande de toutes celles des dignitaires de l'époque. Aucun particulier n'avait les moyens de mettre en œuvre l'expédition nécessaire à l'extraction des pierres dans les carrières, ni d'engager les centaines d'artisans compétents pour sculpter et décorer les murs d'un tel sépulcre, à moins qu'il ne s'agisse d'une généreuse récompense prodiguée par le pharaon lui-même. Horemheb y exhibait des scènes de ses campagnes militaires en Nubie, en Libye et en Syrie, car ce fut lui qui restaura la domination de l'Egypte sur les territoires étrangers précédemment perdus par Akhenaton.

Nous pouvons imaginer la fureur du général contre le pharaon pacifiste, et sa réaction dut être encore plus violente face à la lettre d'Ankhesenamon au souverain hittite. Il avait risqué sa vie à combattre les Hittites et à présent la reine voulait épouser l'un d'entre eux et en faire le seigneur de l'Egypte — le roi de Horemheb ! Il ne serait donc pas surprenant que le militaire ait contribué au meurtre du prince. La conservatrice du Département égyptien du Louvre, Mme Desroches-Noblecourt, n'a aucune hésitation à incriminer Horemheb dans cet assassinat :

> Le prince Zannanza partit, entouré d'une escorte, mais la police de Horemheb, « les hommes et les chevaux d'Egypte », l'assassina en route[27].

Qui aurait pu ordonner à ses troupes d'intercepter le prince hittite sans, au moins, l'accord du chef de l'état-major du pays ?

Horemheb demeura à la tête des forces militaires durant tout le règne d'Ay. Puis, à la mort de celui-ci et grâce à l'appui de sa puissante armée, il se proclama roi. A présent qu'il était au pouvoir, sa vraie personnalité se révéla au grand jour.

Il effaça toute trace de Toutankhamon, auquel il devait son ascension. Sa première cible fut la colonnade du temple de Louqsor, celle que le jeune souverain avait achevée pour son grand-père, Aménophis III. Les scènes de la fête d'Opet restèrent intactes, mais le nom de Toutankhamon fut martelé chaque fois qu'il apparaissait et remplacé par celui d'Horemheb[28], qui recevrait dès lors toute la reconnaissance des dieux auquel le sanctuaire rendait hommage. Même le temple funéraire, où des prêtres dévoués continuaient à faire des offrandes pour honorer l'âme de l'enfant-roi, fut profané. Les statues colossales qui se tenaient jadis devant cet édifice ne devaient plus porter le nom de Toutankhamon. En les examinant de plus près, on constate que les cartouches sont gravés plus profondément que les autres hiéroglyphes, car ces énormes sculptures furent d'abord usurpées par Ay, dont le nom fut ensuite remplacé par celui d'Horemheb (ill. 20). Il n'y subsiste plus rien de Toutankhamon, mis à part son visage juvénile.

La Stèle de Restauration, érigée par ce dernier au temple de Karnak, et proclamant le retour aux traditions, ne porte plus la marque de son auteur. Les quelques visiteurs qui s'arrêtent pour la regarder dans le Musée égyptien du Caire voient le nom d'Horemheb, sculpté dans des caractères apparemment plus creux que les autres hiéroglyphes. Les efforts visant à supprimer toute trace de Toutankhamon furent tellement systématiques que l'on eut beaucoup de mal à reconstituer un tableau de sa vie. Comme tous les militaires, Horemheb savait faire preuve d'une attention au détail et d'une capacité à commander qui assuraient un travail parfait.

Cette entreprise iconoclaste et apparemment gratuite trahit-elle une colère si violente contre Toutankhamon qu'elle aurait pu se transformer en meurtre ? Un fait semble infirmer cette hypothèse. Selon toute vraisemblance, il ne s'agit pas d'une vengeance personnelle car Horemheb laissa la tombe du jeune roi intacte et fut même, peut-être, celui qui la scella de nouveau lorsqu'elle fut partiellement pillée. L'éradication de la mémoire de Toutankhamon faisait partie d'une plus vaste tentative de réécrire l'histoire, en effaçant toute réminiscence de l'époque d'Amarna et de ceux qui avaient un quelconque lien avec la cité, y compris Toutankhamon et Ay.

Lorsque le général accéda au trône, les temples d'Akhenaton à Karnak, consacrés à Aton, existaient probablement encore. A la fin de son règne, ils avaient tous disparu. Horemheb ordonna leur destruction et en réutilisa les pierres pour l'intérieur d'une grande porte qu'il fit édifier en son honneur dans ce même sanctuaire. Pour parachever l'élimination de toute preuve relative à l'hérésie, il envoya des équipes d'ouvriers dans la cité d'Akhenaton, au milieu du désert, afin d'en démolir tous les bâtiments.

Conformément à son dessein d'effacer la mémoire d'Akhenaton, de Toutankhamon et d'Ay, Horemheb décida de dater son calendrier à partir de la mort d'Aménophis III. Son règne aurait dû commencer en l'an 1, mais il le fit débuter en l'an 30, comme s'il avait été couronné roi immédiatement après le décès d'Aménophis III, faisant ainsi totalement abstraction d'Akhenaton, Smenkhkarê, Toutankhamon et Ay. Puis il envoya des tailleurs de pierre dans sa propre tombe à Saqqara, où il était représenté comme un citoyen ordinaire, simple général des armées, pour faire graver sur son front le cobra, symbole de royauté, afin que son image ne fût désormais associée qu'à celle d'un pharaon.

A l'évidence, on l'a dit, la réécriture de l'histoire par Horemheb ne constituait pas une revanche personnelle, mais une véritable politique gouvernementale, dont la principale cible était Amarna et tout ce qui pouvait en évoquer l'existence. Ce stratagème fonctionna à la perfection. Sur les listes officielles des rois, notamment celle d'Abydos, le nom d'Horemheb suit directement celui d'Aménophis III.

Cependant, il subsiste une exception à cette opération méthodique de destruction. La tombe de Toutankhamon demeura inviolée, contrairement à celles d'Ay et d'Akhenaton. La raison est peut-être tout simplement sentimentale. Horemheb avait accédé à un statut prestigieux grâce à ce jeune souverain et il ressentait peut-être de l'affection envers celui à qui il devait son pouvoir et sa richesse. Le sépulcre isolé ne constituait pas un rappel visible de l'hérésie amarnienne. Le jeune pharaon pouvait donc reposer en paix dans sa dernière demeure, même si officiellement, il n'existait plus sur terre.

Aujourd'hui, on considérerait Horemheb comme un partisan de la loi et de l'ordre. Il réorganisa les tribunaux, y installant des « hommes de bon caractère » et les enjoignant de ne pas accepter de pots-de-vin. « Que [penseront les gens] d'individus qui, dans vos bureaux, ... violent la justice ? » demandait-il. En tant qu'ancien militaire, il infligeait de stricts châtiments aux criminels. Les coupables d'extorsion avaient le nez tranché et étaient exilés. Quiconque pris en flagrant délit de vol recevait cent coups[29]. Au cours de son règne de vingt-sept ans, Horemheb s'efforça de rendre à l'Egypte son ancienne grandeur. Il érigea des temples et des sanctuaires en l'honneur des dieux et envoya des expéditions militaires dans de nombreux pays lointains. Quand finalement, il fut enterré dans la Vallée des Rois, le pays était en bien meilleur état qu'au début de son règne. Mais, bien sûr, cela ne signifie en rien qu'il fût innocent de tout meurtre.

L'inculpation

Après la mort suspecte de Toutankhamon se produisit certainement un autre assassinat (celui du prince hittite) et possiblement un troisième (celui d'Ankhesenamon). Ces trois disparitions eurent-elles un lien entre elles ? Furent-elles l'œuvre d'un seul criminel ? De tous les éléments dont nous disposons ressortent deux suspects probables : Ay et Horemheb. Examinons chacun d'eux séparément.

L'attestation la plus certaine d'une volonté criminelle apparaît dans les archives des Hittites qui portent même une accusation spécifique. En effet, pour eux, le meurtre de leur prince constituait un acte officiel d'agression de la part de l'Egypte, et ils lui déclarèrent la guerre. Ils pensaient donc que les dignitaires au plus haut niveau du gouvernement étaient impliqués. Horemheb et Ay doivent être considérés tous deux comme les coupables possibles de cette mort, ayant chacun un mobile suffisant. Horemheb, militaire de carrière, avait passé son existence à combattre ce peuple et voyait l'un de ses représentants sur le point de devenir son seigneur et maître. En se débarrassant du prince hittite, il forcerait les pouvoirs en place à choisir un roi égyptien. La motivation d'Ay était sans doute plus personnelle et opportuniste. Il voulait accéder au trône. Au moment où Ankhesenamon écrivait ses missives désespérées, il se faisait représenter comme pharaon sur le mur de la tombe de Toutankhamon. Il était clair pour tous les responsables du pays, à l'exception d'Ankhesenamon, que les Hittites étaient des ennemis dont il fallait se méfier. Il était donc hors de question qu'un de leurs princes puisse entrer en Egypte.

En outre, Ay et Horemheb avaient tous deux les moyens d'accomplir ce méfait. En tant que vizir, Ay contrôlait le gouvernement. Lorsqu'il apprit qu'Ankhesenamon projetait d'épouser un étranger, il était simple pour lui d'alerter les patrouilles frontalières d'une possible « invasion hittite » sous le couvert de la bannière de la paix. Horemheb, quant à lui, pouvait tout aussi facilement envoyer une division de chars à la rencontre du prince et de son escorte pour les éliminer. Les soldats égyptiens, informés qu'un Hittite était en route pour devenir roi d'Egypte, auraient volontiers risqué leur vie pour empêcher cet événement fâcheux.

Horemheb et Ay disposaient donc tous deux du

mobile et des moyens. Il se peut même qu'ils aient été de connivence. Briguant la couronne, Ay contacte Horemheb, qui abhorre l'idée de servir un roi hittite. Le commandant en chef des armées, dans son propre intérêt, accepte alors de lui prêter main forte et de faire le sale travail à la place du vizir. C'est un scénario tout à fait plausible.

Aujourd'hui, pour élucider cette affaire, on interrogerait les deux suspects séparément, en donnant à chacun la chance d'obtenir une remise de peine en échange d'informations concernant son complice. L'issue la plus probable dans ce cas serait leur double inculpation pour le meurtre du prince hittite.

Mais il subsiste deux autres morts douteuses, celles d'Ankhesenamon et de Toutankhamon. Pour effectuer cette enquête au XXe siècle, on chercherait à savoir qui avait un mobile et les moyens de commettre ces crimes.

Si Toutankhamon a effectivement été assassiné, les preuves désignent Ay davantage qu'Horemheb. Bien que tous deux aient eu une motivation suffisante, seul le premier avait le pouvoir d'accomplir un tel geste. C'est évident si l'on examine la tombe de Rekhmirê, un vizir qui exerça plus d'un siècle avant Ay. Ses murs sont ornés de deux types de motifs, des textes hiéroglyphiques et des scènes de la vie quotidienne, illustrant bien les privilèges afférents à ce poste dans l'Egypte ancienne. Il avait accès à tous les produits de luxe du pays, donnait de somptueux banquets où les meilleurs mets étaient servis. Musiciens et danseurs distrayaient les convives tandis qu'une multitude de domestiques accédaient au moindre de leurs désirs. Rekhmirê était si fier de son statut qu'il décrivit clairement ses responsabilités. Une ligne en particulier les résume parfaitement : « Que personne n'entre ou ne sorte de la résidence royale sans que le vizir en ait connaissance. » Lui seul était informé de toutes les allées et venues dans le palais. Ay pouvait facilement faire en sorte que quelqu'un supprime Toutankhamon durant son sommeil. Il pouvait orchestrer le crime parfait : personne ne verrait un étranger entrer puis sortir de la chambre du jeune roi. Le vizir n'avait pas à perpétrer ce meurtre de ses propres mains. C'était un homme âgé qui, compte tenu de son pouvoir, avait des hordes de fidèles prêts à obéir à ses ordres.

Ay avait-il un mobile qui le poussât à prendre des mesures aussi radicales ? A mesure que Toutankhamon mûrissait, il devait se sentir apte à prendre davantage de décisions, se révéler de plus en plus difficile à maîtriser. Ay voyait son influence lui échapper. Si un jour Ankhesenamon mettait un fils au monde, ce qui, vu son âge, était très possible, tout espoir que le vizir puisse devenir pharaon s'évanouirait. Il dut sentir que le temps était compté. En outre, il était un intime du palais. Il avait vu le précédent souverain conduire une nation prospère à sa ruine et le roi en place n'était encore à ses yeux qu'un enfant. Ay, qui contrôlait toute la machinerie du pays, pouvait se dire que ses capacités à gouverner dépassaient de loin les questions de naissance. Il méritait d'être pharaon.

Cela nécessita deux morts sur une courte période de temps, dont l'une était clairement un assassinat. Si nous ajoutons à cela le mariage forcé d'Ankhesenamon et sa disparition subséquente, nous avons de bonnes raisons de croire à une série préméditée de meurtres.

Ankhesenamon

Il ne subsiste aucune trace du décès, de la tombe ou du corps de la jeune reine. C'est donc l'affaire la plus difficile à résoudre. Tout ce que nous savons, c'est qu'elle avait peur, qu'elle ne voulait pas épouser « un serviteur », qu'elle se maria avec l'ancien vizir et qu'elle disparut totalement de l'histoire. Ici, nous ne pouvons invoquer que les possibles mobiles du meurtre. En s'unissant à Ankhesenamon, Ay devint roi d'Egypte, accédant à la fois au titre et au pouvoir suprêmes. Même s'il n'avait plus besoin d'elle, pourquoi se serait-il débarrassé de sa nouvelle femme ? Peut-être le soupçonnait-elle de complicité dans la mort de Toutankhamon. Peut-être même l'accusait-elle. Après tout, elle avait bien fait part de sa terreur au roi hittite.

Rappelons-nous également que Tiy, épouse d'Ay depuis quarante ans, était d'accord sur un point avec Ankhesenamon : elle non plus ne voulait pas que son conjoint la remplace et prenne cette dernière en seconde noce. Tiy, comme nous l'avons fait remarquer plus haut, jouissait d'un statut social considérable. Il est peu probable qu'elle ait accepté de bon gré de se voir reléguée à un rang secondaire. Elle a donc très bien pu soutenir, voire suggérer le meurtre d'Ankhesenamon. Après tout, sur les fresques de la tombe d'Ay, c'est Tiy qui figure en tant que « Grande Epouse », reine d'Egypte, alors qu'Ankhesenamon y est complètement absente.

Le général avait, lui aussi, un mobile. Ay était un pharaon âgé et sans héritier. Lorsque son heure viendrait, le trône d'Egypte serait de nouveau libre et Horemheb, avec le soutien de l'armée, aurait une bonne chance de s'en emparer. Ankhesenamon constituait un obstacle potentiel à son ascension. Ses deux fausses couches prouvaient qu'elle était capable d'enfanter. Si elle donnait un fils à Ay, tous les ambitieux projets d'Horemheb seraient totalement compromis. Il est d'ailleurs possible, bien que nous n'en ayons aucune preuve, qu'Ankhesenamon ait été enceinte de Toutankhamon lorsque ce dernier expira.

En combinant tous ces éléments, j'aboutis à une conclusion certes hypothétique, néanmoins cohérente : Ay a assassiné non pas une, mais trois personnes — Ankhesenamon, Toutankhamon et le prince hittite. D'autre part, Horemheb a sans doute été son complice dans la mort de ce dernier. Je crois aussi que le général n'était pas mécontent de l'éviction de Toutankhamon parce que, son successeur étant âgé et n'étant pas de sang royal, cela ouvrait la voie, avant longtemps, à un autre roturier — lui-même —, susceptible de prétendre à la couronne.

Cela ne signifie pas pour autant qu'il ait tué le jeune roi. En avait-il les moyens ? Bien sûr, un assassin déterminé, prêt à risquer sa vie dans un attentat, peut se frayer un chemin jusqu'à n'importe qui. Mais si Horemheb avait commandité le meurtre, il aurait ensuite dû affronter Ay et passer par-dessus le cadavre de ce personnage influent pour enfin devenir pharaon. Or il n'avait aucune raison de s'opposer à Ay. Il était assez jeune pour attendre encore quelques années que son tour vienne. Il n'y avait pas, non plus, pour lui, besoin urgent de tuer Ankhesenamon : celle-ci avait peu de chances d'engendrer un fils, vu l'âge avancé de son second mari.

Le vizir avait tout à gagner dans la disparition précoce de Toutankhamon. Il avait les moyens de commettre le meurtre sans se faire prendre. Il avait également toutes les raisons d'empêcher le prince hittite d'arriver en Egypte. La pauvre Ankhesenamon, son épouse à l'évidence récalcitrante, était la seule personne puissante en Egypte à pouvoir l'accuser de complicité dans la mort de son premier conjoint. Ay, qui avait assassiné déjà deux hommes, et non des moindres, pour accéder au trône, n'était pas à un crime près pour s'assurer d'y rester.

Une affaire d'État

Si Ay a effectivement tué Toutankhamon, comment a-t-il pu le faire en toute impunité ? On peut avancer plusieurs réponses à cette question, chacune suffisante en elle-même. A l'époque, la population ne se rebellait pas contre son chef lorsqu'elle était choquée par ses agissements. Les dirigeants n'étaient pas censés répondre de leurs actes. La société s'articulait autour de deux rails parallèles qui ne se rencontraient jamais : d'un côté la royauté et de l'autre le peuple, sans aucune forme d'interaction entre le pharaon et ses sujets. Les citoyens de l'Ancienne Egypte ne se seraient jamais soulevés contre Ay.

Au moment de son couronnement, le roi devenait un dieu sur terre, le fils de Rê. Il était si éloigné des simples Egyptiens que ceux-ci n'auraient pas même rêvé d'avoir le moindre contact avec lui. Sans les moyens de communications actuels, il était d'ailleurs normal de ne jamais voir le pharaon. Les gens ordinaires savaient que Toutankhamon s'était éteint, un point c'est tout. On ne les avait informés ni de sa maladie ni de la cause de sa mort. D'ailleurs personne ne s'en préoccupait. Un dieu avait été remplacé par un autre. C'était leur affaire.

La seconde raison pour laquelle Ay put commettre son crime en toute impunité est qu'il n'existait pas de mécanisme judiciaire pour l'accuser, et encore moins pour le traduire devant la justice. A notre époque, on ne peut imaginer quiconque au-dessus de la loi, mais une fois le pharaon mort, personne n'occupait de fonction plus élevée que le vizir. Il n'existait pas d'organisme ou de parlement habilité à le faire comparaître devant les tribunaux. L'immunité totale d'Ay en fait, là encore, un coupable plus plausible que Horemheb.

Une phrase inscrite dans la tombe de Ramose, vizir

d'Aménophis III, illustre bien ce principe : « Que nul homme ne punisse le vizir dans sa fonction. » De par son statut, il représentait la plus haute autorité judiciaire du pays, il constituait à lui seul la cour suprême. Après la disparition de Toutankhamon, aucune personne vivante n'avait le pouvoir de châtier Ay. Jusqu'à l'idée de commettre un crime parfait lui était indifférente : il était de toute façon inattaquable.

Il pouvait donc effectivement assassiner un roi et n'être pas inquiété. Dans l'éventualité où le meurtre fit l'objet d'un rapport, celui-ci fut, après coup, méthodiquement éradiqué des archives. Lorsque Horemheb accéda au trône, il effaça toute trace de quiconque impliqué dans l'hérésie d'Amarna, y compris les documents concernant Akhenaton, Toutankhamon et Ay. Tout fut systématiquement détruit, y compris, je le crains, de précieuses informations sur Toutankhamon, son règne, ses relations avec ses conseillers et de possibles indices sur son meurtre.

La défense

Lorsque j'ai commencé à évoquer ma vision des choses à des spécialistes, de vives discussions s'ensuivirent. Certains étaient d'accord, d'autres non, mais les débats étaient toujours argumentés et intéressants. Le climat changea cependant lorsqu'une émission télévisée dont j'étais l'auteur présenta cette thèse publiquement.

Un documentaire se doit de raconter une histoire d'une façon claire et directe. Afin de capter l'attention des spectateurs, qui ignorent parfois tout de l'Egypte ancienne, il convient de rester simple, compréhensible. Les critiques journalistiques furent d'ailleurs plutôt positives et l'audimat satisfaisant. Mais c'est aussi le cas pour des reportages sur les OVNI : cela ne prouve en rien la validité d'une théorie.

Peu après la diffusion du documentaire, plusieurs collègues, proches, devinrent curieusement distants. Je découvris alors que je n'étais pas le seul à nourrir des sentiments passionnels à l'égard de Toutankhamon. L'un d'eux me dit : « Bob, ne savais-tu pas que le coupable était Horemheb ? » Une autre avait eu l'impression que je calomniais Ay, qu'elle considérait comme une sorte de grand-père pour l'enfant-roi. Après toute une série d'échanges approfondis et contradictoires, verbaux ou écrits, il m'apparut clairement que je n'avais présenté qu'une seule version des faits. Je m'étais comporté comme un procureur, dans une affaire où Ay était l'inculpé. Mais qu'aurait dit son défenseur ? Je suis heureux de pouvoir aujourd'hui exposer les arguments de la partie adverse.

La défense pourrait commencer par invoquer la personnalité d'Ay et faire remarquer qu'il était attaché à la famille, dévoué à sa femme depuis quarante ans ou davantage, qu'il s'agissait d'un membre de la cour, loyal à la fois envers Toutankhamon et son père, vénérant Aton au point de faire inscrire dans sa tombe amarnienne la version la plus intégrale de l'Hymne au Soleil. De plus, il se chargea d'organiser les funérailles de Toutankhamon avec soin et affection, déposant dans son sépulcre des objets de famille, des biens précieux, un superbe mobilier funéraire et un sarcophage en or massif. Il était un véritable serviteur de la famille impériale et non un traître capable d'assassiner le pharaon dans son sommeil.

L'enterrement de Smenkhkarê dans la tombe 55 constitue une preuve de plus de sa probité. Le cercueil, la momie et l'équipement funéraire désignent tous un homme conscient que les tombeaux d'Amarna seraient bientôt profanés et qui fit tout rapatrier sur Thèbes par souci de préservation. C'était là encore un acte démontrant une sincère affection et demandant, à l'époque, un certain courage. Nous sommes pratiquement sûrs qu'Ay dut se charger de cela. D'où nous pouvons déduire l'image d'un confident et d'un ardent défenseur de la maison royale et non d'un tueur en série.

Si nous examinons l'évolution typique des mouvements religieux dans l'histoire, il est évident qu'Ay s'est conduit en fidèle allié de son souverain. La vision d'Akhenaton était novatrice, excitante, positive. Lorsqu'il présenta ses idées pour la première fois à Thèbes, la majorité, comme toujours, se raccrocha à la religion traditionnelle, mais certains parmi les jeunes gens devinrent de vrais adeptes. Libérés de siècles de dogme, ils suivirent leur pharaon charismatique pour ériger une cité en plein désert. Nous pouvons aisément imaginer Ay parmi ces nouveaux convertis, bien qu'il ne fût plus aussi jeune alors. A Amarna, il pratiqua assidûment le nouveau culte et accéda aux fonctions les plus hautes, mais étant plus mûr que les autres, il fut le premier à reprendre ses esprits. Lorsqu'il comprit que les choses allaient de travers, il initia la réhabilitation des anciens dieux, guidant le jeune Toutankhamon. C'est lui qui organisa la migration et le retour aux valeurs traditionnelles. Ce n'est pas le comportement d'un opportuniste qui manœuvre pour ses propres ambitions. Ay était en quelque sorte comme un membre de secte repenti qui retrouve le droit chemin.

Une fois établies la personnalité dévouée et les bonnes intentions d'Ay, sa défense peut à présent démontrer qu'Horemheb est de loin le coupable le plus probable dans le meurtre du prince hittite. L'embûche ne pouvait se faire sans son accord, voire sa bénédiction. C'est le général et non le vizir qui combattait et haïssait les Hittites. S'il faut désigner un premier suspect, il s'agit sûrement d'Horemheb, un chef militaire entraîné à entreprendre des actions rapides et tranchantes, si nécessaire.

Concernant le meurtre supposé d'Ankhesenamon, il faut souligner l'absence de cadavre. Le mari d'une jeune reine meurt. Est-ce alors si curieux que la veuve, à l'époque, soit totalement désemparée ? Effrayée ? C'est la chose la plus naturelle du monde. Il serait également normal qu'Ay, qui avait guidé le jeune couple et le pays durant dix ans, continue de gouverner l'Egypte. Il n'y a rien d'équivoque dans ce mariage de pure forme avec Ankhesenamon. Ay demeurait son conseiller et la sauvait du mystérieux « serviteur » quel qu'il fût, tout en assurant la gestion de l'Egypte.

Certes, trois disparitions ont eu lieu en seulement quelques mois, mais pourquoi voir cela comme un acte criminel alors qu'on peut trouver une explication bien plus raisonnable dans les archives hittites ? A la fin de la tablette qui décrit les représailles contre l'Egypte, il est dit que les prisonniers apportèrent la peste au Hatti. Donc il y avait une épidémie dans la Vallée du Nil. Serait-il suspicieux, étant donné ces circonstances, que deux personnes en relation étroite puissent mourir à peu de temps d'intervalle ? Toutankhamon et Ankhesenamon ne furent donc pas tués par le vizir mais par la peste. La défense a terminé.

Tous ces arguments et objections concernant la culpabilité d'Ay dans ces divers meurtres sont très solides. Examinons-les un par un.

L'ACCUSATION

Ay inscrivit en effet une longue version de l'Hymne au Soleil sur le mur de sa tombe à Amarna, mais c'était la décoration funéraire la plus politiquement correcte de l'époque. Quelle meilleure façon d'obtenir les faveurs d'Akhenaton ? Dans sa deuxième tombe dans la Vallée des Rois, ne figurent que les dieux traditionnels, sans référence aucune à Aton. Doit-on y voir une véritable dévotion à l'ancien panthéon ? Cela semble plutôt suggérer qu'Ay vénérait les dieux les plus opportuns, selon le moment. Il n'avait aucune conviction religieuse ferme, raison pour laquelle il organisa le retour de la cour à Thèbes. Le vizir enterra certes Toutankhamon avec soin, mais à sa place, tout meurtrier supérieur aurait fait de même : c'était une façon de prouver son amour et son dévouement envers le défunt. Il alla jusqu'à se faire représenter dans la tombe du jeune pharaon. D'autres signes, postérieurs à ce décès, illustrent son étroite relation avec Toutankhamon. Par exemple, Ay acheva un petit temple à la mémoire de l'enfant-roi[30]. Toutes ces attentions étaient destinées — je le maintiens — à la fois à porter les soupçons ailleurs et à établir la légitimité d'Ay en tant que successeur au trône. Après tout, la seule justification de son titre royal était son union avec la veuve de Toutankhamon. La possibilité que le vieux et gentil Ay ait sauvé Ankhesenamon d'un autre mystérieux « serviteur » constitue une fausse piste. Ay était au pouvoir en Egypte ; personne ne pouvait l'effrayer. S'il voulait éliminer quelqu'un qui terrorisait la jeune reine, il n'avait qu'un mot à dire. A moins justement que ce fût de lui qu'elle avait peur.

La découverte de la tombe 55 soulève bien des questions, notamment celle, très importante, de savoir qui fut responsable du transfert de Smenkhkarê et de ses objets d'Amarna à Thèbes. Compte tenu de l'influence d'Ay, c'est sans doute lui qui s'en chargea, mais pas nécessairement par fidélité ou affection. Peut-être Toutankhamon, nostalgique de son passé, avait-il ordonné de rapporter à Thèbes tout ce qui restait dans les sépulcres de ses proches. D'ailleurs, à sa mort, la tombe 55 fut apparemment ouverte sous les ordres d'Ay, afin de récupérer les petits vases canopes de Smenkhkarê et de les réutiliser pour les funérailles du défunt roi, ce qui ne traduit pas exactement un grand respect pour le caveau de famille.

Je suis d'accord pour dire que Horemheb a tué le pauvre prince hittite. Cette action nécessitait l'intervention d'une force militaire et le général n'aurait pas hésité à tout mettre en œuvre pour éviter de servir un roi hittite. Oui, Horemheb a été responsable de cette mort, mais cela niet-il toute forme de complicité de la part d'Ay ? Le vizir d'Egypte a certainement dû donner son autorisation. Il est bien plus facile d'imaginer qu'Ay et Horemheb ont agi de concert, plutôt que d'imputer ce crime uniquement à l'un d'eux. Ay n'en avait pas les moyens et avait besoin de l'armée ; Horemheb ne disposait pas de l'autorité suffisante et avait besoin de l'approbation du gouvernement.

En ce qui concerne le meurtre d'Ankhesenamon, la défense soulève un point important. Il n'existe pas de trace physique attestant d'une quelconque violence, comme dans le cas de Toutankhamon, ni de document évoquant le meurtre, comme dans le cas du prince hittite. Nous devons nous contenter de preuves circonstancielles. Une jeune femme terrorisée disparaît. Elle dit qu'elle n'épousera jamais un serviteur puis se marie avec un roturier : même si cette union était forcée, cela ne signifie pas qu'elle ait été ultérieurement assassinée. Devant un tribunal moderne, on n'obtiendrait jamais la condamnation d'Ay pour le meurtre d'Ankhesenamon.

L'argument selon lequel Toutankhamon et Ankhesenamon sont tous deux morts de la peste est intéressant mais non confirmé par les archives égyptiennes. Aucune mention n'est faite d'une épidémie en Egypte à l'époque, bien qu'on en ait retrouvé concernant d'autres périodes. Il n'est pas surprenant que les Hittites attribuent leurs souffrances à leur ennemi, qu'il en soit la cause ou non. L'histoire regorge de telles accusations : en cas de fléau, on désigne toujours un bouc émissaire, de préférence une entité considérée *a priori* comme hostile.

Toutefois, nous devons nous rappeler que nous ne sommes pas devant un tribunal. Nous ne pouvons appeler à la barre des témoins morts depuis trente-deux siècles. Nous ne recherchons pas l'établissement d'un verdict mais simplement l'explication la plus rationnelle de tous ces événements. L'accusation contre Ay repose sur une combinaison de faits : une radiographie suggérant un coup porté à l'arrière de la tête, la lettre d'une veuve exprimant sa peur d'être forcée à épouser un serviteur, le meurtre de son fiancé hittite, l'anneau prouvant qu'elle a été mariée à l'ancien vizir, la représentation d'Ay sur le mur de la tombe de Toutankhamon et la totale disparition de la veuve peu de temps après. Pris un à un, ces éléments ne sont pas convaincants, mais juxtaposés les uns aux autres, ils indiquent non pas un, mais deux, voire trois meurtres. Le fil conducteur en est Ay. C'est à lui que profitait le plus la mort de Toutankhamon et c'est lui qui avait la plus grande opportunité de le commettre. Compte tenu de tous ces indices, la conclusion la plus plausible et la plus logique est la suivante : Ay est coupable du meurtre de Toutankhamon, roi de Haute et de Basse Egypte, seigneur du Double Pays.

EPILOGUE

« Le crime ne profite jamais ;
Finalement, la justice persiste. »
Ptahhotep
(Env. 2275 av. J.-C.).

Peu après l'enterrement de Toutankhamon, une fois le cortège funèbre parti et la tombe scellée, des pillards s'introduisirent dans l'hypogée. Ils brisèrent les pointes des flèches du roi (car le bronze avait de la valeur), prirent le linge fin et les onguents contenus dans des coffres et des vases, ainsi que d'autres articles précieux qui ne trahiraient pas leur origine. Ils durent agir dans la précipitation, craignant d'être surpris. Comme il faisait sombre, ils transportèrent les meubles jusqu'à l'escalier, un peu plus éclairé, pour s'assurer qu'ils étaient bien en bois doré, puis les démontèrent. Le lendemain, lorsque le saccage fut constaté, les fonctionnaires, sans doute supervisés par Maya qui, outre son rôle de trésorier, assurait la fonction de surintendant des travaux de la nécropole royale, condamnèrent de nouveau l'entrée et bloquèrent le passage en le remplissant, tout du long, de gravats, dans l'espoir d'éviter d'autres pillages.

Cependant ces efforts furent vains car des voleurs parvinrent à creuser un tunnel à travers ce tas de pierres et à se frayer un chemin jusqu'à l'intérieur de la tombe. Ce travail de déblaiement dut leur prendre environ sept ou huit heures[1]. Donc, en supposant qu'ils commencèrent sous couvert de la nuit, les malfaiteurs pénétrèrent dans les lieux à l'aube. Redoutant la lumière du jour, ils cherchèrent en hâte les petits coffres, censés abriter des objets de valeur, et s'emparèrent de tous les bijoux qui leur tombaient sous la main. Il est possible qu'ils aient été pris sur le vif, ou presque, car un baluchon contenant huit anneaux d'or massif fut abandonné près de l'entrée. Si l'un de ces coupables avait été arrêté, il aurait été sévèrement châtié : on l'aurait empalé sur un bâton pointu jusqu'à ce que la mort le délivre de la souffrance.

La tombe fut scellée une fois encore et demeura, cette fois, inviolée durant trois mille ans, jusqu'à sa découverte par Howard Carter. Deux cents ans après le pillage, Ramsès VI entreprit la construction de son sépulcre près de celui de Toutankhamon. Les ouvriers entassèrent des tonnes de calcaire, provenant des travaux de creusement, au-dessus de l'entrée de l'hypogée de l'enfant-roi, masquant ainsi toute trace de son existence pour les trente siècles à venir. Toutankhamon pouvait désormais reposer en paix.

Ay ne vécut pas longtemps après la mort de Toutankhamon. Son règne dura moins de quatre ans et ne laissa que peu de trace. En effet, Horemheb détruisit tous ses monuments et fit même graver son cartouche à la place de celui d'Ay sur le temple mortuaire de ce dernier. Son nom fut également éradiqué de sa tombe, jadis destinée à son ancien souverain, dans la partie ouest de la Vallée des Rois. Ay n'apparaît sur aucune liste des pharaons de l'Egypte ancienne. Et si l'on se souvient de lui aujourd'hui, ce n'est qu'en raison de son lien avec Toutankhamon.

Lorsque Horemheb succéda à Ay au trône, il décida, on l'a dit, d'effacer toute trace de ses trois prédécesseurs, associés à l'hérésie d'Amarna. Il figure donc dans les archives, immédiatement après Aménophis III, comme si aucun autre monarque n'avait existé entre eux. Cette usurpation n'est pas l'œuvre du seul Horemheb. Certes, c'est lui qui data son règne à partir de la mort d'Aménophis III, mais les rois suivants étaient bien trop contents, eux aussi, de faire abstraction d'Akhenaton, de Toutankhamon et d'Ay pour passer directement à Horemheb qu'ils comptaient parmi les leurs. Paradoxalement, deux des pharaons effacés de l'histoire, Akhenaton et Toutankhamon, étaient des héritiers légitimes, descendants directs de leurs ancêtres de la XVIIIe Dynastie, alors qu'Horemheb n'avait pas une goutte de sang royal dans les veines. Cependant, il jouissait du soutien de l'armée et en période de troubles, c'est elle qui constitue le pouvoir.

Horemheb régna durant vingt-sept années de prospérité. Il s'appropria la Stèle de Restauration au temple de Karnak, affirmant que c'était lui qui avait reconstruit les temples, anéanti la corruption et rétabli l'Ordre Divin dans tout le pays. Même si cela peut paraître quelque peu mensonger, il est toutefois vrai que Horemheb prit fermement le contrôle administratif de l'Egypte. Gouvernant depuis Memphis, il plaça l'armée sous le commandement de deux généraux, l'un pour le sud et l'autre pour le nord. Il remplaça les grands prêtres par d'anciens militaires, en qui il pouvait avoir confiance. Il décréta des mesures draconiennes pour éliminer la corruption et promit une justice équitable pour tous. Il instaura, dans les principales villes du pays, des tribunaux présidés par des juges, placés sous sa seule autorité. Il fit bâtir de nombreux monuments à Karnak et se construisit, dans la Vallée des Rois, une immense tombe, bien plus imposante que le minuscule hypogée de Toutankhamon. Lorsqu'il mourut, à un âge canonique, il laissa un pays bien administré et admirablement organisé, mais pas d'enfant.

Le pays se retrouva alors dans une situation similaire

au chaos qui suivit la mort de Toutankhamon. Sans héritier, ni même de femme susceptible, au travers d'un mariage, d'élever un homme au statut de roi, qui pouvait prétendre au trône ? Cependant les meurtres et les machinations inhérents aux deux derniers règnes avaient créé un précédent. L'Egypte avait déjà connu deux pharaons d'origine roturière, alors pourquoi pas un troisième ? Comme Ay l'avait fait auparavant, le vizir succéda à Horemheb à la place du pharaon. Né d'un père exerçant dans l'armée au rang de simple capitaine, il était d'origine aussi modeste que le plus ordinaire soldat et fut probablement choisi parce qu'il avait déjà un fils et un petit-fils, donc une succession assurée. Ce souverain fonda la longue et prestigieuse XIXe dynastie.

Il s'appelait Ramsès, premier des nombreux pharaons du même nom. J'aime à penser que cette lignée de monarques fut la conséquence des faits relatés dans ce livre. Si tel est le cas, ces tristes événements aboutirent à une glorieuse conclusion. Ramsès Ier, contemporain du vieux Horemheb, ne régna que deux ans en tant que pharaon, mais Seti Ier, son fils adulte et vigoureux, connut un règne de quinze belles années. Il fit prendre au pays une nouvelle direction, le détournant de l'intense énergie concentrée sur Thèbes et le dieu Amon, surnommant son règne la « Répétition de la Naissance ». Il fit construire, non pas à Thèbes, mais un peu plus au nord, à Abydos, lieu d'origine d'Osiris, l'un des plus grands temples d'Egypte. Conçu pour être un véritable sanctuaire national, il abritait bien sûr un autel consacré au dieu des morts, ainsi que beaucoup d'autres destinés à Isis, Horus, Ptah de Memphis, Rê-Horakhty d'Héliopolis et Amon de Thèbes. En outre, initiant une pratique qui deviendrait une monomanie chez son successeur, il édifia une chapelle en l'honneur de sa propre personne. Fidèle à la plus stricte tradition, il considérait la grandeur de son pays comme inséparable des accomplissements de son roi. Naturellement, il ordonna de bâtir la tombe la plus gigantesque et la plus magnifique de la Vallée des Rois à sa gloire éternelle.

Le fils de Seti portait un nom tout aussi connu de nous que celui de Toutankhamon — le grand Ramsès II. Alors qu'il était encore jeune, il conduisit les armées égyptiennes comme les prestigieux pharaons guerriers de la XVIIIe dynastie. Adulte, il érigea des monuments magnifiques et colossaux, rivalisant avec ceux des précédents souverains. Il eut plus de descendants que tout autre monarque et s'enorgueillissait d'avoir engendré une centaine d'enfants. Après un règne de soixante-sept années, Ramsès II, vieux et desséché, rencontra le sort qui nous attend tous. Il laissa en héritage un pays fort, tel qu'il l'avait toujours été, dont le territoire entier était parsemé de temples et de statues portant fièrement sa marque. En un sens, il était le légataire de Toutankhamon.

Quel qu'ait été l'impact de ce dernier sur son pays ou sur son histoire ultérieure, son nom résonne aujourd'hui à travers le monde. Ceux d'Ay et d'Horemheb ne sont connus que des spécialistes. Si l'on en croit l'ancien adage selon lequel « prononcer le nom d'un défunt, c'est le faire revivre », alors Toutankhamon vit encore — contrairement à ceux qui ont causé sa mort.

L'histoire n'est pas constituée que d'événements et de pierre froide. Elle est faite de gens motivés par des craintes, espoirs et désirs semblables aux nôtres. Les biens qu'ils laissent derrière eux ne sont pas impersonnels ; ils portent en eux les traces de l'existence, des accomplissements et des rêves de leurs propriétaires. Les objets décrits dans cet ouvrage subsistent à ce jour. Il est encore possible d'admirer le collier floral porté par Ankhesenamon, Ay ou Horemheb lors du banquet qui suivit les funérailles de Toutankhamon. Il se trouve au Metropolitan Museum of Art de New York, aux côtés d'une statue du jeune pharaon, probablement exécutée pour son couronnement à Thèbes, ainsi que d'une magnifique statue d'Horemheb. L'on peut aussi visiter la tombe de Toutankhamon, dans la Vallée des Rois et y voir Ay, figé à jamais, opérer pour l'éternité la cérémonie de l'ouverture de la bouche sur l'enfant-roi qu'il a peut-être assassiné. Au musée du Caire, on pourra encore voir la stèle de Toutankhamon reposant dans un coin tranquille du premier étage. Si vous y allez, regardez attentivement les inscriptions gravées au creux des cartouches, à l'endroit même où Horemheb fit remplacer le nom de Toutankhamon par le sien. Vous verrez alors l'histoire se faire sous vos yeux.

APPENDICE
HYPOTHÈSES ET VÉRIFICATIONS

Dans le chapitre 8, nous avons abordé l'hypothèse selon laquelle Toutankhamon a sans doute agonisé un certain temps avant de succomber. Comme nous l'avons mentionné, ce fait est loin de constituer une certitude mais il faut l'évoquer parce qu'il représente une réelle hypothèse au sein d'un tableau plus global. Bien qu'il ne s'agisse que d'une pure théorie, celle-ci est vérifiable : de futures recherches pourront la réfuter comme la confirmer. Il existe en effet des méthodes permettant de déterminer si Toutankhamon a souffert plusieurs semaines avant d'enfin mourir de déshydratation. La preuve potentielle réside dans le contenu des vases canopes exposés au Musée égyptien du Caire.

Lorsque Toutankhamon fut momifié, ses organes internes furent extraits, desséchés, enveloppés dans du lin et placés dans quatre sarcophages miniatures d'environ trente centimètres de long, qui avaient été initialement fabriqués pour son frère, Smenkhkarê. Sur le couvercle de chacun figure une prière en faveur de Toutankhamon, attribuée à l'un des quatre fils d'Horus, censés protéger les viscères du cadavre : Amset pour le foie, Hâpi pour les poumons, Douamoutef pour l'estomac et Qebehsenouf pour les intestins. Lorsque Toutankhamon fut enterré, les vases furent placés dans une chapelle de bois décrite par Howard Carter comme l'un des plus beaux objets de la tombe [1]. Ils furent enduits des mêmes onguents noirs qui avaient été versés sur le corps.

Carter remarqua que ces objets étaient en fait des répliques du deuxième des trois cercueils dans lesquels Toutankhamon fut inhumé, mais il ne traita jamais de leur contenu. D'après ce que je sais, personne ne s'est penché sur ces organes depuis les années vingt, lorsqu'ils furent photographiés par Harry Burton du Metropolitan Museum of Art. Le musée m'envoya gracieusement un jeu de ces clichés. Ils montrent que les viscères n'ont pas été endommagés par les huiles et que leurs bandages de lin n'ont pas noirci. D'autre part, on y voit également l'un des organes désenveloppé et en bon état. Ces vestiges humains, toujours conservés au Musée égyptien du Caire, peuvent fournir d'importants indices concernant le décès de Toutankhamon.

Si ce dernier est mort après un coma, alors les intestins et l'estomac devraient être vides et une analyse du foie pourrait montrer les aliments qu'il a absorbés durant ses derniers jours. Carter ne comprit jamais la quantité d'informations que pouvait révéler une momie, ou un fragment de son corps. Comme on l'a vu, les technologies modernes de la médecine légale peuvent permettre d'élucider des meurtres commis dans l'Antiquité. Il est important de comprendre que les théories que nous avançons concernant la mort de Toutankhamon ne sont pas de simples spéculations. Elles sont vérifiables de façon empirique et peuvent être prouvées.

Lors d'une expérience effectuée en 1993, Ronald Wade, directeur du Conseil d'anatomie de l'Etat du Maryland, et moi-même, avons momifié un cadavre humain suivant les méthodes des anciens Egyptiens [2]. Au moyen de répliques d'outils antiques et de natron provenant du Ouadi Natroun en Egypte, nous espérions répondre à certaines questions au sujet des techniques d'embaumement. Lorsque l'expérience fut achevée, nous disposions d'une momie de type égyptien. Nous avons alors envoyé de petits échantillons de tissus, prélevés sur les organes momifiés, au Dr Michael Zimmerman, chef du Service de pathologie au Centre médical Maimonides de Brooklyn. Zimmerman se passionne pour la paléopathologie. En plus de son diplôme médical, il possède un doctorat d'anthropologie physique. Il est donc exceptionnellement qualifié pour résoudre des énigmes médicales antiques. Wade et moi-même connaissions totalement les antécédents médicaux de notre « patient » mais nous n'en avons rien dit à Zimmerman. Après son analyse des tissus, ce dernier put nous donner une description remarquable des derniers jours de notre sujet, jusqu'à la quantité de fluide contenu dans ses poumons. Il est donc tout à fait possible que des explorations similaires puissent nous éclairer sur les ultimes moments de Toutankhamon.

Si la théorie du Dr Irwin concernant l'agonie de ce pharaon est correcte et s'il y a effectivement eu un hématome, subsistant quelques temps après la blessure, on devrait alors trouver une accumulation d'hémosidérine (matière sanguine concentrée) ainsi que du fer dans cette région osseuse [3]. On peut détecter de tels éléments au moyen d'un puissant scanner. Le jour où, éventuellement, la momie sera réexaminée, ce test devra constituer une des priorités dans les procédures à effectuer.

Ses viscères soulèvent des questions intéressantes. Il y a quatre vases canopes mais le cadavre possédait plus de quatre organes internes. Qu'est-il advenu des autres ? Quels sont ceux réellement placés dans les coffrets ? Si nous voulions reconstituer le corps du pauvre Toutankhamon, il est presque sûr que certaines parties viendraient à manquer. Les poumons, foie, estomac et intestins sont tous associés aux fils d'Horus. Qu'en est-il des reins, rate, pancréas et vésicule biliaire ? En dépit de toutes les momifications effectuées, les anciens Egyptiens n'avaient qu'une connaissance très rudimentaire de l'anatomie. Il n'existe même pas de hiéroglyphe désignant le pancréas, ce qui est d'ailleurs tout à fait compréhensible compte tenu de la procédure de momification [4].

L'extraction s'effectuait par une petite incision sur le côté gauche de l'abdomen. L'embaumeur insérait sa main dans la fente, libérait les organes un à un, en les coupant et en les tirant pour les sortir par l'ouverture pratiquée dans le thorax. Il travaillait en aveugle et ne pouvait voir leur positionnement relatif ni leur nombre. Dans la masse intestinale, il était facile d'ignorer le pancréas ou d'autres parties du corps. Les reins, situés derrière le péritoine, étaient souvent laissés en place, car ils sont difficiles à atteindre depuis la partie latérale. En vérité, nous ne savons pas quels organes de Toutankhamon furent placés dans les petits sarcophages. Ce qui est sûr, en revanche, c'est qu'ils ne sont pas tous là et que certains sont peut-être incomplets. Il n'en reste pas moins qu'ils constituent des indices importants.

Lorsque Wade et moi avons effectué notre momification « moderne », l'une des étapes les plus difficiles fut de sortir le foie, le plus gros organe du corps humain, à travers la petite incision. Nous utilisions des reproductions d'anciens vases de céramique pour contenir les organes et même après déshydratation dans le natron, nous ne pûmes faire tenir le foie entier à l'intérieur d'une de ces répliques. Il fallut le sectionner. Il est donc impossible que celui d'un homme de dix-neuf ans, de la taille de Toutankhamon, ait pu rentrer dans l'un des petits canopes. Je soupçonne que les embaumeurs le découpèrent de sorte qu'il puisse tenir dedans, l'enveloppèrent et le placèrent dans le vase. Le reste dut être jeté.

Néanmoins, quels que soient les organes subsistants, entiers ou amputés, ils n'ont jamais été examinés par quiconque doté d'une expérience en paléopathologie. Ils fourniront certainement de précieuses informations sur les derniers jours de Toutankhamon.

NOTES

INTRODUCTION

1. Christopher Frayling, *The Face of Tutankhamen* (Londres, BBC Television, 1992).
2. Karin L. Sandnass, « Dietary Analysis of Prehistoric Lower and Middle Osmore Drainage Populations of Southern Peru Using Stable Isotopes (Delta C-13 and Delta N-15) » (Intervention faite lors du 2e Congrès mondial sur les Etudes des Momies à Carthagène, Colombie, février 1995).

CHAPITRE 1 : QUE LE ROI MEURE

1. James Henry Breasted, *The Edwin Smith Surgical Papyrus* (Chicago, University of Chicago Press, 1930).
2. William J. Darby, *Food the Gift of Osiris* (Londres, Academic Press, 1977).
3. Nicholas Reeves, *The Complete Tutankhamen* (Londres, Thames & Hudson, 1990).
4. Geoffrey Martin, *The Hidden Tombs of Memphis* (Londres, Thames & Hudson, 1991).
5. T.J.C. Baly, « Notes on the Ritual of the Opening of the Mouth », *Journal of Egyptian Archeology 16* (1930).
6. E.A. Wallis Budge, *The Book of the Opening of the Mouth* (New York, B. Blom, 1972). Pour la traduction française : *Rituels funéraires de l'ancienne Egypte* (Paris, Editions du Cerf, 1978).
7. Thomas George Allen, *The Book of the Dead* (Chicago, University of Chicago Press, 1974).

CHAPITRE 2 : L'EGYPTE AVANT TOUTANKHAMON

1. Trevor Watkins, « The Beginning of Warfare », *Warfare in the Ancient World*, éd. Sir John Hackett (New York, Factson File, 1989).
2. Yigel Yadin, *The Art of Warfare in Biblical Lands* (New York, Mcgraw-Hill, 1963).

CHAPITRE 3 : LES ANCÊTRES DE TOUTANKHAMON

1. James Henry Breasted, *Ancient Records of Egypt* (Londres, Histories & Mysteries of Man, 1988, réédition). Pour la traduction française : Claire Lalouette, *Thèbes ou la Naissance d'un empire* (Paris, Flammarion, 1995).
2. Arielle P. Kozloff et Betsy M. Bryan, *Egypt's Dazzling Sun* (Cleveland, Cleveland Museum of Art, 1992).
3. Elizabeth Riefstahl, *Thebes in the Time of Amenhotep III* (Norman, University of Oklahoma Pres., 1964).
4. John Romer, *Histoire de la Vallée des Rois* (Paris, P. Lobaud, 1994, traduction française).
5. *Ibid.*
6. Loret prépara les momies pour les expédier au Caire, mais juste avant de les charger sur le bateau, il reçut, du ministère des Travaux publics, l'ordre de les replacer dans la tombe et de sceller cette dernière. Beaucoup d'Egyptiens considéraient les archéologues comme des étrangers qui volaient leur héritage. Ils pensaient que leurs rois devaient reposer en paix là où on les avait trouvés. Les raisons politiques avaient surpassé l'intérêt archéologique.
7. G. Elliot Smith, *The Royal Mummies* (Le Caire, Institut français, 1912).
8. Guido Majno, *The Healing Hand* (Cambridge, Harvard University Press, 1977).
9. Ray Winfield Smith, « Computer Helps Scholars Recreate an Egyptian Temple », *National Geographic* (novembre 1970) ; Ray Winfield Smith et Donald B. Redford, *The Akhenaten Temple Project* (Westminster, Aris & Phillips, 1978).
10. Donald Redford, fouilleur des temples d'Akhenaton à Karnak, partage ma vision du caractère extraordinaire de la fête Sed d'Akhenaton. Mais récemment, une autre chercheuse, Jocelyn Gohary, a suggéré qu'Akhenaton essayait de rester aussi proche que possible des rituels traditionnels. Jocelyn Gohary, *Akhenaten's Sed-Festival at Karnak* (Londres, Kegan Paul, 1992).
11. Reed E. Pyeritz et Cheryll Gasner, *The Marfan Syndrome* (Port Washington, National Marfan Foundation, 1994).
12. Victor A. McKusick, « The Defect in Marfan Syndrome », *Nature 352* (25 juillet 1991).
13. Merci infiniment au Dr Jessica Davis, du New York Hospital, pour ses précieuses suggestions concernant Akhenaton et le syndrome de Marfan.

CHAPITRE 4 : AMARNA — LA VILLE SAINTE

1. Barry J. Kemp, « The Window of Appearances at El-Amarna, and the Basic Structure of the City », *Journal of Egyptian Archaelogy vol. 62* (1976).
2. Gardiner Wilkinson, *Modern Egypt and Thebes* (Londres, John Murray, 1843).
3. Margaret S. Drawer, *Flinders Petrie : A Life in Archaelogy* (Madison, University of Wisconsin Press, 1995).
4. William Flinders Petrie, *Tell el Amarna* (Westminster, Aris & Phillips, 1974, réédition).
5. *Ibid.*
6. William J. Murnane et Charles C. Van Siclen III, *The Boundary Stelae of Akhenaten* (Londres, Kegan Paul, 1993), ouvrage basé sur la transcription et la traduction des stèles frontière.
7. *Ibid.*
8. Cyril Aldred, *Akhenaten* (Londres, Thames & Hudson, 1988).

9. Miriam Lichtheim, *Ancient Egypt Literature* (Berkeley, University of California Press, 1976).
10. Cyril Aldred, *Akhenaten King of Egypt* (New York, Thames & Hudson, 1988).
11. Donald B. Redford, *Akhenaten, The Heretic King* (Princeton, Princeton University Press, 1984).
12. Barry J. Kemp, « The Window of Appearances at El-Amarna, and the Basic Structure of the City », *Journal of Egyptian Archaelogy vol. 62* (1976).

CHAPITRE 5 : LES PARENTS DE TOUTANKHAMON

1. Cyril Aldred, *Akhenaten and Nefertiti* (New York, Brooklyn Museum, 1973).
2. Aidan Dodson, *The Canopic Equipment of the Kings of Egypt* (Londres, Kegan Paul, 1994).
3. William C. Hayes, *The Scepter of Egypt* (New York, Metropolitan Museum of Art, 1959).
4. H.W. Fairman, « Once Again the So-Called Coffin of Akhenaten », *Journal of Egyptian Archaeology 47* (1961).
5. La possible friction entre ces deux épouses est sous-entendue dans le titre d'un article au sujet de Kiya. Cf. Angela P. Thomas, « The Other Woman at Akhetaten », *Amarna Letters III* (San Francisco, KMT, 1994).
6. Barry J. Kemp, « Outlying Temples of Amarna », *Amarna Reports VI* (Londres, Egypt Exploration Society, 1995).
7. Urbaine Bouriant, *Monuments pour servir à l'étude du culte d'Atonou en Egypte* (Le Caire, Mission française d'archéologie orientale du Caire, 1903).
8. Geoffrey Thorndike Martin, *The Royal Tomb of Amarna* (Londres, Egypt Exploration Society, 1989).
9. Samuel A.B. Mercer, *The Tel Amarna Tablets* (Toronto, Macmillan, 1939). Pour la traduction française : *Les Lettres d'El Amarna* (Paris, Editions du Cerf, 1987).
10. *Ibid.*
11. *Ibid.*
12. *Ibid.*
13. Norman de Garis Davies, *The Rock Tombs of Amarna — Part I : The Tomb of Meryra* (Londres, Egypt Exploration Fund, 1903).
14. W.M. Flinders Petrie, *Tell El Amarna* (Londres, Methuen & Co, 1894). Lors de ses fouilles, Petrie découvrit un fragment de poterie portant l'inscription suivante : « An 16, bon vin... Le grand serviteur d'Aton Ra-Mery. » Meryrê était donc bien vivant à cette époque.
15. Norman de Garis Davies, *The Rock Tombs of Amarna — Part II : The Tombs of Panehesy and Meryra II* (Londres, Egypt Exploration Fund, 1905).
16. *Ibid.*
17. Norman de Garis Davies, *The Rock Tombs of Amarna — Part V : The Tomb of Ay* (Londres, Egypt Exploration Fund, 1912).
18. Donald B. Redford, *Akhenaten, The Heretic King* (Princeton, Princeton University Press, 1984); Rosalie and Anthony E. David, *A Biographical Dictionary of Ancient Egypt* (Londres, Seaby, 1981).

CHAPITRE 6 : RETOUR À THÈBES

1. John Bennett, « The Restoration Inscriptions of Tutankhamen », *Journal of Egyptian Archaeology 25* (1939).
2. Geoffrey T. Martin, *The Hidden Tombs of Memphis* (Londres, Thames & Hudson, 1991).

3. *Ibid.*
4. Theodore M. Davis, *The Tombs of Harmhabi and Touatankhamanou* (Londres, Constable, 1912).
5. Miriam Lichtheim, *Ancient Egypt Literature* (Berkeley, University of California Press, 1976).
6. The Epigraphic Survey, *The Festival Procession of Opet in the Colonnade Hall* (Chicago, The University of Chicago Oriental Institute Publications, 1994).
7. Nicholas Reeves et Richard H. Wilkinson, *The Complete Valley of the Kings* (Londres, Thames & Hudson, 1996).
8. Hans Goericke, *The Report About the Dispute of a Man with His Ba* (Baltimore, Johns Hopkins Press, 1970).

CHAPITRE 7 : LA TOMBE LA PLUS CÉLÈBRE DE L'HISTOIRE

1. Diodore de Sicile, *Library of History, livre 1, vol. 46* (Cambridge, Harvard University Press, 1968).
2. Richard Pococke, *A Description of the East* (Londres, W. Boyer, 1843).
3. *Description de l'Egypte* (Paris, L'imprimerie Impériale, 1812).
4. Les momies et cercueils arrivèrent intacts au Musée égyptien de Boulaq. Brugsch ne désenveloppa qu'une seule momie, celle de Thoutmosis III, le plus glorieux des pharaons guerriers. Cette dernière avait été enterrée dans la Vallée des Rois, dépouillée de ses trésors, emmaillotée de nouveau par les embaumeurs de la XXIe dynastie et réinstallée dans la tombe de Deir el-Bahari.

Lorsque Brugsch retira les bandages du roi égyptien, ce fut la première fois, dans les temps modernes, que l'on voyait la dépouille embaumée d'un des plus grands souverains de l'Egypte ancienne. Les savants se retrouvèrent face à une vision terriblement choquante. Le corps du roi était dans un état atroce. La tête était séparée du corps, les bras et les jambes désarticulés et les pieds fracturés à la cheville. Brugsch effectua une autopsie rapide et grossière qui révéla peu d'informations. Il ne renouvela pas l'expérience sur les autres momies, de crainte, peut-être, qu'elles soient dans une condition tout aussi déplorable.
5. W. M. Flinders Petrie, *Seventy Years of Archaeology* (New York, Holt, 1932).
6. Howard Carter, *Annales du Service des Antiquités de l'Egypte* (1902).
7. Theodore M. Davis, *The Tombs of Harmhabi and Touatankhamanou* (Londres, Constable, 1912).
8. Joseph Lindon Smith, cité dans *The Complete Valley of Kings*, de Nicholas Reeves et Richard H. Wilkinson (Londres, Thames & Hudson, 1996).
9. *Ibid.*
10. Charles Breasted, *Pioneer to the Past : The Story of James H. Breasted* (New York, Scribner's, 1943).
11. James Henry Breasted, *Records of Ancient Egypt* (Chicago, University of Chicago Press, 1906-1907).
12. James Henry Breasted, *History of Egypt* (New York, Scribner's, 1924).
13. Selon une autre théorie, cette petite chapelle n'abrita jamais de statue. Voir M. Eaton-Krauss et E. Graefe, *The Small Golden Shrine from the Tomb of Tutankhamen* (Oxford, Griffith Institute, 1985).
14. Edward Falkener, *Games Ancient and Oriental and How to Play Them* (New York, Dover, 1961).
15. Grahme Davis, « Reconstructing Rules for the Ancient Egyptian Game of Twenty Squares », *KMT* (été 1993).
16. Leonard H. Lesko, *King Tut's Wine Cellar* (Berkeley, B.C. Scribe Publications, 1977).

17. W. M. McLeod, *Composition Bows from the Tombe of Tut'ankhamun* (Oxford, Griffith Institute, 1970) ; W. M. McLeod, *Self Bows and other Archery Tackle from the Tombe of Tut'ankhamun* (Oxford, Griffith Institute, 1982).
18. J.E. Harris *et al.*, « The Mummy of the "Elder Lady" in the Tomb of Amenhotep II : Egyptian Museum Catalogue Number 61070 », *Science* (9 juin 1978). De récentes recherches suggèrent toutefois qu'en dépit de l'étroite correspondance entre les échantillons capillaires, la Femme Agée n'est pas la reine Tiyi. Le Dr Renate Germer compara le sang séché de la mystérieuse momie avec celui des parents de Tiyi, Youia et Touia, et trouva hautement improbable que la Femme Agée puisse être leur fille. La grand-mère de Toutankhamon reste peut-être encore à découvrir.
19. Harry Burton, *New York Times* (15 février 1923).
20. Arthur C. Mace, *Bulletin of the Metropolitan Museum of Art* (The Egyptian Expedition, 1922-1923).
21. Howard Carter, *The Tomb of Tutankhamen* (New York, Cooper Square, 1963).
22. *Ibid.*
23. Velma, « The fatal Curse from the Tomb », dans Christopher Frayling, *The Face of Tutankhamen* (Londres, Faber and Faber, 1992).
24. Velma ne fut pas la première à parler de la malédiction. Deux semaines avant la mort de Lord Carnarvon, la romancière Marie Corelli avait prédit un désastre pour tous ceux qui se trouvaient sur le site. A une époque plus récente, cette théorie a été ravivée par Philip Vandenberg dans son livre *The Curse of the Pharaohs.* Il écrit : « cependant, les savants en particulier étaient moins euphoriques. En fait, ils devenaient de plus en plus nerveux. La raison de leur préoccupation était une tablette d'argile ordinaire que Carter avait trouvée dans l'antichambre. Il la catalogua comme les autres objets. Puis quelques jours après, Alan Gardiner décoda les hiéroglyphes inscrits dessus. Ils disaient : *la mort frappera de son aile quiconque troublera la paix du pharaon.* Carter, Gardiner et les autres scientifiques présents ne craignaient pas cette malédiction et ne la prirent pas au sérieux. Mais ils s'inquiétaient que les ouvriers égyptiens ne s'en effraient et comme ils dépendaient d'assistants locaux, la mention de la tablette fut effacée des archives relatives à la découverte de la tombe. La tablette elle-même disparut de la collection d'objets — mais pas de la mémoire de ceux qui la lurent (la tablette et la malédiction inscrite dessus sont citées partout mais n'ont jamais été photographiées et sont considérées comme perdues). »

Cette tablette n'a jamais existé, il n'y a aucune preuve fiable d'une telle malédiction et il n'est pas dans la tradition égyptienne de parler de la mort comme d'une créature ailée. Au cours des décennies suivantes, lorsqu'une personne qui travaillait sur ces fouilles mourait, on invoquait la malédiction. Dans son ouvrage, Vandenberg écrit : « L'autopsie de Toutankhamon, à l'Institut anatomique de l'Université du Caire, le 11 novembre 1925, eut de tragiques conséquences : Alfred Lucas mourut d'un problème circulatoire. » C'est absurde. Il n'y eut jamais d'expertise du corps au Caire. La momie repose toujours dans la tombe où on l'a trouvée. Lucas succomba à une crise cardiaque en 1945, vingt ans plus tard, et non peu après l'autopsie. Le Pr Derry non plus n'est pas mort « peu après » mais en 1969, à l'âge de quatre-vingt-sept ans, plus de quarante ans après qu'il eut examiné l'enfant-roi dans sa tombe. Malgré tout, l'idée de la « malédiction de Toutankhamon » continue d'intriguer les gens.

Le récit de Velma établit un précédent : d'autres voyants déclarèrent, à l'époque, qu'ils avaient eux aussi averti Carnarvon d'une malédiction sur la tombe. Chiero, le célèbre chiromancien, publia son propre récit. De loin le plus élaboré de tous les ouvrages sur ce sujet, il s'articule autour de trois éléments centraux : la main d'une momie, une princesse égyptienne morte de longue date et une malédiction sur ceux qui retireraient des objets de la tombe de Toutankhamon.

Chiero publia son récit plus de dix ans après la mort de Carnarvon mais déclara qu'il avait des témoignages sous serment de ceux qui avaient assisté aux événements incroyables qu'il relatait. L'histoire de Chiero commence par un voyage qu'il fit en Egypte avant la Première Guerre mondiale pour préparer des moulages en cire de reliefs antiques. Un soir, son guide lui demanda de se rendre dans la salle hypostyle du temple de Karnak. Lorsqu'ils arrivèrent, l'Egyptien sortit, de derrière un sphinx brisé, la main d'une momie portant un anneau d'or. Crédule, l'homme expliqua qu'il s'agissait de la main de la fille d'Akhenaton, Meketaton. Il raconta qu'elle était la seule à être restée fidèle à la religion de son père alors que tous les autres avaient abandonné Aton. Elle avait donc réuni une armée et marché sur Thèbes. La princesse mourut dans la bataille qui s'ensuivit et sa main fut coupée et momifiée, en guise d'avertissement pour tous ceux qui dévieraient de la vraie foi de l'Egypte. Chiero avait été élu pour devenir le gardien de cette main et s'assurer que la prophétie qui y était associée se réalise.

Cette relique allait faire le tour du monde, mais après la découverte de la tombe de Toutankhamon, la main fut réinstallée avec le reste de la momie de Meketaton. Selon sa version des faits, Chiero accepta la grande responsabilité qui lui avait été confiée : durant plus de trente ans, il emporta la main partout où il allait. Mais après la Première Guerre mondiale, des choses étranges commencèrent à se produire. Lorsqu'il l'avait reçue, la main était aussi dure que l'ébène ; or à présent, la peau commençait à se ramollir et à suinter du sang. C'en était trop. En 1922, lui et son épouse décidèrent donc de l'incinérer le soir de Halloween. Tandis que la main était consumée par les flammes, une belle et élégante princesse, Meketaton, apparut ; son corps était entier, doté de ses deux mains. Le lendemain, la tombe de Toutankhamon était découverte (Chiero se trompe dans les dates mais à l'évidence, cela ne semble pas lui poser de problème). Une fois de plus, Chiero eut la même vision, mais cette fois, le fantôme lui délivrait un avertissement destiné à Lord Carnarvon. Aucun des trésors de Toutankhamon ne devait sortir de la tombe sinon la mort frapperait l'explorateur pendant qu'il était encore en Egypte.

Chiero publia ce récit sur la malédiction dans *Real Life Stories* en 1934. Comme il était l'un des voyants les plus célèbres de son temps, sa version imaginative permit de faire perdurer ce mythe.

25. Howard Carter, *The Tomb of Tutankhamen* (New York, Cooper Square, 1963, réédition).

26. F. Filce Leek, *The Human Remains from the Tomb of Tut'ankhamun* (Oxford, Griffith Institute, 1972).

27. Douglas E. Derry, « Report on the Examination of Tutankhamen's Mummy », dans Howard Carter, *The Tomb of Tutankhamen* (New York, Cooper Square, 1963).

28. La cachette des momies royales à Deir el-Bahari, découverte en 1881, avait le potentiel de livrer des informations considérables sur les techniques de momification. Mais les dépouilles furent saccagées par des égyptologues notables qui ne savaient pas quoi rechercher et qui ne prirent pas le temps de noter minutieusement chaque détail à mesure qu'ils retiraient les bandages. Maspero était en France lorsque les momies furent transportées de Thèbes au Caire et ce fut donc Emile Brugsch, son assistant, qui commença à les désenvelopper. Le réprimandant dans son rapport officiel, Maspero écrit : « Dès les premières semaines de l'arrivée à Boulaq, M. Emile Brugsch n'avait pu résister au désir de voir à nu la face de l'une d'elles, et avait ouvert sans ordre, et pendant mon absence, la momie de Thoutmosis III » (M. Maspero, *Les Momies royales de Deir el-Bahri*, Paris, Mission archéologique française, 1889). Occupé à traduire les inscriptions sur les cercueils et les étiquettes sur les momies, Maspero attendit plusieurs années avant de désenvelopper les dépouilles.

Mais lorsqu'il commença, il le fit frénétiquement, déchirant les bandages les uns après les autres.

Sur ordre du Khédive d'Egypte, le 1er juin 1886, la momie de Ramsès II fut mise à nu. Assistaient à l'opération le Khédive, son conseil des ministres au grand complet, ainsi que diverses personnalités : médecins, archéologues, artistes et autres. Dans son rapport, Maspero tente de donner l'impression que tout était fait scientifiquement et avec précaution. Il explique que toutes les dimensions furent mesurées par deux des assistants puis vérifiées par deux autres. En réalité, la procédure fut mal effectuée. Maspero désenveloppa trois momies ce jour-là, deux rois et une reine, précipitation inconcevable en égyptologie. La semaine suivante, en une journée, il fit de même pour les corps de Seti Ier, Seqenenrê Taâ II et Ahmosis Ier. En moins d'un mois, du 9 juin au 1er juillet, vingt et une momies de la cachette de Deir el-Bahari furent dépouillées de leurs bandages. On ne peut que s'interroger sur la raison d'un tel empressement chez Maspero. Mais c'est ainsi que l'on traitait les vestiges humains à l'époque. Dès lors, comment s'étonner de la manipulation brutale dont fit l'objet le cadavre de Toutankhamon ? La plupart des momies qui échappèrent aux mains de Maspero furent examinées plus tard par Grafton Elliot Smith, un médecin qui avait la formation requise mais qui travaillait aussi trop vite. Durant l'année 1905, Smith désenveloppa neuf momies, dont celles de Thoutmosis IV, Ramsès IV, Ramsès V, Ramsès VI, Siptah et Seti II. Smith relate ces expériences avec une brièveté presque indécente et il ne consacre à chaque pharaon qu'une page ou deux (G. Elliot Smith, *The Royal Mummies*, Le Caire, Institut français d'archéologie orientale, 1912). Ses descriptions fournissent quelques informations sur les pratiques de momification, telles que la place de l'incision abdominale mais parfois, Smith semble clairement plus intéressé par les traits des visages royaux que par les procédés d'embaumement.

CHAPITRE 8 : LES ENSEIGNEMENTS DES MORTS

1. Marc Armand Ruffer, « Notes on the Histology of Egyptian Mummies », *British Medical Journal* (1909).
2. F. Filce Leek, *The Human Remains from the Tomb of Tutankhamen* (Oxford, Griffith Institute, 1972).
3. R.G. Harrison, « A Mummy Foetus from the Tomb of Tutankhamen », *Antiquity 53* (1979).
4. La première radiographie d'une momie emmaillotée fut publiée par Flinders Petrie en 1898 comme illustration finale de son rapport sur les fouilles de Deshasheh, un site à cent vingt kilomètres au sud du Caire. Cette image révèle les os des jambes d'une momie au travers de son enveloppe. Petrie avait compris que cette technique permettait aux égyptologues de voir ce qu'il y avait sous les bandages sans les retirer, mais son exemple ne fut généralement pas suivi. En 1922, année de la découverte de la tombe de Toutankhamon, la seule momie jamais examinée aux rayons X jusqu'alors était celle de Thoutmosis IV, qui avait été transportée en taxi, par Elliot Smith et Howard Carter, du musée jusqu'à un hôpital du Caire doté d'un matériel radiologique.
5. R.G. Harrison, « An Anatomical Examination of the Pharaonic Remains Purported to Be Akhenaten », *Journal of Egyptien Archeology 52* (1966).
6. R.G. Harrison et A.B. Abdalla, « The Remains of Tutankhamen », *Antiquity 46* (1972).
7. Dennis Forbes, « Abusing Pharaoh », dans Christopher Frayling, *The Face of Tutankhamen* (Londres, Faber and Faber, 1992).
8. R. G. Harrison, « Post Mortem of Two Pharaohs, Was Tutankhamen's Skull Frac-

tured ? », *Buried History* (1972) ; R. G. Harrison, « Tutankhamen's Postmortem », *The Lancet* (1973) ; R. G. Harrison, « The Remains of Tutankhamen », *Antiquity 46* (1972).
9. Roy L. Moodie, *Roentgenologic Studies of Egyptian and Peruvian Mummies* (Chicago, Field Museum of Natural History, 1931).
10. Marc Armand Ruffer, « Notes on Two Egyptian Mummies Dating from the Persian Occupation of Egypt », *Studies in the Paleopathology of Egypt* (Chicago, University of Chicago Press, 1921).
11. Cité dans F. Filce Leek, *The Human Remains from the Tomb of Tutankhamen* (Oxford, Griffith Institute, 1972).
12. James E. Harris et Kent R. Weeks, *X-Raying the Pharaohs* (New York, Scribner's, 1973).
13. James E. Harris et Edward F. Wente, *An X-Ray Atlas of the Royal Mummies* (Chicago, University of Chicago Press, 1980).
14. *Los Angeles Times*, 17 janvier 1997.
15. Nicholas Reeves, *The Complete Tutankhamen* (London, Thames & Hudson, 1990).
16. F. Filce Leek, *The Human Remains from the Tomb of Tutankhamen* (Oxford, Griffith Institute, 1972).
17. Cyril Aldred, *Akhenaten, King of Egypt* (London, Thames & Hudson, 1988).
18. Lettre adressée à l'auteur le 1er avril 1996.
19. Merci au Dr Michael R. Zimmerman, directeur des laboratoires cliniques du Centre médical Maimonides à Brooklyn, pour ses précieuses suggestions sur la question.

CHAPITRE 9 : LA SUPPLIQUE D'UNE VEUVE

1. Hans Gustav Guterbock, « The Deeds of Suppiluliuma as Told by His Son Mursilis II », *Journal of Cuneiform Studies 10* (1965).
2. *Ibid.*
3. Donald Redford affirme qu'il s'agit d'une erreur du scribe et que le roi mentionné est Akhenaton, mais cet argument n'est pas convaincant. Pour davantage de détails sur ce point, voir : Alan R. Schulman, « Ankhesenamen, Nofretity, and the Amka Affair », *Journal of the American Research Center in Egypt 15* (1977).
4. Walter Federn, « Dahamunzu (KBo V 6 iii 8), *Journal of Cuneiform Studies 14* (1960).
5. Geoffrey Thorndike Martin, *The Hidden Tombs of Memphis* (Londres, Thames & Hudson, 1991) ; Cyril Aldred, *The Development of Ancient Egyptian Art* (Londres, Tiranti, 1961).
6. Hans Gustav Guterbock, « The Deeds of Suppiluliuma as Told by His Son Mursilis II », *Journal of Cuneiform Studies 10* (1965).
7. *Ibid.*
8. Nigel F. Hepper, *Pharaoh's Flowers* (Londres, HMSO, 1990).
9. Il existe une autre théorie concernant la date de la mort de Toutankhamon. Le texte hittite dit : « Lorsque les gens d'Egypte apprirent la destruction d'Amqa, ils prirent peur. En effet, pour aggraver la situation, leur maître Nibhourouriya venait de mourir et la reine d'Egypte... envoya à mon père un ambassadeur... » Trevor R. Bryce en déduit que la campagne d'Amqa et la mort de Toutankhamon eurent lieu environ à la même époque. Ainsi le jeune pharaon n'aurait pas expiré en décembre ou janvier, parce que, d'après le récit hittite, nous savons que le siège eut lieu au début de l'automne. Le scénario de Bryce est le suivant : Toutankhamon serait mort à la fin du

mois d'août, le siège aurait eu lieu en octobre et la première lettre d'Ankhesenamon aurait été envoyée en novembre. Bryce admet que les funérailles se déroulèrent au printemps, mais veut supposer qu'elles furent retardées de six mois, pour laisser à Ankhesenamon le temps d'attendre le prince hittite. Cette théorie se base sur l'hypothèse que la campagne d'Amqa et la mort du roi se produisirent simultanément. Il est fort possible que la reine ait été informée des événements d'Amqa des mois plus tard, voire pas du tout. Comme nous l'avons dit, sa peur semble être liée au fameux « serviteur ». Elle ne mentionne jamais la campagne d'Amqa. La religion égyptienne stipule que le corps doit être enterré soixante-dix jours après le décès. Il est beaucoup plus logique de penser que les bouquets funéraires constituent les indicateurs les plus fiables du moment de la mort. Voir Trevor R. Bryce, « The Death of Niphururiya and Its Aftermath », *The Journal of Egyptian Archaeology 76* (1990).
10. *Ibid.*
11. *Ibid.*
12. *Ibid.*
13. Albrecht Goetze, « Plague Prayers of Mursilis », *Ancient Near Eastern Texts*, ed. James B. Prichard (Princeton, Princeton University Press, 1955).
14. Nicholas Reeves, *The Complete Tutankhamn* (Londres, Thames & Hudson, 1990).
15. Les Egyptiens aimaient particulièrement les jeux de mots. Le hiéroglyphe signifiant scarabée (prononcé *kheper*) veut également dire « exister ». Donc si l'on portait une amulette en forme de scarabée, cela assurait la perpétuité de l'existence. D'autre part, les Egyptiens considéraient le scarabée comme un animal exceptionnel parce qu'ils croyaient que cet insecte donnait naissance à ses petits sans avoir besoin de l'union d'un mâle et d'une femelle. Cette idée erronée provenait du fait qu'on ne voyait jamais les scarabées s'accoupler. En réalité, après avoir été fécondée, la femelle dépose ses œufs dans un morceau d'excrément qu'elle roule pour lui donner la forme d'une boule, de sorte que lors de l'éclosion, ses petits puissent se nourrir. Comme c'était la seule étape de la reproduction que les Egyptiens avaient observée, ils supposaient que le scarabée était un peu comme le dieu Amon qui engendrait des enfants sans avoir besoin de partenaire femelle.

Les amulettes en forme de scarabées étaient faites de matériaux divers, la faïence étant le plus courant. Elles comportaient un trou pour pouvoir être portées, suspendues à une chaîne. Alors que la partie supérieure était sculptée en forme de scarabée, leur base était généralement plate et ornée d'une inscription. Souvent il s'agissait simplement du nom de son propriétaire et dans ce cas, le bijou était censé lui garantir une existence perpétuelle. On pouvait aussi l'utiliser comme un sceau. Par exemple, pour s'assurer que les serviteurs ne couperaient pas le vin contenu dans un vase, on bouchait le goulot de ce dernier avec du plâtre sur lequel on pressait la base du scarabée. Si le sceau était brisé, on ne pouvait le réparer sans que cela ne se remarque.
16. Percy E. Newberry, *Scarab-shaped Seals* (Londres, Constable, 1907).
17. Tous mes remerciements à Diana Magee du Griffith Institute (Ashmolean Museum, Oxford), qui m'a gentiment fourni une copie de la lettre de Newberry.
18. Percy E. Newberry, « King Ay, the Successor to Tutankhamen », *Journal of Egyptian Archaeology 18* (1932).
19. Tous mes remerciements aux Drs Dietrich Wildung et Hannelore Kischkewitz du Musée égyptien de Berlin, qui m'ont aidé à retrouver la bague et m'ont permis de la voir.
20. Cyril Aldred, *Akhenaten and Nefertiti* (New York, Brooklyn Museum, 1973).
21. Giovanni Battista Belzoni, *Narrative of the Operations and Recent Discoveries in Egypt and Nubia* (London, Murray, 1820).

22. Otto J. Schaden, « The God's Father Aye », *Amarna Letters II*, (San Francisco, KMT, 1992).
23. Un *ouchebti* d'Ay, fabriqué durant la période où il était encore un simple vizir au service de Toutankhamon, fut vendu aux enchères à Sotheby's (New York) le 17 décembre 1997. C'est l'un des plus beaux jamais réalisés.
25. Otto J. Schaden, « Clearing the Tomb of King Aye », *Journal of the American Research Center in Egypt 21* (1984).
26. A Amarna se trouve la tombe du chef militaire Paatonemheb et en raison de la similitude entre les deux noms, certains supposent qu'il s'agissait de celle de Horemheb. Voir Christiane Desroches-Noblecourt, *Tutankhamen* (New York, New York Graphic Society, 1963).
27. Geoffrey Thorndike Martin, *The Hidden Tombs of Memphis* (Londres, Thames & Hudson, 1991).
28. Christiane Desroches-Noblecourt, *Tutankhamen* (New York, New York Graphic Society, 1963).
29. The Epigraphic Survey, *The Festival Procession of Opet in the Colonnade Hall* (Chicago, The University of Chicago Oriental Institute Publications, 1994).
30. Les blocs de ce temple sont aujourd'hui éparpillés mais ils semblent représenter Toutankhamon lors d'un combat contre les Asiates. C'est la plus ancienne scène de bataille connue montrant le char royal. Voir William Raymond Johnson, « An Asiatic Battle Scene of Tutankhamen from Thebes », thèse de doctorat, University of Chicago, 1992.

EPILOGUE

1. Nicholas Reeves, *The Complete Tutankhamen* (Londres, Thames & Hudson, 1990).

APPENDICE : HYPOTHÈSES ET VÉRIFICATIONS

1. Howard Carter, *The Tomb of Tut-Ankh-Amen* (New York, Cooper Square Press, 1965 — réédition).
2. Bob Brier et Ronald S. Wade, « The Use of Natron in Human Mummification — A Modern Experiment », *Zeitschrift für Agyptische Sprache und Altertumskunde 124, no. 2* (1997).
3. C'est le Dr Michael Perry, chef du Service de radiologie traumatologique à la faculté de médecine de l'Université du Maryland, qui m'a suggéré cette idée.
4. Kent Weeks, *The Anatomical Knowledge of the Ancient Egyptians and the Representation of the Human Figure in Egyptian Art* (Ann Arbor, UMI Dissertation Information Service, 1970).

CHRONOLOGIE

Les premières dynasties
3150-2686 av. J.-C. — Ire et IIe dynasties
Narmer, premier souverain d'Egypte, unifie la Haute et la Basse Egypte.

L'Ancien Empire
2686-2181 av. J.-C. — IIIe à VIe dynasties
Djoser construit la première pyramide à degrés.
Le pharaon Kheops (Khoufou[1]) construit la Grande Pyramide.
Le pharaon Khephren fait édifier le Sphinx, sculpté à son image.

Première période intermédiaire
2181-2040 av. J.-C. — Période d'anarchie et de chaos.

Le Moyen Empire
1880-1780 av. J.-C. — XIIe dynastie
Le pharaon Mentouhotep rétablit l'ordre dans le pays.

Deuxième période intermédiaire
1780-1570 av. J.-C. — Période de souverains faibles et invasion par les Hyksos, régnant sur le Nord.

Le Nouvel Empire
1570-1070 av. J.-C. — Age d'Or de l'Egypte.
XVIIIe dynastie — 1570-1293 av. J.-C.

---

1. Nom égyptien de Kheops.

1570-1546 av. J.-C. — Ahmosis Ier — Les Hyksos sont expulsés d'Egypte.
1551-1386 av. J.-C. — Les pharaons Thoutmosis III, Hatshepsout et Aménophis III développent la puissance et la richesse de l'Egypte.
1386-1349 av. J.-C. — Aménophis III, grand-père de Toutankhamon.
1350-1334 av. J.-C. — Aménophis IV (Akhenaton), père de Toutankhamon.
1336-1334 av. J.-C. — Smenkhkarê, fils d'Akhenaton et frère de Toutankhamon (?).
1334-1325 av. J.-C. — Toutankhamon.
1325-1321 av. J.-C. — Ay.
1321-1293 av. J.-C. — Horemheb.
XIXe Dynastie
1297-1212 av. J.-C. — Le grand Ramsès II, pharaon de l'Exode.

Troisième période intermédiaire
1060-525 av. J.-C. — Le pouvoir des pharaons s'affaiblit.

La période perse
525-332 av. J.-C. — Les rois perses règnent sur l'Egypte.

La période gréco-romaine
332 av. J.-C. — Alexandre le Grand vainc Darius III, souverain de l'Empire perse.
L'Egypte acclame Alexandre comme un être divin et son sauveur.
51 av. J.-C. — Cléopâtre VII devient reine d'Egypte.
30 av. J.-C. — Cléopâtre VII meurt et l'Egypte devient le territoire privé de l'empereur romain Auguste.

BIBLIOGRAPHIE

Utile en langue française

Aldred, Cyril, *Akhenaton, roi d'Egypte*, Paris, Seuil, 1997.

Belzoni, *Voyages en Egypte et en Nubie*, Paris, Pygmalion, 1990.

Carter, Howard, *La Fabuleuse Découverte de la tombe de Toutankhamon*, Paris, Pygmalion, 1990.

Daumas, François, *La Civilisation de l'Egypte pharaonique*, Paris, B. Arthaud, 1965.

Desroches-Noblecourt, Christiane, *Toutankhamon*, Paris, Hachette, 1963.

Dunand, Françoise et Lichtenberg, Roger, *Les Momies — Un voyage dans l'éternité*, Paris, Gallimard, 1991.

Franco, Isabelle, *Rites et croyances d'éternité*, Paris, Pygmalion / Gérard Watelet, 1993.

Lalouette, Claire, *Thèbes ou la Naissance d'un Empire*, Paris, Flammarion, 1995.

Romer, John, *Histoire de la Vallée des Rois*, Paris, Vernal / Philippe Lebaud, 1991.

Thibaux, Jean-Michel, *Pour comprendre l'Egypte antique*, Paris, Pocket, 1997.

Vandersleyen, Claude, *L'Egypte et la Vallée du Nil*, Paris, PUF, 1995.

Les Lettres d'El Amarna, Paris, Editions du Cerf, 1987.

Rituels funéraires de l'Ancienne Egypte, Paris, Editions du Cerf, 1978.

Le Grand Guide de l'Egypte, Paris, Gallimard, 1988.

REMERCIEMENTS

En égyptologie, il est habituel que toute une équipe de spécialistes travaille sur un seul et même projet ; ce livre ne fait pas exception à la règle. Lors de sa rédaction, lorsque telle ou autre connaissance venait à me faire défaut, ce qui arrivait souvent, mes collègues étaient toujours là, prêts à m'aider.

Dans le domaine de la médecine légale, j'ai été doublement fortuné, en ce sens que de nombreux experts sont des amis proches et que j'ai pu les appeler à des moments parfois incongrus. Le Dr Gerald Irwin, chef du Service de radiologie au Winthrop University Hospital, qui fut le premier à suggérer que Toutankhamon ait pu survivre un bon moment après avoir reçu un coup à l'arrière de la tête, a collaboré de façon très étroite à toute l'élaboration de cet ouvrage. Le Dr Michael R. Zimmerman, directeur des laboratoires cliniques, au Centre médical Maimonides de Brooklyn (New York), a lu une première version du manuscrit et avancé d'intéressantes hypothèses concernant la cause réelle de la mort du jeune pharaon. Le Dr Michael Parry, chef du Service de radiologie traumatologique, à la faculté de médecine de l'Université du Maryland, a également émis d'importantes suggestions sur la façon de déterminer si, vraiment, Toutankhamon a agonisé un certain temps avant de mourir. Comme toujours, mes conversations avec Ronald Wade, chef du Département national d'anatomie de l'Etat du Maryland, m'ont été d'un grand secours. En Egypte, le Dr Fawzi Gabella, chef du Service d'anatomie de l'hôpital Kasr El-Einy, m'a aimablement permis d'examiner deux fœtus humains découverts dans la tombe de Toutankhamon. Le Dr Nasri Iskander, conservateur des momies au Musée égyptien du Caire, m'a beaucoup aidé en m'autorisant l'accès à la dépouille du grand-père de Toutankhamon, Aménophis III. Je dois également remercier mes homologues de l'Association de paléopathologie, qui se sont toujours montrés prêts à discuter de l'aspect médical du sujet traité dans ce livre.

Dans le domaine de l'égyptologie, mes collègues m'ont été tout aussi précieux. Le Dr Ali Hassan, secrétaire général du Conseil suprême des Antiquités, m'a, à de multiples reprises, donné accès à des tombeaux fermés. Le Dr Mohamed Sallah, directeur du Musée égyptien du Caire, m'a gentiment autorisé à examiner des objets entreposés dans la réserve du musée. En Allemagne, le Dr Dietrich Wildung, directeur du Musée égyptien de Berlin, m'a permis de voir et de photographier la bague indiquant que le vizir Ay avait épousé la veuve de Toutankhamon. Je n'oublierai jamais le jour où le Dr Hannalore Kischkewitz, conservatrice au musée, a posé cet anneau dans ma main. Merci aussi à Diana Magee du Griffith Institute de l'Ashmolean Museum d'Oxford, pour m'avoir fourni une photocopie de la lettre de Percy Newberry adressée à Howard Carter et décrivant cette bague. Aux Etats-Unis, je voudrais remercier le Dr Dorothea Arnold, conservatrice du Département égyptien du Metropolitan Museum of Art à New York, pour m'avoir laissé voir les colliers funéraires portés au repas qui suivit l'enterrement de Toutankhamon et de m'avoir permis de reproduire les photographies de la momie de ce pharaon, prises dans les années vingt par Harry Burton. J'aimerais aussi remercier le Dr Rita Freed, conservatrice au Département d'art égyptien et nubien du Museum of Fine Arts de Boston, pour nos discussions au sujet de la vie quotidienne à Amarna.

Un remerciement tout particulier aux administrateurs de l'Université de Long Island qui m'ont permis d'alléger ma charge d'enseignant afin de faciliter mes recherches. Merci également à mes collègues du Département de philosophie qui m'ont témoigné une compréhension et un soutien précieux lorsque j'étais en voyage, à écumer les tombes d'Egypte.

Je suis très reconnaissant à tous les membres de la chaîne de télévision éducative, *The Learning Channel*. Lorsque j'ai accepté de faire un documentaire sur le meurtre de Toutankhamon, je craignais qu'ils ne m'imposent des limites et j'ai été ravi de découvrir à quel point j'avais tort. Au pire, lorsque je me laissais emporter par mon enthousiasme, mon réalisateur, Peter Spry-Leverton, jouait les garde-fous. Lorsqu'il fut urgent et indispensable de voir l'anneau à Berlin ou de retourner au Musée égyptien afin de vérifier un quelconque objet, la direction de la chaîne s'est toujours montrée arrangeante. Et, finalement, j'en suis venu à la considérer comme une entreprise privée soutenant véritablement la recherche.

Lors de la préparation du manuscrit, j'ai eu beaucoup de chance.

Mon épouse, Pat Remler, a passé de longues heures sur l'ordinateur, à peaufiner le style. Je n'étais peut-être pas ravi d'entendre : « Brier, ça n'a aucun sens », mais cela a sans aucun doute amélioré la qualité de l'ouvrage. Mon ami et collègue au C.W. Post Campus de l'Université de Long Island, le Dr Hoyt Hobbs, a relu le texte de multiples fois, apporté des suggestions essentielles — à la fois dans le domaine de l'égyptologie et concernant la structure du récit — et constitué, à lui tout seul, une équipe de soutien lors de la révision du manuscrit. Pour ce qui est de la publication, Elizabeth Himmelfarb s'est toujours montrée présente et prête à faire le nécessaire. Par-dessus tout, je voudrais remercier Liza Dawson, mon éditrice chez Putnam. Je suis persuadé qu'elle ne savait pas du tout ce qui l'attendait lorsqu'elle s'est lancée dans la publication du *Meurtre de Toutankhamon.* C'est grâce à sa perception infaillible que ce livre est aussi cohérent et qu'il parvient à raconter l'histoire de Toutankhamon.

TABLE DES MATIÈRES

Introduction 7
1. Que le roi meure 15
2. L'Egypte avant Toutankhamon 29
3. Les ancêtres de Toutankhamon
— La glorieuse XVIIIe dynastie 55
4. Amarna — La ville sainte 89
5. Les parents de Toutankhamon 111
6. Retour à Thèbes 143
7. La tombe la plus célèbre de l'histoire 171
8. Les enseignements des morts — La momie de Toutankhamon 217
9. La supplique d'une veuve 237
Epilogue 279
Appendice 285
Notes 289
Chronologie 299
Bibliographie 301
Remerciements 303

Impression réalisée sur CAMERON par
BRODARD ET TAUPIN
La Flèche
en janvier 1999

Imprimé en France
Dépôt légal : janvier 1999
N° d'édition : 99013 – N° d'impression : 1952 V